MARCADOS PELA VIDA

LOURDES MARCONATO
espírito LUIZ GUSTAVO

MARCADOS PELA VIDA

CorreioFraterno

© 2014 Maria de Lourdes Nascimento Marconato

Editora Espírita Correio Fraterno
Av. Humberto de Alencar Castelo Branco, 2955
CEP 09851-000 – São Bernardo do Campo – SP
Telefone: 11 4109-2939
correiofraterno@correiofraterno.com.br
www.correiofraterno.com.br
Vinculada ao Lar da Criança Emmanuel (www.laremmanuel.org.br)

2ª edição – Janeiro de 2015
Do 3.001° ao 5.000° exemplar

A reprodução parcial ou total desta obra, por qualquer meio,
somente será permitida com a autorização por escrito da editora.
(Lei nº 9.610 de 19.02.1998)

Impresso no Brasil
Presita en Brazilo

COORDENAÇÃO EDITORIAL
Cristian Fernandes

PREPARAÇÃO DE TEXTO
Eliana Haddad e Izabel Vitusso

CAPA E PROJETO GRÁFICO DE MIOLO
André Stenico

CATALOGAÇÃO ELABORADA NA EDITORA

Luiz Gustavo (espírito)
    Marcados pela vida / Luiz Gustavo (espírito);
psicografia de Lourdes Marconato. – 2ª ed. – São Bernardo do Campo,
SP : Correio Fraterno, 2015.
    424 p.

    ISBN 978-85-98563-80-0

1. Romance mediúnico. 2. Espiritismo. 3. Literatura brasileira.
I. Marconato, Lourdes. II. Título.

CDD 133.93

Sumário

O primeiro encontro 9

Nasce o amor 15

O aviso 19

Desencontros 23

O inesperado 27

Quando o passado retorna 41

Um amor sem rumo 51

Notícias sobre o filho 67

Amor de mãe 77

Em busca de socorro 85

Sob o facho de luz 93

Marcos adoece 99

O caminho para a libertação... 107

A saída do hospital 119

A nova casa 123

Tentativa de suicídio 131

Reencontro... 139

Nada é por acaso 147

De volta à fazenda 163

Difícil aceitação.. 169

No centro espírita 171

A supremacia do amor 185

O início da libertação.. 193

Enfrentando seus medos 211

Preparativos para o casamento 221
A alegria de Júlio e Clara 235
O golpe de Rogério 241
Triste notícia 253
A agonia de Marcos e Júlia 259
Júlia e Marcos se despedem... 273
O casamento de Júlia 289
Oportunidade de expiação... 303
Em busca de ajuda espiritual... 313
De volta aos estudos 321
Prisioneira 327
A saga de Júlia.. 333
A fuga... 347
A dor como instrumento.. 361
Júlia é libertada 371
A prisão de Rogério.. 377
Rogério enfrenta nova realidade... 389
O reencontro.. 393
Só o amor vence o ódio... 403
As duas famílias reunidas... 411
O grande dia.. 419

O PRIMEIRO ENCONTRO

O AMANHECER SERÁ sempre um nascer de novas esperanças. E esse, em especial, nascia sob a luz de um sol maravilhoso. Os pássaros faziam sob as copas das árvores um barulho ensurdecedor, dando boas-vindas ao novo dia. A relva orvalhada pelo sereno da noite cintilava com os primeiros raios do astro-rei.

Marcos, como fazia todas as manhãs, depois de encilhar o belo garanhão, saiu a cavalgar. Tornado, mostrando o seu porte altaneiro, voava pela estrada em direção ao riacho próximo, que circulava todo o bosque. Era como se o animal soubesse o quê e para onde queria ir o seu dono.

Parou à beira da lâmina de água que percorria célere e maravilhosamente limpa em direção a uma queda próxima. De lá, como tudo na vida, mais cedo ou mais tarde, tomaria um rumo certo.

Sentia-se bem ali. Observando a beleza daquele lugar. Gostava de quedar-se à beira d'água, e como acontecia sempre que descia do cavalo e aproximava-se, os peixes, como a entender o convite, vinham mostrar-se ao admirador diário. Sabiam que não voltariam para os lugares mais profundos sem ganhar o alimento que sempre chegava com aquele novo amigo.

Ver aqueles peixinhos nadando à espera do alimento, que tão logo recebessem se afastariam buscando novos lugares, novos alimentos, fazia o coração de Marcos bater forte, como num aviso de Deus, lembrando ao jovem que assim como os peixes, somos livres para seguirmos nosso rumo, em busca da felicidade.

Não imaginava que em um belo lugar como aquele começaria uma nova fase em sua vida, um paraíso, onde flores de cores diversas multicoloriam toda a margem do trilho de água fresca, onde pássaros saudavam em bandos aquele amanhecer que seria inesquecível. Colheu uma flor, enquanto deixava os seus pensamentos vagar como em um sonho de uma criança. Neste momento ouviu uma voz melodiosa cantando uma canção de amor.

"Meu Deus! Quem será?"– pensou ele. "De quem será esta voz?"

Caminhou em direção à voz, puxando o belo alazão pelas rédeas, curioso e envolvido por uma ansiedade inexplicável. Quando conseguiu avistar quem cantava, não acreditou no que via. Lá estava, bem à sua frente, um anjo, uma deusa, uma princesa, tendo ao fundo uma espécie de caramanchão coberto de flores silvestres ressaltando-lhe o vestido branco, que envolvia toda a pedra onde se sentara. Seus cabelos, compridos e loiros, caíam-lhe sobre os ombros, deixando à mostra toda a beleza de seu lindo rosto, realçando-lhe os olhos e a boca carnuda. Era um quadro que o melhor dos pintores jamais conseguiria retratar. Marcos se encantou, ficou embevecido olhando para a moça, que se assustou com sua presença.

– Calma! – levantou os braços e continuou: – Não tema, minha fada.

– Quem é você?

– Seu servo.

Ela riu, insistindo na pergunta:

– Sem brincadeiras. Quem é você?

– Eu me chamo Marcos.

– Nunca vi você por aqui, de onde você apareceu?

– Eu sou um simples mortal. Você, entretanto, deve ser uma enviada do Olimpo, onde só deusas maravilhosas habitam – respondeu o rapaz, fazendo uma reverência.

– Não brinca – sorriu a jovem, entrando na brincadeira. – Se sou uma fada ou uma deusa do Olimpo, quem é o bobo da corte?

– Fiquei ofendido, e com suas palavras retorno ao mundo dos simples mortais.

Riram-se da brincadeira e da cara de ofendido que Marcos tentou encenar, como se estivesse resignado a ter que responder sobre quem era.

– Eu moro na cidade, estive fora, estudando, mas agora estou de férias. Cheguei ontem.

– Tem parentes na região? – perguntou a jovem.

– Meus pais, mas já há muito não venho para cá.

– Eu nunca ouvi falar que as pessoas que moram nestas redondezas tivessem filhos.

– É que eu saí daqui pequeno, sempre estive longe. Agora bateu a saudade e aqui estou. Desculpe-me, nem perguntei quem é a senhorita.

– Sou Júlia.

– Muito prazer, Júlia. Como eu já disse, sem querer tornar-me repetitivo, com tanta beleza, você só pode ter vindo do céu.

Júlia sorriu encabulada, Marcos continuou:

– Fale-me de você, estou ansioso para saber quem é, o que faz, mora na região?

– Eu também estudo fora, cheguei há alguns dias e vou ficar até o fim do ano.

– Que coincidência, eu também! Que bom, teremos muito tempo para conversar.

Eles haviam se sentado embaixo de uma árvore e ficaram ali conversando por um longo tempo. Com certeza era amor à primeira vista. Conversavam como se já fossem conhecidos de longa data. Foi quando Marcos, assustado, se lembrou:

– Meu Deus, sentamos aqui, falamos de nós, dos estudos, e nem percebemos o tempo passar.

– Nossa, Marcos! É verdade, está tarde. Preciso ir, meus pais devem estar preocupados.

– Os meus também. Então vamos marcar um encontro aqui,

amanhã às oito horas, o que acha?

– Combinado, estarei aqui amanhã sem falta.

Cada um seguiu o seu caminho, parecendo estar flutuando, mas no pensamento permanecia a imagem um do outro, as lembranças dos momentos que passaram juntos e a ansiedade da espera do próximo encontro.

* * *

AO CHEGAR EM casa, Marcos não conseguia esquecer aquele rosto, aquele olhar. Júlia era linda, seus cabelos loiros cintilavam ao sol, os olhos verdes, o sorriso encantador, parecia uma fada em seus sonhos de criança.

Marcos se apaixonara por aquela linda jovem. Com vinte e dois anos de idade ele ainda não havia gostado de alguém. Seu coração jamais batera tão forte. Pensou: "De onde terá vindo aquele anjo?" Não conseguia parar de me lembrar daquele olhar. "Meu Deus! O que fazer? Acho que não vou aguentar ficar longe por muito tempo."

Seus pensamentos foram interrompidos pela voz de sua mãe.

– Marcos! Filho, venha, o jantar já está servido.

– Já estou indo, mamãe.

Ruth, olhando o filho, logo percebeu como qualquer mãe atenta que havia algo diferente em seu olhar, e no decorrer do jantar perguntou:

– O que você tem, Marcos? Por que está com esse olhar maroto?

– Eu?! Não, mãe, não tenho nada. Só estou feliz porque estou em casa.

– Não senhor! Pensa que me engana? Eu sei que algo lhe aconteceu. Seus olhos estão brilhando.

– Meus olhos?! Ah, dona Ruth, essa sua mania de querer descobrir o segredo dos outros...

Riram bastante e ela continuou:

– É muito bom vê-lo feliz, filho. Peço sempre à Maria, mãe de Jesus, por sua felicidade.

– Isso é coisa de mãe, que quer manter protegido os seus filhos.

– Venha cá, senta perto da sua mãe.

Genésio, pai de Marcos, homem muito sério, ouvia a conversa em silêncio, sem fazer qualquer comentário.

Quando já haviam acabado de jantar, como de costume foram para a sala de estar. Marcos se recostou no colo de sua mãe. Enquanto ela acariciava a sua cabeça, ele não conseguia tirar Júlia do pensamento. Genésio passava os olhos pelo jornal do dia. Ficaram ali por muito tempo, e a hora já estava avançada quando se recolheram.

Marcos não conseguia dormir, virava de um lado para outro e as horas não passavam. A lembrança dos momentos que passara com Júlia parecia-lhe um sonho.

* * *

JÚLIA SENTIA-SE COMO se caminhasse em nuvens brancas de um céu azul. Quase não percebeu quando chegou em casa, assustando-se com sua mãe que, preocupada, chamou a sua atenção:

– Júlia! Onde você estava? Onde já se viu uma moça de família ficar por aí até esta hora? E ainda mais você que não conhece esta região.

– Calma, mãe, não aconteceu nada. Eu estava perto do riacho e não vi a hora passar. Foi só isso.

– Em que riacho você estava? Não vai me dizer que era lá para o lado daquela gente? Nem pense em ir para aqueles lados.

– Que gente, mãe? Do que a senhora está falando?

– Da outra fazenda, daquele homem que seu pai detesta.

– Não, mãe, eu estava aqui perto, nas nossas terras.

– Ah, bom. Melhor assim. Você sabe como é seu pai, não sabe?

– Sei, mãe. Não se preocupe. Vou tomar um banho e logo desço para o jantar.

Júlia saiu cantarolando e pensando: "Que belo rapaz o Marcos, ele me encantou. Ai, ai, tomara que esta noite passe bem rápido para revê-lo amanhã."

Após o banho desceu para jantar, sentindo-se a mulher mais feliz do mundo. Seus olhos verdes pareciam mais brilhantes, tornando-a mais bela do que na verdade já o era. Sua mãe, que nada percebera de diferente quando a filha chegou, talvez pela preocupação, vendo toda aquela alegria, perguntou:

– O que foi, Júlia? Você está estranha, aconteceu alguma coisa?

– Não, mãe, não aconteceu nada. Fique sossegada, estou bem.

Após o jantar Júlia foi para o seu quarto. Queria ficar sossegada, pensando naquele rapaz de pele morena e olhos castanhos claros. "Como saber de onde veio aquele príncipe?". A noite não passava. A espera a deixou nervosa. Andava de um lado para outro, sem sequer deitar-se, e assim ficou até ouvir o galo cantar.

Quando o dia amanheceu, aos primeiros raios do sol, ansiosa, ela se arrumou e desceu para o café. Estava linda, nem parecia ter passado a noite inteira sem dormir. Contava as horas, os minutos. Às oito horas iria ao encontro do jovem Marcos.

Ernesto, pai de Júlia, era um homem enérgico, bem situado, conhecido por todos daquelas redondezas e muito respeitado por todos e, apesar de já haver terminado a escravatura, ele continuava sendo chamado de coronel, como a maioria dos fazendeiros da região.

Vendo a filha se preparando para sair a cavalgar, indagou:

– Vai sair, filha?

– Vou dar uma volta. Volto logo, não se preocupe.

– Vou mandar o Roque com você.

– Não, não precisa. Eu tomarei cuidado.

– Não é bom você ficar andando por aí sozinha, pode ser perigoso.

– Não se preocupe, pai, só vou dar uma volta. Prometo tomar cuidado.

– Está bem, mas volte logo.

A moça se apressou. Antes que ele mudasse de ideia, montou em seu cavalo malhado chamado Tostão e lá se foi ao encontro tão esperado, correndo tanto que parecia querer voar.

Nasce o amor

Marcos levantou inspirado e foi preparar-se para sair, quando sua mãe entrou em seu quarto com a alegria de ter o filho de volta estampada no belo rosto:

— Bom dia, filho! Está uma linda manhã. Vai sair de novo?

— Bom dia, mamãe! Vou cavalgar, quero aproveitar bastante as minhas férias.

— Cuidado, filho, não vá embrenhar-se por esses matos. Há muitas cobras e o cavalo pode se assustar e derrubá-lo.

— Não se preocupe, mãe. Este lugar é tão lindo que não dá para ficar dentro de casa. Tenho pouco tempo para estar aqui, por isso não posso perder tempo. Estou indo. Até logo, mãe, volto para o almoço.

— E o café, filho? Você não pode sair assim, vá até a cozinha, o café já está à mesa. A alimentação da manhã é importante e...

Marcos ouvira pouco do que sua mãe dizia. Passou pela cozinha, tomou apenas um 'café bebido', como ela costumava dizer, e saiu feliz ao encontro de sua deusa. Um único pensamento invadia-lhe a mente enquanto galopava: "agora vou saber quem é na verdade esta bela jovem".

Chegou ao bosque. Àquela hora da manhã, toda espécie de animais procurava se alimentar, cada um a seu modo, e fazia um barulho ensurdecedor, mas agradável de se ouvir, barulho de vida. Nas árvores frondosas à beira do riacho, pássaros de diversos matizes cantavam anunciando a liberdade. Se tudo aquilo para Marcos era deslumbrante, ficou ainda mais lindo quando Júlia chegou. Não se conteve, e sem saber de onde tirara coragem disse apaixonado:

— Minha bela!

— Olá! Bom dia!

— Bom dia, minha deusa!

— Você é muito engraçado.

— Mas é verdade, você é tão bela que para mim é uma deusa, a deusa da vida, do amor. — Enquanto ela sorria com jovialidade, ele completou:

— Sente-se, vamos conversar, não podemos perder tempo, ele, o tempo, passa muito rápido.

— É verdade, e enquanto contemplamos todas estas maravilhas da natureza, ele passa sem que percebamos.

— É mesmo. Agora vamos, fale um pouco de você, princesa.

— Eu? Agora sou uma princesa?

— Você, para mim, é tudo de belo que podia me acontecer neste fim de mundo. Fale-me de você. Quero saber quem é, e de que céu você veio.

Apesar de lhe agradar tudo o que Marcos lhe falava, Júlia se sentia sem jeito. Olhando-o fixamente, sentia, sem entender o porquê, que todos os sentimentos por ele externados eram verdadeiros. Assim, começou a contar-lhe quem era.

— Bem, eu sou filha única. Como já lhe disse, estudo na cidade e estou de férias e retorno após esse merecido descanso para continuar os estudos — disse a jovem com um maravilhoso sorriso nos lábios.

— Quais são os seus sonhos?

— Gosto de viajar, adoro a natureza, o campo, os animais e sonho em um dia me casar e ter muitos filhos. Vou ser professora e gosto muito de crianças. Mas, e você, Marcos? Agora é sua vez.

— Eu tenho dois irmãos, um irmão que já se casou, mora em São Paulo e tem dois filhos, e uma irmã que estuda medicina. Eu sou o terceiro filho, estou estudando agronomia, pretendo cuidar das terras do meu pai, só falta um ano para me formar. Meus pais são muito enérgicos e cuidadosos, às vezes chegam ao extremo, até me assustam. Cuidam de mim como se eu fosse criança.

Júlia riu enquanto dizia:

– Temos algo em comum, meus pais são iguais. Imagine que meu pai queria mandar alguém vir comigo e tive de convencê-lo de que não era necessário?

Continuaram conversando, trocando ideias, falando sobre as expectativas futuras, suas intenções. Parecia que já se conheciam há tempos. Aquele era um momento mágico para eles. Estavam encantados um com o outro. Novamente não sentiram as horas passar.

Mas o tempo não perdoa, chegara a hora da despedida, de voltarem à realidade, de retornarem às suas casas. Na despedida, Marcos colocou a mão na rédea do cavalo de Júlia e confessou:

– Você foi a melhor coisa que me aconteceu nestes últimos tempos.

– Obrigada, Marcos, foi muito bom conhecê-lo, até amanhã, no mesmo horário?

Marcos pegou a mão de Júlia e beijou-a carinhosamente.

– Nos veremos amanhã, no mesmo horário. Na verdade, gostaria de vê-la ainda hoje, mas temo que seja impossível. Quem sabe amanhã não passamos o dia inteiro juntos? O que você acha, minha bela?

– Vou adorar, se conseguirmos.

Chegaram a galope, partiram trotando. Como se quisessem impedir que a distância entre os dois aumentasse rapidamente. Tudo estava bem. Sentiam-se felizes.

O aviso

No café da tarde Marcos sentou-se à mesa com seus pais, no almoço seu pai estivera ausente. Agora reunidos, dona Ruth serviu um chá e dirigiu-se a Marcos:

– Quem é ela, filho?

– Ela quem? Do que a senhora está falando? – Marcos tentou disfarçar, pois a mãe pegou-o de surpresa, e ele já estava ficando sem jeito.

– Você está diferente, meu filho.

– Não, mãe, é que o campo me faz muito bem. É só isso, dona Ruth.

Neste momento o pai olhou para ele e perguntou:

– Do que é que a senhora minha esposa está falando?

– Nada, meu pai, minha mãe está brincando.

– Espero! Você tem que terminar seus estudos. Enquanto isso, nada de namoro – respondeu seu pai com ar de desaprovação.

Marcos pediu licença, levantou-se para ir aos seus aposentos. Sentia-se feliz, mas uma ponta de preocupação surgiu em seu coração com o que o pai acabara de falar.

Ficou algum tempo lendo e pensando. Levantou e foi percorrer a fazenda, onde seu pai tinha criação de gado e lavoura.

Resolveu dar uma volta e trocar umas ideias com o capataz Juvenal, homem honesto, pai de três filhos. Trabalhava e morava na fazenda há muito tempo. Quando chegou era um menino. Crescera junto com Marcos e depois constituíra família.

Juvenal era um empregado de confiança. Junto com ele morava o pai, senhor Paulo, contador de histórias, e um pouco adivinho também. Às vezes falava coisas estranhas, que Marcos não entendia.

Depois de darem algumas voltas, visitaram a cocheira, a lavoura, e já era tarde quando voltaram e encontraram o senhor Paulo, que estava carpindo na beira da casa. Ao aproximar-se, Marcos o cumprimentou:

– Oi, tio Paulo, tudo bem?

– Tudo em paz filho, quer dizer, senhor, agora você já cresceu.

– Não, tio, nada de senhor.

Ele ficou olhando para Marcos e disse:

– Que pena, Marcos, mas infelizmente as coisas não são como a gente pretende que sejam.

– Do que o senhor está falando?

– Nada, filho, esquece. Tudo a seu tempo. O que posso antecipar é que você deve permanecer em oração. Peça a Deus em suas orações diárias que Ele olhe por você e lhe dê muita força para suportar os dias que virão.

– Você está me assustando, tio Paulo. Juvenal – disse dirigindo-se ao filho de Paulo –, seu pai, como sempre acontece, fala por parábolas.

Juvenal sorriu e abraçando o pai, concordou:

– É verdade, meu amigo, ele nunca diz abertamente o que quer dizer; isso abre um espaço para nossas reflexões, como ele mesmo diz, não é pai?

– Não podemos interferir na vida das pessoas, entretanto, podemos alertar a um amigo, procurando auxiliá-lo a evitar que aconteça em sua vida fatos desagradáveis, e se acontecer, que ele possa receber tais acontecimentos com resignação, fortalecido pela presença de Deus em sua vida. Mas, vá em paz, meu filho, Deus há de protegê-lo, você é um bom rapaz.

Marcos saiu pensativo: "O que o tio Paulo quis dizer com tudo aquilo?"

Logo após o banho, sentou-se à mesa para o jantar. Surpreso, ouviu seu pai determinar:

— Marcos, amanhã nós vamos para a cidade, quero que veja algumas coisas que estou querendo comprar.

"E agora?" – pensou Marcos – "não podia contrariar o pai. Já conhecia o seu temperamento e sabia que ele não aceitaria um não."

— Está bem, pai, mas não poderíamos ir após a minha cavalgada da manhã?

— Não. Porque chegaríamos muito tarde e não teríamos tempo para fazer tudo o que preciso. Infelizmente a sua cavalgada fica para amanhã.

Não havia como contestar o pai. Apenas balançou a cabeça e concordou. Ficou triste, pois não poderia ir ver Júlia, aquele anjo que mexeu com seu coração, e nem teria como avisá-la.

Marcos deitou e demorou a dormir.

Logo cedo ele e o pai partiram para a cidade. Sentia-se triste, seu pensamento estava no bosque, tinha certeza de que Júlia, sua amada, estava lá e como não pôde avisar que não iria ao seu encontro, ficou preocupado: "E se ela não voltar mais, o que farei?"

Marcos estava agitado; seu pai percebeu:

— O que você tem, rapaz? Por que não sossega?

— Não tenho nada, pai, estou só pensativo.

E assim Marcos passou o dia, sem sossego, sem prestar muita atenção no que seu pai lhe mostrava.

Desencontros

Júlia acordou na expectativa de encontrar o Marcos no bosque. Preparou-se, estava ansiosa. Seu coração estava triste, embora não soubesse o porquê, parecendo um pressentimento. Sua mãe perguntou:

– Onde vai, filha?

– Vou ao bosque, a natureza me faz tão bem!

– Espero que volte logo, e cuidado, não corra muito, pode cair e se machucar.

– Não, mãe, eu gosto de galopar e observar a natureza.

Dona Adélia sorriu.

– Vá, filha, vá.

– Até logo, mãe, e não se preocupe.

Assim falando, Júlia saiu em disparada, encontrando o bosque em silêncio. Seu coração bateu forte e um mau pressentimento tomou conta de seu ser: "Meu Deus, o que aconteceu com o Marcos, será que está doente? Como vou saber dele?"

Sentou-se à beira do riacho e as primeiras lágrimas rolaram pelo seu rosto, ficando assustada com o seu comportamento: "O que estou fazendo? Mal conheço aquele rapaz e já estou chorando por ele?"

Ficou por mais algum tempo, na esperança que ele chegasse, o que não aconteceu. Voltou para casa triste. Percebendo, dona

Adélia perguntou:

– O que aconteceu, filha? Por que está assim tão triste?

– Não foi nada, mãe, estou indisposta, vou deitar e logo estarei bem.

Júlia foi para seu quarto, mas não conseguia esquecer as palavras de Marcos: "Meu Deus, acho que estou apaixonada. O que eu faço, se não voltar a vê-lo?" Apesar de tudo, tomada pelo cansaço, conseguiu dormir. O sono lhe fez bem. Quando levantou, resolveu dar um passeio, a pé, pela fazenda.

A esposa do Roque tinha feito um doce, uma das muitas delícias culinárias de sua especialidade, e que Júlia adorava. Vendo a moça andando próximo à casa, a convidou:

– Senhorita Júlia, quer um pouco daquele doce que você adora? Acabei de fazer.

– Quero sim, Marta.

Sentou-se no banco do jardim em frente à sua casa, enquanto aguardava a iguaria prometida. Marta, trazendo o doce, puxou conversa:

– A senhorita está triste, aconteceu alguma coisa?

– Não, não aconteceu nada, logo estarei melhor.

Comeu um pouco do doce, agradeceu e saiu em direção aos estábulos. Queria dar uma olhada em uma égua que Roque, o capataz da fazenda de seu pai, lhe dissera haver separado para ela cavalgar, já que ele achava Tostão muito arisco, um perigo para quem, apesar de cavalgar bem, não tinha tanta prática. Já a égua, Mansinha, era como seu nome, e trotava como nenhuma que ele tratara. Júlia adorou Mansinha, adotando-a para as próximas cavalgadas.

Quando retornou, sentou-se ao piano, cantou algumas canções de que gostava, mas não conseguira sossegar o coração.

Não conseguia tirar o rapaz de sua cabeça. "Afinal, o que acontecera com ele? Por que ele não viera ao encontro? Desistira?"

À noite, após o jantar, todos permaneciam reunidos na sala de estar, e Júlia, ainda entristecida, não conseguia esquecer Marcos. Seu pai, um homem que não obtivera o que conseguira reunir de patrimônio por acaso, conhecedor das atitudes humanas, observando seu comportamento, tratou de inquirir:

– O que você tem, menina? Aconteceu alguma coisa que não sabemos?

– Não senhor, estou com uma forte dor de cabeça, vai passar logo.

– Vou mandar chamar um médico.

– Não precisa, já falei que é só dor de cabeça, vou deitar. Depois de um bom sono, ficarei bem. Sua bênção, pai, e boa noite.

– Deus a abençoe. Boa noite, durma bem, filha.

– Sua bênção, minha mãe.

– Deus a abençoe, se não melhorar me chame.

– Obrigada, mãe, com certeza vou melhorar. Boa noite.

* * *

MARCOS, AO VOLTAR da cidade, não sabia o que fazer, pois não sabia onde morava a moça. "Que tolice a sua não perguntar onde Júlia morava. Como vou fazer para vê-la novamente? Amanhã irei ao bosque, talvez ela vá até lá. Esta é a minha única esperança".

Marcos estava cansado da viagem. Pensando na amada, adormeceu e sonhou que ela estava doente.

Pela manhã, saiu apressado. Tomou o seu café aos goles, sem importar-se se iria ou não se queimar, pois ele estava quente 'por demais'. Chegou ao bosque ansioso e, como não avistou Júlia, logo pensou: "Meu Deus, ela não vem. Eu não vou conseguir ficar sem vê-la."

Esperou a manhã inteira e ela não foi, pensou então: "Júlia deve ter vindo ontem, como não apareci e não tive como avisar, ela deve ter ficado aborrecida. Como vou fazer para falar com ela, se não sei onde mora?"

Marcos ficou muito chateado. Triste, voltou para casa, sem conseguir esquecer o que havia acontecido. Assim passou a semana. Voltou outras vezes ao bosque, mas não a encontrou. Um sentimento de perda turvava-lhe a mente: "Tudo acabou, lá se foi minha alegria, acho que nunca mais verei a mulher dos meus sonhos."

O inesperado

Júlia não voltou mais ao bosque. Tinha medo de não encontrar Marcos e, assim, confirmar que ele não mais queria vê-la. Seu coração estava triste, seu rosto mostrava o seu desencanto, o que preocupava seus pais.

Uma semana depois, Júlia acordou com um pensamento de que precisava ir ao bosque. Levantou mais disposta e se preparou, estava mais linda do que antes. Vestiu-se com roupa de montaria azul marinho, blusa branca e botas. Montou Mansinha e lá foi ela, seguindo seu instinto à procura do amado. Estava confiante! Algo em seu íntimo dizia que o encontraria.

* * *

Marcos, naquela mesma manhã, também acordou bem disposto. Lembrou-se do bosque e, mais uma vez, preparou-se para ir até lá, na esperança de encontrar sua deusa. Sentia como se uma voz o chamasse para um novo encontro.

Estava muito bem em suas vestes de montaria. Chegou, sentou-se à beira do rio e ficou mexendo com a água, até ouvir um barulho, que fez seu coração disparar: "Será ela?"

Levantou e olhou para a estrada e lá estava a estrela que iluminava sua vida. Correu em sua direção. Ela desceu do cavalo e também correu ao seu encontro, abraçando-se os dois. Nada falaram. Seus corações batiam forte... Trocaram um longo beijo, Marcos suspirou fundo e Júlia, recompondo-se das emoções, perguntou:

– O que aconteceu, Marcos? Pensei que ia morrer longe de você. Quando cheguei aqui e você não estava, fiquei desesperada – parou por um instante pensativa e em seguida continuou:

– Desculpe, a gente nem se conhece direito e eu já estou falando deste jeito, desculpe.

– Sua bobinha, não precisa se desculpar, eu gosto que você se preocupe comigo. Quando cheguei em casa naquele dia, meu pai tinha feito planos para o dia seguinte e me incluiu neles. Queria que eu o acompanhasse à cidade. Precisava comprar algumas coisas e contava com minha ajuda. Eu não pude dizer não, ele não aceitaria.

Não teve jeito, não sabia como avisá-la, fiquei muito triste e nervoso. Ele percebeu e queria saber o que eu tinha, por que estava tão ansioso! Foi um dia muito difícil. Voltei aqui várias vezes na esperança de encontrá-la; como isso não acontecia, voltava para casa desolado. Parecia que o mundo tinha acabado e tudo perdera seu encanto.

– Coitado! E eu que pensei que me abandonara, que você estava brincando com os meus sentimentos. Graças a Deus está tudo bem e agora é isso que importa.

Ficaram juntos por muito tempo trocando carícias e como de costume, nem perceberam o tempo passar, sendo Marcos o primeiro a se manifestar:

– Nossa, Júlia, é quase noite. Perdemos a noção do tempo novamente. Passou a hora do almoço e nem percebemos.

Júlia, desesperada, levantou-se, enquanto murmurava:

– Meu pai me mata, preciso ir.

– Calma, Júlia, não se desespere.

Júlia saiu em disparada, apressada. Tentou ganhar tempo, enveredando-se por um caminho que sabia perigoso, mas que encurtaria o tempo de cavalgada até a sua casa. A égua Mansinha não era um animal acostumado a cavalgar trilhas como aquela, repletas de buracos e barrancos, era uma égua trotadora, elegante e, não conseguindo subir um dos muitos monturos do caminho, tropeçou jogando-a barranco abaixo. Júlia ficou inerte. Marcos, que vinha logo atrás, percebendo que Júlia havia tomado aquele caminho que ele conhecia bem, preocupado, seguiu-a e viu quando ela caíra no barranco. Desesperado, foi socorrê-la, chamando-a várias vezes, sem que ela respondesse. Estava desacordada. "Meu Deus, traga-a de volta" – pensava Marcos e a chamava aos gritos:

– Acorda, Júlia, por favor, não viverei sem você!

Marcos acomodou-a em seu cavalo, amarrou as rédeas de Mansinha em sua sela, montou segurando Júlia junto ao seu corpo, galopou o mais rápido que pôde para sua casa. Ao chegar, seu pai, que já o esperava, assustou-se:

– Marcos! O que aconteceu? Quem é essa moça?

– Tudo bem, meu pai, ajude-me a retirar a moça do cavalo e levá-la para dentro.

– Está bem, mas diga-me o que aconteceu?

– Ela caiu do cavalo.

– Meu Deus, então pode ser grave.

– É pai, parece que ela não está bem.

– Quem é ela? Onde mora?

– Calma, pai, calma, eu não sei. Por favor, pai, ela não acorda, mande o Juvenal buscar um médico.

Juvenal foi imediatamente chamar o doutor Rui, mas os dois estavam demorando para chegar e Júlia acordou gemendo:

– Ai, ai, o que aconteceu? Onde estou? Minha cabeça dói muito.

– Calma, querida, você está na minha casa.

– Meu Deus! E os meus pais?

– Fique calma, vamos avisá-los.

– Espere, eles vão ficar bravos comigo.

– Não precisa se preocupar, nós mandaremos o Juvenal – respondeu Genésio. – Ele levará você para casa e tudo vai ficar bem. É só você nos dar o endereço e o nome dos seus pais.

Todos estavam estranhando Marcos chamar a moça de querida e foi Ruth quem comentou:

– Eu sabia, nosso filho estava estranho ultimamente. Estava muito alegre e isso só podiam ser coisas do coração.

Genésio, não dando atenção ao comentário da esposa, continuou:

– Vamos, moça, diga onde mora.

– Moro na Fazenda Danúbio.

– Como disse? – perguntou Genésio meio assustado, acreditando não ter ouvido direito.

– Meu pai é o senhor Ernesto e minha mãe é dona Adélia, não sei se os conhecem.

Genésio ficou transtornado, pálido, seu rosto mudou de expressão e ele falou alto:

– Isto não pode estar acontecendo comigo.

– Que foi, senhor? Falei alguma coisa que não gostou?

– Meu filho, não, eu não admito! Filha daquele miserável... Isto não está acontecendo comigo.

– O que foi, senhor? – perguntou Júlia sem entender nada.

– Nada – respondeu Genésio, e neste momento foram interrompidos pela chegada de Juvenal.

– Com licença, senhor, o doutor está aqui.

– Faça-o entrar, Juvenal.

O médico, que já estava entrando, cumprimentou:

– Boa tarde, senhor.

– Boa tarde, doutor, chamei-o para que examine esta moça e ajude-me a mandá-la para casa. Juvenal, prepare o carro para levar a moça.

– Não, pai, ela não pode.

– Tem que poder, Marcos, nós conversamos depois. Agora vá, Juvenal, faça o que estou mandando.

– Sim, senhor – respondeu o capataz, – já estou indo.

Marcos estranhou a atitude do pai. Não estava entendendo nada, nem imaginava por que o pai estava agindo daquela maneira. Tentou convencê-lo a deixar a moça ficar, mas ele permanecia irredutível.

Júlia foi examinada e o médico disse:

— Sinto muito, senhor, a moça não tem condições de ser removida. Ela deu um mau jeito na coluna e os movimentos para transportá-la até sua casa irão prejudicá-la ainda mais.

— Eu também sinto muito, doutor, mas ela não pode ficar aqui.

Genésio estava decidido a mandá-la para casa. Doutor Rui tentou convencê-lo do contrário, mas foi em vão, insistindo o médico uma vez mais:

— O que é isso? O senhor está agindo como uma pessoa ignorante.

— Como ousa falar assim comigo dentro de minha própria casa?

— Então, faça o que o senhor quiser. Será responsável pelo que vier a acontecer com a moça.

E assim ele fez. Pegaram Júlia, que estava chorando de dor e sem entender nada, levaram-na para o carro. Marcos estava revoltado. Pela primeira vez gritou com seu pai:

— O senhor não pode fazer isso, eu não admito!

— Cale a boca, seu moleque. Quem você pensa que é? Não se atreva a falar assim comigo de novo.

— Não sou moleque, sou seu filho e quero que deixe Júlia ficar.

— Nunca!

Marcos saiu nervoso, e após instalar Júlia com todo cuidado no banco de trás do veículo, fez menção de entrar no carro, quando seu pai gritou:

— Venha aqui! Onde pensa que vai?

— Eu vou levar a Júlia.

— Não, você não vai a lugar nenhum, vai para o seu quarto. Juvenal é quem vai levá-la.

— Preciso levar o cavalo dela, pai.

— Não, o Paulo leva. Você fica aqui, já falei, suba para seu quarto.

Mesmo contrariado, Marco resolveu obedecer. Estava nervoso e intrigado: "Por que meu pai agiu daquela maneira? Por que tanto ódio com a Júlia quando ela falou o nome dos pais? Mas, eu vou descobrir, depois vou conversar com ele e vai ter que me explicar o porquê de tudo isso."

* * *

Na Fazenda Danúbio, os pais da Júlia estavam aflitos, já era noite e a moça não havia voltado para casa. Já tinham mandado o capataz procurá-la, mas ele voltou sem notícias. O senhor Ernesto estava nervoso, andava de um lado para outro, sem saber o que fazer. Estavam desesperados, quando ouviram o barulho de um carro e correram para ver quem era. Como o senhor Ernesto era muito cuidadoso com todos na fazenda, dizendo serem aqueles tempos difíceis, seu capataz, Roque, foi ao encontro de Juvenal com a espingarda em punho, apontando para ele e ameaçando:

– Fique onde está.

Juvenal, com cuidado para não assustar o capataz, avisou:

– Calma, homem, venho em paz. Trago a sua sinhazinha Júlia.

Vendo Júlia deitada no banco de trás do carro, Roque gritou:

– Senhor, corra! Ele trouxe sua filha. Ela parece estar machucada.

Todos correram ao encontro do carro e, ao ver a filha o senhor Ernesto, foram perguntando:

– O que significa isso? Quem é você? O que faz com minha filha?

– Calma, senhor, eu explico. Ela caiu do cavalo e o sinhozinho Marcos a socorreu.

– Quem é esse Marcos?

– É o filho do senhor Genésio, meu patrão.

O homem ficou nervoso e começou a gritar:

– Aquele miserável vai se ver comigo, se fez alguma maldade com minha filha.

– Calma, pai – interveio Júlia. – Primeiro tire-me daqui que estou com muita dor.

– Desculpe, filha. Venha, Roque, leve minha filha para o quarto.

– Eu ajudo, senhor – falou Juvenal com humildade.

– Não! Não coloque as mãos na minha filha, não se atreva!

– Tudo bem, senhor, não precisa ficar nervoso, meu filho só quer ajudar – disse Paulo, complementando: – A égua que sua filha montava está aqui. Nada sofreu. Está apenas assustada.

– Obrigado, desculpe-me. Estou assustado com o acontecido. Entendo que vocês querem ajudar-nos, mas agradeço. Não quero ajuda que venha daquele 'traste'.

Pegou as rédeas e a entregou para um de seus empregados, que a tudo assistia de arma na mão.

– Cuide de Mansinha e acompanhe esses senhores para fora de minha fazenda. Não quero gente do Genésio aqui.

Juvenal e seu pai foram escoltados até a divisa das duas fazendas.

Júlia estava com muitas dores e nervosa com a atitude do pai. Assim que os homens saíram, senhor Ernesto foi falar com ela encontrando-a chorando.

O que você tem, Júlia? Não chore, não vai lhe fazer bem.

Ela nada respondeu. Seus olhos estavam parados e vermelhos. Seu pensamento estava confuso. Não entendera o comportamento do pai de Marcos e agora encontrava em seu pai a mesma atitude. O que acontecera entre as duas famílias que ela não estava sabendo?

– Júlia, estou falando com você!

– O que o senhor quer, meu pai?

– Quero saber o que aconteceu.

– O senhor já sabe. Eu caí do cavalo, me machuquei e fui encontrada por Marcos, que me levou para casa dele.

– Eu te proíbo de falar com essa gente. Não quero de jeito nenhum você em contato com esse rapaz.

Júlia, sem pensar, gritou:

– Não vou obedecê-lo, não vou, pai, quer saber, eu amo Marcos.

– Nunca! Prefiro vê-la morta a vê-la envolvida com esse cachorro.

– Não fale assim dele. O senhor nem o conhece. Eu não quero ouvir mais nada. Deixe-me só, por favor.

– Mocinha, exijo que me obedeça.

– Não, pai, o senhor não disse que me prefere morta, pois bem, eu prefiro morrer a viver sem o Marcos.

– Não quero que fale nesse nome nunca mais, entendeu?

Júlia ficou calada. Entendeu não ser aquele o momento para discutir com seu pai. Todos estavam muito nervosos. Deitou-se virando para o canto, deixando que lágrimas rolassem pelo seu rosto, enquanto seu pai continuava ameaçando:

— Você não se atreva a me desobedecer e não quero choro, nem reclamação!

Saiu gritando esmurrando as paredes por onde passava. Encontrou sua esposa, que estava fazendo um chá para Júlia e ela, estranhando o comportamento do marido, perguntou:

— O que foi, senhor meu marido?

— Nada, cuide da sua filha, que eu não quero choradeira.

Adélia foi ver a filha. Ao entrar no quarto ficou assustada com o seu estado. Seus olhos estavam inchados de tanto chorar.

— Filha! O que aconteceu?

— Mãe, ajude-me, por favor! Eu preciso de sua ajuda. Faça alguma coisa por mim.

— Calma, minha filha, você está doente e não pode ficar assim tão aflita. Conte-me o que aconteceu.

— Ajude-me — encostando a mão da mãe em seu rosto, chorava muito. — Meu pai tirou a minha paz. Eu amo o Marcos, eu preciso de sua ajuda!

Adélia ficou triste e preocupada, mas não seria fácil encontrar meios para ajudá-la.

— Filha, eu não posso fazer nada. Sabe como é o seu pai. Ele ficará furioso só de pensar que estou do seu lado.

— Minha vida não tem mais sentido. Papai é muito severo. Não se preocupa com meus sentimentos.

— Ele sempre foi assim. Não posso fazer nada. Por enquanto temos que obedecê-lo.

— Nunca! Ele não tem o direito de fazer o que está fazendo. Ele não pode mandar no meu coração.

— Ele faz o que quer, filha. Quantas coisas ele já fez com esse povo das redondezas, inclusive comigo?

Júlia caiu em prantos. Com dor de cabeça e os olhos vermelhos de tanto chorar, não tinha a menor vontade de jantar. Mas seu pai a obrigou a comer, deixando-a ainda mais nervosa.

As dores eram intensas, não passavam e pioravam com o nervosismo e a dor de cabeça. O médico da família fora chamado naquela noite mesmo.

O doutor Joaquim, após examiná-la, disse a Ernesto:

– Senhor, sua filha precisa ser levada à cidade, onde tem mais recursos. Ela está com uma fratura na coluna e não pode receber os cuidados adequados em casa.

Ernesto ficou nervoso. "Como deixar minha única filha longe de casa, num hospital?" Tentou convencer o médico para cuidar da filha em casa, mas não conseguiu.

Sendo assim, esperou o dia amanhecer e então a levaram para a Santa Casa de São Paulo. Júlia estava com febre. Sua mãe ficou ao seu lado o tempo todo.

* * *

MARCOS NÃO CONSEGUIU se acalmar. Estava muito nervoso, preocupado com a Júlia, e revoltado com a atitude do pai. Sua mãe foi chamá-lo para jantar, ao que ele respondeu:

– Não quero, mãe, não estou com fome. A comida não vai descer, estou entalado de tanto nervoso. Pode ir, mãe, me deixe só.

– Por favor, filho, seu pai não vai aceitar essa sua atitude, vai ficar possesso.

– Que fique, não me importo.

Genésio estava à espera da esposa, e vendo-a descer só, perguntou:

– Cadê o Marcos?

– Ele não quer jantar, não está com fome.

– Mas ele vem. Quero que diga para mim que não vai jantar. – Levantou-se e subiu a escada reclamando, empurrando a porta e gritando ao chegar no quarto:

– Saia desta cama e vamos para mesa, o jantar está pronto!

– Não vou, não quero comer, não estou com fome.

– Quem você pensa que é para falar deste jeito?

– Sou um infeliz que não devia ter nascido.

– O quê?! Levanta logo desta cama, antes que eu resolva tirá-lo à força deste quarto.

– Não, meu pai. Não sou mais criança e não aceito o que o senhor está fazendo. Eu já disse que não vou; faça o que quiser.

Genésio não tinha só a fama de violento, ele o era, e avançou para cima do filho. Empurrando-o contra a parede, Marcos gritava:

– Tire suas mãos de mim e me deixe só.

Transtornado, ele não aceitava o autoritarismo do pai e também não estava medindo as consequências dos seus atos.

O coronel surpreso, e não aceitando a atitude do filho, começou a gritar com ele. O barulho era tanto que Ruth foi ver o que estava acontecendo. Ao entrar no quarto se assustou com o marido, que com os dentes e os olhos cerrados parecia um animal ameaçado.

O coronel levantou a mão e bateu com muita força no rosto de Marcos, que caiu em cima da cama olhando para o pai sem dizer nada, mas o ódio que sentia era tão grande que tinha vontade de matá-lo. Rapidamente levantou-se, pegou a camisa e saiu correndo.

– Volte aqui, não terminei – gritou o pai para o filho que já estava longe.

Pegou o cavalo, uma tocha e saiu em disparada sem rumo. Cavalgou por muito tempo, indo para bosque, local onde havia encontrado sua amada. Ali chorou com saudade de Júlia. "O que será de mim sem ela? Meu Deus me ajude; traga-a de volta; nem sei onde está neste momento."

Tentava adivinhar onde poderia ser a casa dela: "Lembrava-se de que quando era pequeno, havia uma menina que morava no alto das colinas. Seria ela?"

Voltou para casa bem mais tarde. Foi direto para o quarto, dando graças a Deus por não encontrar o pai. Mal esperou o dia amanhecer e saiu, sem que seu pai o visse.

Foi à procura do lugar, chegando em uma fazenda que havia

uma casa numa colina. Era muito cedo e encontrou um homem truculento, que parecia ser o capataz daquela fazenda, que já foi perguntando:

– O que o senhor quer aqui nestas terras?

– Por favor, eu queria saber se é aqui que mora uma jovem chamada Júlia?

– Eu acho que o sinhozinho não devia estar por estas bandas, o senhor Ernesto não vai gostar, ele está muito nervoso.

– Eu sei, mas preciso saber como está Júlia.

– Ela está muito mal, foi levada para um hospital na cidade.

– Meu Deus, eu preciso vê-la.

– Não! O senhor não deve ir ao hospital, não deve procurá-la, agora pode ir embora; o senhor não é bem-vindo nesta fazenda – e apontou-lhe a espingarda.

– Está bem, fique calmo, eu vou, mas diga-lhe que vim vê-la e desejo que fique boa, rápido.

Sentia uma dor intensa no peito, ele amava aquela jovem, era algo que não podia controlar, tinha vontade de gritar, precisava vê-la e não podia.

Retornou para sua casa. Seus pais não tinham visto ele sair. A mãe estava desesperada, chorando, e o pai parecia uma fera. Na porta estavam suas malas, e ao chegar seu pai foi logo avisando:

– De hoje em diante você não é mais meu filho, vai ser deserdado, vai trabalhar para seu sustento.

Marcos não deu atenção, tentou entrar, mas seu pai mandou o Juvenal pegar as malas e ordenou:

– Vou mandar o Juvenal levá-lo de carro até a estação por causa da sua mãe; não nos considere como sua família; nunca mais volte a esta casa.

– Calma, coronel – disse o Marcos não percebendo a gravidade da situação.

– Não quero conversa, já falei, não é mais meu filho e o proíbo de procurar seus irmãos também.

Marcos caiu em si; seu pai estava falando sério. Não acreditando no que estava acontecendo, ficou cego de ódio, pegou as malas e saiu em direção ao carro. Sua mãe foi ao seu encontro, sua voz estava trêmula:

– Filho, não vá.

Marcos soltou as malas e a mãe o abraçou com muita dor no coração, soluçando, quando foi chamada pelo marido.

– Venha mulher, vá para dentro e acostume-se que este aí não é mais seu filho.

Ela tentou argumentar, mas ele não permitiu, Marcos pegou novamente as malas e ainda tentou falar com o pai, mas ele não deu atenção. Dando-lhe as costas, entrou em casa sem olhar para trás.

Marcos sentia o mundo desmoronar aos seus pés, jamais esperara uma atitude tão radical e irracional por parte de seu pai. Parecia estar vivendo um pesadelo; no caminho nem conversaram. Juvenal não tinha palavras, não concordava com o patrão, mas nada podia fazer.

Ao chegar na estação, o trem já estava de saída. Marcos, após comprar a passagem e entrar no trem, procurou um lugar em um dos vagões que tinha menos gente, queria ficar só. Pela janela do trem, olhou a sua terra, aquele lugar que ele tanto amava. Tinha ficado tanto tempo longe dali por causa dos estudos, e doía seu coração só de pensar que a partir de agora não mais poderia voltar.

"O que será de minha vida? Sem emprego, como ficarão meus estudos? Como trabalhar? Na fazenda de outros coronéis?"

As lágrimas rolavam pelo seu rosto. Uma mulher, que vendo o seu estado sentara-se ao seu lado, perguntou:

– O que foi, moço? Está se sentindo bem?

– Estou desolado, tive uma discussão com meu pai e ele me expulsou de casa.

– Meu Deus! – exclamou a senhora. – Como foi brigar com seu pai, é muito triste, e sua mãe?

– Está lá desesperada, meu pai é muito enérgico, não volta atrás numa decisão. Estou perdido, não tenho emprego, não terminei meus estudos e não sei o que vou fazer.

– O moço é filho de quem?

– Do coronel Genésio, senhora.

– Não acredito!

– A senhora o conhece?

– Claro, todos conhecem o coronel Genésio.

– É, vai ser difícil, ele não vai permitir que outros me ajudem.

– Eu sou esposa do professor Getúlio, vou falar com meu marido, vou tentar fazer alguma coisa por você.

– Obrigado, senhora, fico muito grato.

– Procure-me amanhã lá na universidade.

– Está certo, irei, muito obrigado mesmo.

Ela deu o endereço e por coincidência era a mesma em que o Marcos estudava. Deu também o endereço da casa deles, caso precisasse. Marcos estava sensibilizado com a atitude daquela senhora que mal conhecia.

– Como se chama, senhora?

– Meu nome é Marta – era muito simpática e bondosa. – Tenho dois filhos, mas já estão casados; eu e meu marido nos sentimos muito sós.

Ela estava penalizada com a situação do jovem.

A viagem foi tranquila, conversaram muito sobre diversos assuntos, e ao chegar a cidade Marcos já estava mais tranquilo.

Quando o passado retorna

No hospital todos estavam preocupados. A febre de Júlia não cedia, e ela continuava agitada, sem querer comer. Os médicos estavam preocupados, ela não estava reagindo. O doutor Joaquim, juntamente com o chefe da equipe médica chamou o senhor Ernesto para conversar e explicou-lhe o estado da moça:

– Senhor Ernesto, o estado de sua filha não é bom, está piorando; precisamos ter muito cuidado. A mim parece que ela não quer viver, ela foi medicada e todas as providências necessárias foram tomadas, mas ela não está reagindo, recusa a alimentação e só chora.

Júlia sentia-se sonolenta. Ao abrir os olhos percebeu uma agitação em um canto do quarto; viu um homem rindo. Tinha uma feição horrorosa. Ela se assustou e começou a gritar:

– Tirem esse homem do meu quarto, ajudem-me!

– Calma, moça – disse a enfermeira que estava passando e entrou correndo ao ouvir seu grito.

– Não, não! Sai! Sai! – continuou Júlia.

A enfermeira saiu em busca da ajuda do doutor Joaquim que, ao chegar, tentou conversar com a moça, mas sem sucesso, por não conseguir fazê-la parar de gritar. Aplicou-lhe um tranquilizante que a acalmou e a fez dormir.

Passou a noite sob os cuidados médicos. Pela manhã, quando acordou, estava abatida e assustada. Vendo a enfermeira, perguntou:

— Onde estou? O que aconteceu?

— Calma, você está no hospital, veio para cá após uma queda do cavalo.

A febre continuava alta. Delirante, perguntou:

— E o Marcos?

— Quem é Marcos?

— Meu namorado.

— Não sei, senhorita, procure descansar. Você está muito fraca. Logo sua mãe estará de volta. Foi até a secretaria do hospital.

O dia passou e a moça continuava febril e muito triste. Perguntou também pelo pai.

— Ele está descansando, logo estará aqui. Fique calma, minha filha — respondeu sua mãe preocupada.

Já era noite quando a febre voltou a aumentar fazendo-a delirar, fazendo-a chamar novamente pelo Marcos. O pai tinha proibido que a esposa ou qualquer outra pessoa entrasse em contato com o rapaz. Não aceitava aquele amor de sua filha por um filho de seu maior inimigo. Quando ela perguntava sobre o rapaz, sua mãe disfarçava, pedia calma, dizendo que logo ele chegaria, ao que Júlia respondia:

— Quero morrer, não posso ficar sem o Marcos, não quero mais tomar nenhum remédio. — E chorava muito.

Nesses momentos em que a febre aumentava, ela via novamente aquele homem, que tinha nas mãos uma ferramenta estranha. Ria muito, deixando-a apavorada.

Júlia segurava com força as mãos da mãe e assustada gritava:

— Mãe, ele quer me matar, ajude-me.

— Ele quem, filha?

— Esse homem. — Apontava para um canto do quarto e com os olhos arregalados reclamava: — O que você quer comigo? Vá embora!

Seus pais não entendiam nada. Assim como os médicos e

enfermeiras, acreditavam ser um estado de alucinação causada pela febre.

– Filha, calma, não há ninguém aqui, só nós.

– Não, mãe, não! Ele vai me pegar.

– Ele quem? – perguntou dessa vez o pai.

– Ele, pai. Ele disse que é o coronel Justino.

E o infeliz espírito deu uma gargalhada sinistra dizendo:

– Vou acabar com toda essa raça maldita.

– Vá embora! – dizia Júlia e repetia para os pais o que o homem falara.

– Com a nossa família, filha?

– É, pai.

Ernesto estava assustado: "Não pode ser, esse homem já morreu faz tempo, como pode estar aqui? Eu fui em seu enterro. Credo! Até parece coisa do diabo. Mas como a Júlia ia inventar uma coisa dessas, ela não podia lembrar. Era muito pequena quando tudo aconteceu."

– Filha, para com isso. Esse homem está morto e não pode estar aqui neste quarto.

– É ele sim, pai, eu estou vendo. Ele está com uma picareta nas mãos, e está muito bravo. Ele não gosta de nós e quer nos matar.

Ernesto estava todo arrepiado, não sabia o que dizer à filha. Aquilo também, para ele, parecia muito real. "Será que aquele safado voltou do túmulo para enlouquecer minha filha?" – ficou preocupado.

Júlia chorava nos braços de sua mãe. Foi neste momento que o espírito falou com muita raiva:

– Vocês vão pagar caro por tudo que tiraram de mim e aquele miserável também.

– Quem? – perguntou a Júlia.

– O safado do Genésio.

– Meu Deus! É o pai do Marcos, mas por quê?

– Ele também me deve e vai ter que pagar caro, ele e o filho que já recebeu o que merece.

– O que você fez com ele? Fala! – perguntou Júlia, preocupada com o amor de sua vida.

– Mandei ele para longe.

Júlia caiu em prantos. Seu pai tentava acalmá-la. Queria entender o que estava acontecendo.

– O que foi, filha? Está falando com quem? Acalme-se, você não está falando coisa com coisa.

– Ele disse que vai matar o coronel Genésio também.

– Por quê? Quem falou?

– O tal do Justino, ele disse que você e o coronel Genésio vão pagar caro pelo que fizeram, pelo muito que devem a ele.

Ernesto ficava cada vez mais preocupado. "Como ele sabe o que aconteceu, se morreu e não viu nada?" Nervoso falou para Júlia:

– Para com isso, não quero mais ouvir nada desse assunto. Vou pedir para médico lhe dar um remédio que pare com estas coisas, com essa loucura, você está delirando.

E saiu à procura do médico, explicando o que estava acontecendo, para em seguida ver ser aplicado em sua filha um calmante.

Júlia logo adormeceu e sonhou:

Ela se via ainda criança, em sua outra casa, próxima a uma grande fazenda, onde o dono era um homem chamado Justino e que tinha muitas terras e empregados.

Foi naquela época em que ela presenciou uma briga entre esse fazendeiro e seu pai. O motivo da briga fora um escravo que seu pai comprara de Justino. Ouviu o homem ameaçar seu pai, dizendo que ele nunca seria dono daquela fazenda.

Logo depois, à sua frente, Júlia assistia a uma cena horrível, gritos, corre-corre. Um incêndio fazia estalar tudo, com muitos gritos por socorro. Júlia se agitava durante o sono. Sabia que seu pai tinha culpa. Havia feito aquela maldade, onde várias pessoas tinham morrido. Acordou assustada. Com um grito de pavor acusava o pai:

– O senhor foi o culpado, o senhor é um assassino – e olhando para a mãe, acusou: – Foi ele, mãe.

– O que você está falando, menina? – perguntou Ernesto segurando a filha, evitando que ela se levantasse. Ela ficou parada, assustada, olhando para ele sem nada dizer.

Seus olhos estavam arregalados como se estivesse em frente de um animal peçonhento. Não enxergava o pai, que sempre amara, mas um homem que não conhecia. Chorou desesperadamente. Aquela gritaria chamou a atenção dos enfermeiros e médicos de plantão, que para o quarto acorreram e ministraram-lhe medicamentos, visando acalmá-la. Logo Júlia dormia, ainda um sono agitado.

Ernesto estava preocupado. Será que ela vira algo quando criança em relação àquele nefasto acontecimento e o tombo a deixara sensível, a ponto de recordar um fato já esquecido, ou aquele miserável do Justino voltara das profundezas para trazer à tona um momento de sua vida que ele desejava esquecer?

* * *

Marcos chegou na pensão cansado da viagem e desolado pelo que tinha acontecido. Tentou dormir, mas não conseguia. Estava muito agitado. Seus pensamentos não se coordenavam. Lembrava-se dos últimos acontecimentos e não acreditava em tudo o que estava acontecendo. Parecia um sonho, fora tudo muito rápido.

Sua amada não lhe saía de sua cabeça. Seu coração acelerava só em pensar: "Como viver sem a mulher que amo? E agora, meu Deus, o que vou fazer da minha vida?"

Debruçou nos joelhos e chorou muito. Nem percebeu que o dia estava amanhecendo. Cochilou um pouco, mas logo acordou e, percebendo que o dia já estava claro, levantou-se, tomou o café da manhã e saiu sem rumo, à procura do nada.

Andou, andou, depois voltou para a pensão e foi ler um pouco. O tempo passou e ele nem percebeu, até que dona Chica o chamou:

– Senhor Marcos, o almoço está pronto.

– Já vou, dona Chica.

Ela era a dona da pensão, mulher muito boa. Marcos fechou

o livro e foi para a mesa. Seus olhos estavam sem vida, vazios. Dona Chica percebeu que algo estava errado com aquele rapaz, que antes era sempre jovial:

– O que aconteceu? Desde ontem, quando o senhor chegou, está estranho! Nem quis perguntar para não aborrecê-lo.

– Não foi nada, dona Chica, não se preocupe.

– Fale, moço, você sabe que pode contar comigo, eu estou acostumada a auxiliar os rapazes que moram aqui na minha pensão. Afinal, sou um pouco mãe de todos. Posso fazer alguma coisa para aliviar sua dor?

Marcos ficou pensativo, olhando para aquela mulher simples e admirável de quem todos gostavam. "Até parece que essa mulher adivinha as coisas" – pensou, mas respondeu:

– Obrigado. A senhora é uma pessoa maravilhosa, a quem muito estimo, mas não se preocupe, vai passar.

Chica percebeu que naquele momento nada extrairia do rapaz. Deixou-o em paz. "Só por agora" – pensou.

Ele comeu pouco e, pensando melhor, resolveu contar o que estava acontecendo, chamando por dona Chica.

– Senhora, mudei de ideia, se puder me ouvir agora, eu preciso mesmo desabafar.

– Fale, moço. Eu vou ouvi-lo.

Marcos contou toda a sua história.

– Eu sabia – respondeu dona Chica. – Sabia que alguma coisa tinha acontecido e que tinha a ver com amor, bicho danado para apagar o sorriso do semblante de alguém quando dá errado, principalmente de alguém tão alegre como é o senhor. Mas fique calmo que tudo se resolve.

– Não, senhora, isso não vai ter jeito. Meu pai é muito durão e não volta atrás nas suas decisões, eu sei. Tem horas que me sinto morrer. Não sei explicar, mas é assim que me sinto, morto.

– Escute, meu rapaz, eu conheço uma mulher que é espírita. Posso pedir para ela ver o que está acontecendo com você.

– Não, bruxaria, não. Eu tenho medo de mexer com essas coisas.

– Não se preocupe, ela não faz nada dessas coisas ruins. Só vê pelo nome se tem feitiço, porque, cá para nós, isso só pode ser mandinga.

– Não, senhora, eu agradeço. Mas não acredito nessas coisas.

– 'Tá' bom, se resolver, me procure. Eu vou esperar que se decida.

Ele voltou para o seu quarto e continuou lendo, mas não assimilava nada, só pensava no que lhe havia acontecido.

"Bem que eu podia ver se é verdade que essa tal mulher sabe de alguma coisa. Ninguém vai ficar sabendo. Eu só quero saber o que irá acontecer com minha vida. Vou falar com dona Chica e pedir que vá ver a mulher e leve meu nome e o da Júlia."

E assim fez. Dona Chica foi e algumas horas depois retornou com o resultado:

– Era exatamente o que eu estava pensando; a dona Magda disse que tudo que está acontecendo é provocado pelo espírito que tem muito ódio de seu pai e do pai da moça, que foi ele quem afastou os dois e você precisa fazer um tratamento espiritual.

– Não, eu não quero mexer com essas coisas. Deixa para lá, só queria saber. Muito obrigado, dona Chica.

– Como queira, o senhor é quem sabe, disse a dona da pensão, fazendo cara de quem não gostou e saindo para os afazeres domésticos.

O dia passou sem novidades. À tarde, um pouco antes do jantar, um mensageiro chegou trazendo uma carta para dona Chica que, ao lê-la, ficou triste e pensativa. Marcos, vendo-a com um comportamento diferente do usual, perguntou:

– O que foi? Notícia ruim?

– Sim, senhor, o coronel está avisando que de hoje em diante não pagará mais as suas despesas, que terá que se cuidar sozinho. Eu sinto muito, mas não poderá ficar aqui, pois eu preciso desse pagamento e não posso ficar contra o seu pai. Sabe como é, ele deixou bem claro que não quer que eu faça nada por você e eu não quero encrenca com o senhor seu pai.

– Já entendi, vou arrumar minhas coisas.

– Espera, pode ficar esta noite.

– Não, eu não quero prejudicá-la.

– Mas para onde vai, se não conhece quase nada nesta cidade?

– Não se preocupe, eu darei um jeito.

A mulher gostava muito de Marcos. Mas triste, ele foi para seu quarto e deixou que as lágrimas escorressem pelo seu rosto.

E estava desesperado. "Para onde ir? Naquela cidade só conhecia a universidade e poucas pessoas." Tentou coordenar o pensamento e lembrou-se da senhora Marta, aquela que ele havia encontrado no trem. Pediu para dona Chica guardar suas coisas que mais tarde viria buscá-las.

Foi à procura da casa do professor Getúlio. Lá chegando, foi anunciado por um empregado e logo foi recebido, tendo, em seguida, que falar sobre o que aconteceu, fazendo um pedido ao casal:

– Por favor, vocês poderiam me ajudar a encontrar um lugar para ficar?

No que o professor respondeu:

– Poderemos hospedá-lo, mas não pode ser por muito tempo, só até você encontrar um lugar para ficar.

– Agradeço, professor, prometo que não será por muito tempo. Vou buscar minhas coisas e volto em seguida. Mais uma vez, obrigado.

E voltou para a pensão para pegar suas malas, indo em seguida para sua nova moradia. Estava sem graça, por não conhecer os moradores, mas não tinha outra alternativa.

Foi bem recebido por ser o filho do coronel e, como hóspede, passou uma semana. Já tinha procurado trabalho e lugar para morar e nada. Parecia que todas as portas se fechavam para ele.

A tristeza tomou conta do seu coração. A saudade de Júlia e a situação em que se encontrava deixavam-no transtornado.

Lágrimas caíam-lhe pelo rosto. Caminhara o dia inteiro à procura de trabalho, e nada. "Meu Deus, o que vou fazer? Não consigo emprego e não tenho onde morar. E, minha mãe deve estar muito triste! Tudo desmoronou... Por que será que tudo isso está acontecendo comigo?"

* * *

NA FAZENDA DO Pomar, Ruth, com a ausência do filho, ficou muito doente. Só chamava por ele. Os outros filhos foram alertados quanto ao estado da mãe. Clara chegou primeiro e, pouco depois, Antônio, o filho mais velho, com a esposa, Ana, e os filhos, Carlos e Mara.

Ficaram sabendo dos acontecimentos. Não entendiam a atitude do pai, afinal, o que os jovens enamorados tinham de culpa quanto às desavenças entre ele e o pai da moça. Clara quis ir procurar o irmão e acabou discutindo com o pai, que proibiu qualquer um deles procurar Marcos, ameaçando deserdar a quem tentasse, como havia feito com o filho mais novo.

Como sabiam que o coronel cumpriria com o prometido, ficaram com receio, mas prometeram à mãe que iriam procurá-lo para deixá-la mais calma.

Como não podiam demorar, Clara só ficou dois dias, pois tinha que se preparar para voltar aos estudos, e Antônio precisava retornar ao trabalho. Seus filhos estavam de férias, mas logo mais as aulas recomeçariam. Partiram tristes e preocupados com a situação do irmão e da mãe, que continuava abalada.

Antônio, às escondidas do pai, pediu auxílio a um amigo da polícia para investigar o paradeiro de Marcos, pois na pensão já o procurara e lá não sabiam para onde ele havia se mudado. Foi em vão. O amigo policial não conseguiu descobrir onde se instalara o irmão, Como não sabia o que fazer, só lhe restava ficar à espera de um dia receber alguma notícia.

Um amor sem rumo

Júlia estava fisicamente melhor, mas o coração continuava em chamas, ardendo de saudades do homem amado.

Recebeu alta do hospital e foi levada de volta para casa. O desconhecimento do paradeiro de Marcos aumentava, em muito, a dor que sentia em seu peito. Não sentia fome e não mais sorria, preocupando muito sua mãe, que ficava sempre ao seu lado, tentando confortá-la.

— Filha, dói o meu coração ver estes olhinhos apagados. Vamos, arrume-se. Seu pai está ficando cada vez mais nervoso e pode perder a paciência.

— Que perca, mãe, eu não me importo. A vida para mim não tem mais sentido; tudo acabou.

— Não, filha, nada acabou. Você é bela, é rica, é culta. Um dia vai encontrar alguém que a mereça.

— Não, minha mãe, eu já encontrei, não quero mais ninguém. Só me interessa recuperar o tempo que vocês estão fazendo eu perder com essa bobagem de rusgas familiares. Eu e o Marcos nada temos com a briga entre nossas famílias.

— Não diga isso. Seu pai está pensando em dar a sua mão em casamento a um moço, filho de uma família amiga, que mora na cidade.

— Nem pensar. Eu me mato, se papai fizer isso. Eu não quero

ninguém na minha vida a não ser o homem que eu amo. Se não podemos ficar juntos, nada mais me importa.

– Filha! Não diga tais coisas, que Deus castiga!

– Mãe, Deus não castiga e eu não posso ser mais 'castigada' do que já estou sendo. Tire essa ideia da cabeça do meu pai. É melhor ele desistir, se não quiser perder a filha.

E chorando muito, continuou:

– Mãe, me deixe só, por favor.

* * *

MARCOS ESTAVA DESNORTEADO, andara o dia inteiro, sem rumo, à procura de uma saída para o seu problema. Nada encontrara, nem emprego e nem um novo lugar para ficar. Ao atravessar uma rua movimentada, caminhando de cabeça baixa, não viu um carro que vinha em sua direção. O inevitável aconteceu. O acidente foi algo impressionante, pois ele fora jogado longe, perdendo os sentidos. Apavorado, o motorista fugiu.

Acordou horas depois, em um pronto-socorro municipal, para onde a polícia o levara, após o acidente.

Marcos estava confuso, sentia muitas dores e, por consequência da pancada na cabeça, estava com uma amnésia temporária; esquecera, inclusive, onde estava morando.

O professor Getúlio estava preocupado com a demora do rapaz. Chegou a pensar que tivesse voltado para a casa dos pais, mas como não recebeu notícias, três dias depois resolveu procurá-lo. Foi em vários hospitais, não o encontrando. Quando chegou no pronto-socorro municipal, soube que ele estivera ali, mas já havia saído, ao receber alta.

Preocupado, sem saber onde procurar em uma cidade gigantesca como aquela, voltou para casa. O remédio era esperar.

Marcos saiu do hospital sem destino. Em sua cabeça só tinha lembranças de duas pessoas: sua mãe e Júlia.

Cansado de tanto andar, faminto, sentou-se em um banco de uma praça, para ele totalmente desconhecida, e ali ficou por muito tempo, olhando para o nada. Era como um sonho, um desses pesadelos do qual se quer acordar e não se consegue. Confuso, sentiu medo. Tudo para ele era estranho, o lugar, as pessoas.

Apoiou a cabeça nos braços e os braços nos joelhos e chorou muito. Cansado, deitou-se no banco e adormeceu.

Já era manhã quando foi acordado pela algazarra que faziam os pássaros nas copas das árvores, anunciando o novo dia. Como um autômato, levantou-se reiniciando a sua caminhada sem um destino certo. Uma tristeza imensa invadia o seu coração. A única alternativa que lhe restava era andar. Era como se estivesse sendo guiado por mãos invisíveis que o encaminhavam para lugares incertos, ou certos? Não sabia, não tinha forças para saber. Sentou-se à porta de um bar e ficou ali por muito tempo, tentando lembrar-se: Quem era? Onde morava? Mas nada, só via a figura de duas mulheres: uma mais velha e outra, uma belíssima jovem. Não tinha nem ideia de quem eram aquelas mulheres. Apenas que as amava. Suspirou profundamente, como se estivesse a pedir, com um grito; socorro.

Só percebeu alguém ao seu lado quando ouviu chamar:

– Meu jovem!

Olhou para quem o chamava sem muita firmeza, apenas respondeu, como a perguntar o que ele queria.

– Sim!?

– Está doente? Sente alguma coisa? Posso fazer algo para ajudá-lo?

– Não, senhor, não estou doente, nem sei se estou doente. Talvez esteja. Já que não sei quem sou, ou de onde sou. Quanto a fazer algo para ajudar-me, também não sei.

Marcos sentia-se confuso, não sabia quem era, nem o que queria, ou que fazer.

– Posso sentar-me ao seu lado?

– Pode, claro, sente-se, por favor.

– Como se chama? De onde você é?

– Não sei, não me lembro de nada, eu só me lembro de duas mulheres que não me saem do pensamento. Acredito que seja minha mãe, a outra, pelo que sinto quando nela penso, deve ser uma namorada, noiva, talvez. Só sei que um nome me vem à mente a todo instante, Júlia.

– Faça um esforço para lembrar o nome de sua mãe, quem sabe posso ajudá-lo – ofereceu-se o senhor.

Marcos, pela primeira vez após haver saído do hospital, consegue descobrir algo sobre sua vida. Sorriu, olhando para o bondoso senhor que o motivara a tal façanha.

– Ruth, esse é o nome da minha mãe, agora me lembro.

– E a moça? Lembra-se de quem ela é? O seu nome é realmente Júlia?

– Sim, também me lembro, o seu nome é Júlia. É uma bela moça que eu conheci e por quem me apaixonei.

– Onde ela mora?

Marcos ficou pensativo. Não conseguia se lembrar desses detalhes; parecia ter uma parede à sua frente que não o deixava enxergar além.

– Não sei, acho que estava doente, eu saí de um hospital.

– Lembra-se do seu nome?

– Não...

– E onde você mora?

– Esse é o problema, eu não consigo me lembrar.

Aquele senhor ficou penalizado, ao ver um jovem fisicamente bem, em uma cidade como equela sem se lembrar de nada, nem do seu próprio nome.

– E o que você faz? Vai para onde?

– Eu não tenho para onde ir, fico andando.

– Não, filho, você não pode ficar andando por aí, é perigoso.

– Não tem outro jeito.

– Então, venha comigo.

– Para onde?

– Para minha casa.

– Mas senhor, não quero incomodar. Além do mais, o senhor não me conhece!

– Não se preocupe. Só quero ajudá-lo, e você não vai incomodar.

Meio sem jeito, ainda reticente, mas sem alternativas, balançou a cabeça assentindo.

– Então eu aceito.

– Vamos, o meu nome é Mauro.

Marcos seguiu o novo amigo. "Quem sabe poderia ser um recomeço" – pensou esperançoso o rapaz.

Mauro levou Marcos para sua casa. Era uma casa simples, um lar de uma família humilde. Sua esposa, Joana, o recebeu muito bem. Após oferecer um banho e roupas limpas que improvisaram, fizeram com que ele se alimentasse e descansasse.

Marcos, cansado, logo adormeceu e sonhou:

Ele se via em frente a uma mansão onde fora recebido com muita festa. Todos o esperavam. Havia muitas pessoas. Cumprimentou a todos com alegria, e era chamado de comandante.

Entre os convidados, estava um homem vestido com roupas de militar que o olhava com ódio, mostrava em seu rosto a marca da revolta. Quando ele passou ao lado desse homem ouviu suas ameaças:

– Você me paga, eu me vingarei e a sua vitória vai durar pouco.

Marcos não entendia o que o tal homem tinha contra ele, mas ficou assustado com aquelas palavras. A festa continuou, mas o militar não tirava os olhos dele. Marcos tinha a impressão de conhecê-lo, mas tinha certeza de jamais tê-lo visto. Entre os convidados estava também um soldado que não tirava os olhos dele; este, por sua vez, não era de todo um estranho, mas não conseguia identificar de onde os conhecia e o porquê de tanto ódio contra ele. A festa terminou já na madrugada do dia seguinte. Ao final, quando todos haviam se retirado, só restava aquele homem que parecia odiá-lo intensamente, que ao se despedir voltou a ameaçar:

– Frederico, me aguarde, eu volto. Temos contas a ajustar.

– Passe bem – respondeu Marcos, sem saber por que o homem o chamara de Frederico. Ficou pensativo e sentiu um ódio enorme invadi-lo por inteiro: "Esse miserável não podia estar aqui na minha casa."

E nessa ansiedade, Marcos acordou. Estava suando e, agitado, pensou: "Eu era o Frederico... Este sonho me trouxe uma passagem triste da minha vida que eu queria esquecer. Lembro-me de que algumas vezes tive visões sobre isso."

Sentou-se na cama e chorou por muito tempo. "Por que estas coisas acontecem? Como eu sei que isso tudo que vi em sonho não é desta vida? Já ouvira falar que em sonhos podem-se ter visões do que lhe ocorreram em vidas passadas. "Como entender essas coisas?"

* * *

Júlia estava melhor, já se passara uma semana que chegara do hospital. Estar em casa não a deixava mais aliviada. A saudade do homem amado era intensa e não conseguia entender a atitude de seu pai e do pai de seu amado. Uma preocupação assaltava-lhe a mente. Algo lhe dizia que Marcos não estava bem, era um sentimento que não sabia definir, que gritava dentro do seu peito, não conseguia se controlar. Entregar-se à oração era o que lhe restava: "Meu Deus, onde estará meu amado? O que está acontecendo com ele? Me ajude, Senhor, eu preciso saber."

Tinha que tomar uma decisão em relação à sua situação com Marcos. Mas... Eu decidi: "Vou embora para a cidade. Vou procurar por Marcos. Ele deve ter voltado para a faculdade."

Depois de algum tempo conseguiu adormecer. O sol já irradiava seus raios com intenso calor quando acordou. Seus olhos estavam úmidos e inchados. Depois de um ligeiro banho, arrumou-se com intenção de sair à procura de seu amado. Aquela seria uma manhã decisiva.

Ao sentar-se para tomar café, seu pai lhe perguntou:

– O que está acontecendo? Você estava chorando? Não me diga que é por aquele safado.

Júlia não respondeu, não adiantaria; estava disposta a enfrentá-lo, mas não agora. As lágrimas corriam pelo seu rosto. Tentou disfarçar, quando seu pai anunciou:

– Vou arrumar um bom casamento com um rapaz de família ilustre, um amigo irá nos apresentar.

– Eu não quero me casar com ninguém – disse Júlia abruptamente, não conseguindo se conter.

– Você não tem que querer, sou seu pai. Faço o que acho certo para você e acabou!

– Tente e verá do que sou capaz. Se não me casar com Marcos, prefiro morrer – respondeu Júlia, enquanto levantava-se desafiando-o.

– Volte aqui, filha desnaturada, estamos à mesa.

– Não quero mais nada, se o senhor não quer respeitar os meus sentimentos, por que devo respeitar as suas ordens? Para mim, a partir desse momento, as suas ordens e suas atitudes não me assustam; vou para o meu quarto – e saiu correndo, caindo na cama em soluços. "Eu já perdi a razão de viver, tudo desmoronou, não posso viver sem o Marcos, nada tem sentido." Sentindo uma dor muito forte no peito se perguntava: "Onde estará meu amado?" Tinha vontade de sair correndo ao seu encontro, mas seu pai não o permitiria jamais. Só restava chorar. "Como se não bastasse não poder ficar com quem amo, agora meu pai quer me arrumar um marido?"

Preocupada, sua mãe foi tentar acalmá-la. Aconselhou, pediu calma, mas nada a fazia parar de chorar. Depois de algum tempo, Júlia olhou para a sua mãe e, decidida, ameaçou:

– Mãe, eu vou para a cidade hoje.

– Não, filha! Seu pai não vai permitir.

– Então eu fujo, não fico mais nesta casa. Eu quero morrer, não quero me casar com ninguém além do Marcos!

A mãe já não tinha mais palavras, e não conseguia mudar as intenções de Júlia. Resolveu deixá-la a sós. Talvez sozinha pudesse refletir melhor e aceitar as condições impostas pelo pai.

Passado algum tempo, Júlia resolveu sair e dar uma volta no jardim. "Quem sabe no meio das flores, da beleza da natureza, conseguiria uma saída para a sua situação!" – pensou.

Estava totalmente envolvida em seus pensamentos, admirando a beleza de um roseiral, e assustou-se com o cumprimento de Marta.

– Bom dia, senhorita.

– Bom dia, Marta, tudo bem?

– Está triste, senhorita Júlia?

– Estou desesperada, Marta, não triste.

– É por causa do moço bonito que veio aqui aquele dia?

– Que dia, Marta?

– No dia em que a senhorita foi para o hospital, mas o patrão estava bravo e o Roque mandou-o embora. Ele queria saber como a senhorita estava e o Roque falou que tinham levado a senhorita para o hospital na cidade. Coitado do moço, ficou muito triste e saiu cabisbaixo. Mas não fale que eu contei, senão o Roque vai brigar comigo.

– Não, fique sossegada, não direi nada a ninguém.

O coração da Júlia batia forte, descompassado. "Meu Deus! Agora tenho certeza de que não posso ficar mais aqui, tenho que voltar para a cidade e procurar por Marcos."

Caminhou calmamente pelo jardim. A calma que mostrava ao caminhar era só aparente. Seus pensamentos estavam descontrolados. Era como se um turbilhão a invadisse, confundindo sua mente. "Por que nasci nesta família? Por que tenho que passar por isso?"

Assim pensando, foi falar com a mãe.

Adélia estava preocupada com a filha e, principalmente, com o que o marido poderia fazer com ela. Aconselhou-a a mudar de ideia, aguardar mais um tempo. Júlia resolveu ficar mais uma semana. Estava triste e abatida. Seus olhos haviam perdido aquele brilho que fizera balançar o coração de Marcos.

* * *

MARCOS ACORDOU CHORANDO, pensou muito no sonho que tivera mais uma vez, entretanto, tinha que continuar sua triste vida. Levantou-se com o firme propósito de conversar com o seu protetor. Precisava conseguir um trabalho, que lhe possibilitasse alugar um lugar para morar. Tudo lhe parecia perdido. "E Júlia, como estará? Só me lembro de que ela estava doente. Meu Deus! Ajude-me a encontrar um caminho!"

Foi nesse momento que as lembranças surgiram como um filme em sua cabeça. Lembrou-se de seu pai, de sua maldade, de quando foi expulso da própria casa, do convívio da família. Lembrou o seu nome. Sentiu um aperto no coração e começou a chorar. Mauro, ouvindo-o chorar, foi ao quarto verificar o que estava acontecendo com o seu protegido.

— Filho, como posso ajudá-lo?

— Já está fazendo muito por mim. Estou muito agradecido! Contraí uma dívida que não conseguirei pagar. O senhor já está fazendo muito em me alimentar e me oferecendo lugar para dormir. Eu não posso continuar lhe dando tanto trabalho. Preciso arrumar um emprego, um lugar para morar. Não posso ficar aqui, sendo esse peso para todos.

— Não, filho, fique. Você nos dá muita alegria. Sabe que sou pobre, não posso lhe oferecer o conforto que, sei, você tinha em sua casa. Venha tomar o café e em seguida vamos andar um pouco.

— O senhor é uma pessoa muito boa.

Logo após o café, foram dar uma volta em uma praça próxima. Sentindo-o triste, Mauro procurou puxar conversa.

— Não se lembrou de mais nada, algo sobre os seus pais?

— Senhor Mauro, hoje quando acordei lembrei-me de algo, não tenho certeza. É sobre meu pai; havia maldade em sua atitude. Acho que ele me expulsou de casa, mas não me lembro dos detalhes nem do nome dele, só sei que meu nome é Marcos e como já falei, lembro de minha mãe e de Júlia, a moça que amo.

— Que ótimo! — sorriu Mauro, mostrando-se feliz por essa lembrança. — Está começando a lembrar-se. Aos poucos se lembrará de tudo. Sabe quem é a moça?

— Não sei, só sei que ela é linda e me sinto muito feliz quando me lembro dela. Espere, estou me lembrando de mais alguma coisa: nós estávamos cavalgando e ela caiu do cavalo e ficou muito machucada.

– Tem certeza?

– Tenho.

– Não foi você quem caiu?

– Não, eu a levei para minha casa. Disso tenho certeza!

– Onde é a sua casa?

– Não sei.

– Vamos, tente lembrar.

Mauro pretendia que ele aos poucos fosse se lembrando dos fatos que o levaram àquela situação de abandono em que se encontrava. Entretanto, mantinha-se cuidadoso, pois sabia que algo ocorrera com o rapaz que o seu subconsciente evitava lembrar. Sentaram-se em um banco da praça. Marcos esforçava-se para se lembrar do que lhe tinha ocorrido; sua cabeça doía. Ele justificou-se:

– Eu entendo que aconteceu algo muito triste comigo e que não quero lembrar. Todas as vezes que tento, sinto uma tristeza imensa.

– Então, não force a mente, deixe as coisas acontecerem normalmente. Quando chegar a hora você lembrará.

– Está certo, mas temo estar sendo inconveniente aproveitando-me de sua hospitalidade.

– Você não está aproveitando-se de coisa alguma, até porque a insistência é minha. Vamos deixar de conversa e vamos caminhar, antes que eu me aborreça com você.

Os dois sorriram e voltaram a caminhar.

Voltaram para casa cansados. Marcos estava fraco e suava muito. Pediu licença a Mauro e deitou-se. Não conseguia ficar sem dar vazão aos sentimentos. As lágrimas escorriam fartas em seu rosto. "O que fazer, sem dinheiro, sem emprego, sem lar?"

Sem saber se dormia ou sonhava, olhou para a porta do quarto e lá estava um ser que mais parecia um monstro de que um ser humano. Ficou todo arrepiado. Quis gritar, mas sua voz não saía. Foi quando ouviu um tom de voz ameaçadora:

– Vai ter o que merece! Vai pagar caro. Eu falei e vou cumprir.

Trêmulo, Marcos perguntou:

– Quem é você? Por que me odeia?

– Você sabe.

– Não, não sei, fale, por quê? – e falava alto. – Por quê? Meu Deus, ajude-me, não...

Marcos acordou sobressaltado com o próprio grito, caindo ao lado da cama. Ouvindo o grito, Mauro e Joana correram até o quarto e encontraram-no meio desacordado, pálido e suando muito. Mauro tentou reanimá-lo, enquanto Joana foi até a cozinha buscar água com açúcar.

Ele foi voltando devagar. Estava delirando, falava coisas estranhas. Paciente, Mauro ficou ao seu lado, ouvindo-o. Parecia que conversava com alguém.

Nesse momento, Marcos gritou:

– Não faça nada, pare! O senhor Mauro e dona Joana não têm culpa de que eu tenha sido um miserável. Deixe eles fora disso. Pode deixar que eu vou-me embora!

Marcos demonstrava estar transtornado. Joana o fez beber a água açucarada, pedindo calma, enquanto fazia uma oração silenciosa. O casal, comovido, chorou junto, mesmo sem entender o que estava acontecendo.

Cerca de vinte minutos se passaram até que ele voltasse ao normal, mas ainda estava confuso e com medo. Não sabia ao certo se fora um pesadelo ou se aquilo tudo acontecera de verdade. Se queriam fazer mal a ele, poderiam atingir aos seus protetores, o casal amigo. Não poderia deixar que nada acontecesse com aqueles que lhe estenderam a mão no momento em que ele mais necessitara.

Pensou em ir embora. "Mas para onde? Sair pelo mundo? O senhor Mauro não iria deixar!"

Mauro perguntou:

– O que aconteceu, filho? Pode ser sincero conosco; só queremos ajudá-lo.

Marcos tentou esconder, mas não encontrava uma desculpa para o que acabara de acontecer. Apesar de ser tão real, não conseguia entender o que vira.

Resolveu contar, narrando tudo exatamente como tinha acontecido. Os amigos ficaram muito assustados e pediram que Marcos procurasse alguém que pudesse ajudá-lo.

– Senhor Mauro, eu fui criado em um conceito religioso que não aceita a vida após a morte e muito menos a interferência de espíritos de 'pessoas mortas' em nossas vidas. Prefiro acreditar que tudo não passou de um pesadelo ocasionado por essa difícil situação que estou enfrentando.

– Pode ser, meu filho. Mas, penso que você deve procurar um centro espírita. Eu também não entendo dessas coisas, entretanto, o que vimos aqui, com certeza, não foi um pesadelo.

– Mauro tem razão, Marcos, se não sentir-se à vontade indo a um centro espírita, procure o padre de nossa paróquia aqui do bairro. Quem sabe ele pode ajudá-lo – completou carinhosamente Joana.

– É, talvez tenham razão. Não é a primeira vez que isso me acontece. Estou preocupado, muito preocupado.

Joana e Mauro se entreolharam e, procurando levar forças ao pobre rapaz, sorriram, enquanto Mauro aconselhava:

– Agora, vá descansar. Estaremos em oração, atentos enquanto você dorme.

Saíram e deixaram Marcos envolvido em seus pensamentos. "Precisava de ajuda. E Deus enviara dois anjos para auxiliá-lo em um momento tão difícil como o que vinha passando."

Mas já tomara a sua decisão: não ficaria ali nem mais um dia. Sonho ou não, aquilo que vivia era um pesadelo e não podia permitir que os amigos recebessem qualquer tipo de interferência em suas vidas por parte daquele homem, um espírito, ou o que fosse, que desejava vê-lo sofrer.

À noite, enquanto os amigos dormiam, Marcos pegou papel e caneta e escreveu uma carta para o amigo Mauro e sua esposa. Depois de ler e reler diversas vezes, deixou em cima da cama, colocou alguns pertences, roupas e material de higiene pessoal que o casal havia comprado para ele, anotou o endereço deles, colocou na carteira e saiu sorrateiramente, com muito cuidado para não acordá-los.

Sentia seu coração em pedaços. Para ele, era muito triste sair dessa maneira, como um fugitivo, sem despedir-se e abraçar os amigos que o acolheram como a um filho querido.

Sabia que se esperasse, eles não o deixariam partir, principalmente sem ter para onde ir. Mas não podia correr o risco daquele pesadelo... daquele espírito voltar e prejudicá-los.

Andou a noite inteira. O sol já despontava no horizonte anunciando um novo dia. Cansado, deitou-se debaixo de uma árvore e dormiu. Quando acordou já passava do meio-dia; estava com fome e sem dinheiro.

Lembrou-se que tinha um relógio que havia ganhado do pai. Foi a um bar e pediu para o dono trocar por comida, pois estava faminto. O dono do bar aceitou, dando-lhe almoço, suco e dois pacotes de bolacha.

Marcos foi procurar emprego, mas ninguém acreditava nele. A noite chegou e ele não tinha para onde ir. Dormiu ali mesmo, no banco da praça. Acordou cedo e saiu à procura de um trabalho. Podiam lhe pagar em alimentos, mesmo assim, nada conseguiu.

Às vezes passava em frente do mercado e pedia para ajudar a carregar os caminhões, em troca recebia alguns trocados.

Certo dia, estava sentado com um companheiro andarilho como ele, com quem havia se afeiçoado. O rapaz dizia se chamar Roberto, mas todos o chamavam por Beto. Conversando, Marcos sentiu-se mal, acometido por um tipo de desmaio. Mesmo sem perder a consciência, não tinha domínio sobre si mesmo. Quando conseguiu controlar-se estava fraco, mas havia recuperado a memória e, alegre, gritou segurando o amigo pelos colarinhos:

— Beto! Agora eu sei quem sou.

— Mas como? E quem você é então?

— Beto, meu pai é fazendeiro e muito rico. Eu sou estudante de agronomia, e devo me formar logo.

— E o que aconteceu para você virar andarilho? – perguntou Beto rindo com deboche.

– Sem brincadeira, Beto, é sério. Fui expulso de casa pelo meu pai por causa de uma moça, filha de outro fazendeiro.

– Jura? Coitado, e como você aceitou esta situação?

Marcos, recordando sua vida, tinha vontade de gritar, mas de que adiantaria. Ninguém iria ouvi-lo.

– Que remédio? Tive que aceitar. Só não consigo ainda me lembrar do que aconteceu depois que saí da minha casa.

Marcos lembrou-se de quem era, mas isso não mudava sua situação. Continuava só e sem ter para onde ir. Iria continuar naquela sua vidinha de sofrimento.

* * *

Mauro levantou-se preocupado e esperou que Marcos acordasse para juntos tomarem o café da manhã. Como ele estava demorando, resolveu bater à porta para ver se estava tudo bem.

E, batendo, chamava:

– Marcos, filho, você está bem? Precisa de alguma coisa?

Como não ouviu resposta, percebendo que a porta só estava encostada, empurrou-a e viu que a cama estava vazia. Entrando no quarto, encontrou a carta e a leu lentamente. Logo sentiu duas lágrimas rolarem pelo seu rosto.

Aquela carta lhe cortou o coração, tinha se afeiçoado ao Marcos. E as palavras nela contidas batiam forte em seu coração:

"Queridos amigos, senhor Mauro e dona Joana:

Estou deixando esta casa para seguir meu destino. Agradeço muito por Deus tê-los colocado em meu caminho. Não posso continuar atrapalhando suas vidas!

Vocês foram os anjos bons que encontrei no momento mais triste que estou passando nesta vida. Estou indo à procura de mim mesmo. Não sei se nos veremos novamente, mas vou pedir sempre, em minhas orações, que Deus proteja sempre vocês.

Gostaria muito que fossem meus pais. Tenham a certeza de que eu seria muito feliz. Não percam tempo procurando-me. Uma pessoa infeliz como eu não pode viver ao lado de pessoas bondosas como os senhores.

Sejam felizes. Procurem esquecer que um dia me conheceram. É melhor assim. Não sofrerão. Deixem que eu sofra sozinho.

Adeus, ou até algum dia, se o destino assim o quiser. Obrigado! Estas horas que passamos juntos me fizeram muito feliz.

Obrigado, muito obrigado. Adeus.

Marcos"

Mauro não sabia o que fazer, mostrou a carta para sua esposa e juntos choraram. A única coisa que ele podia fazer no momento era recorrer aos céus: "Deus, tenha piedade daquele jovem, perdido nesta cidade grande, ajude-o, Pai!"

Notícias sobre o filho

Júlia convenceu seus pais sobre a importância de ela voltar para a cidade, onde continuaria os estudos. Após tanto tempo, seu pai acreditava que ela já teria esquecido aquele filho de seu maior inimigo.

Ela ficara sabendo pelos empregados da fazenda que Marcos tinha retornado para a cidade. Após a aprovação do pai, Júlia voltou ao pensionato onde morava. Ainda não sabia como, mas agora procuraria o amado. Não tinha nem ideia por onde começar, mas o procuraria por toda a cidade, se fosse preciso.

Depois de muitas tentativas, conseguiu descobrir o local onde ele morava, para onde foi com o coração aos saltos. Só a expectativa de encontrá-lo já a entusiasmava. Nova decepção, foi informada de que ele não mais residia ali e não havia deixado o novo endereço.

Andou pelos arredores perguntando por ele, mas nada conseguiu. Chegou o dia do retorno às aulas, mas Júlia não tinha vontade alguma de estudar. Estava muito triste e ainda chorava muito, pensando no jovem: "Onde estará meu amado? Por que o destino fez isso comigo? Daria tudo para encontrá-lo."

Júlia rezava muito, pedia a Deus para encontrá-lo. Todas as noites demorava a dormir. Ficava só pensando onde ele estaria, vivendo naquele lugar, numa cidade tão grande! Só lhe restavam as lembranças dos momentos que passaram juntos e a esperança de um dia reencontrá-lo.

Numa dessas noites, quando conseguiu dormir, após virar por diversas vezes na cama, Júlia sonhou com aquele homem horrível que ela havia visto no hospital, que lhe apontava e ameaçava:

– Ainda não terminei. Aliás, mal comecei. Tenho muitas coisas para fazer. O seu sofrimento está só começando.

Ele ameaçava e gargalhava com desdém, deixando a jovem apavorada.

Ela acordou gritando alto, assustando os outros estudantes que moravam na pensão. Alguns correram ao seu encontro para saber o que tinha acontecido e a orientaram, depois de ouvir o ocorrido, a procurar alguém que pudesse ajudá-la.

Júlia estava assustada com o pesadelo; não era a primeira vez que isso acontecia, mas tinha medo de se envolver com pessoas que falam com os mortos, resolvendo deixar de lado e continuar sua vida e seus estudos.

* * *

MARCOS TINHA ENVELHECIDO bastante; andava com a barba longa e as roupas rasgadas. Tornara-se um andarilho, um morador de rua. Vivia de pequenos serviços, quando aparecia uma alma bendita para lhe dar a oportunidade de ganhar o seu sustento com o suor de seu rosto. Quando não conseguia um trabalho, apesar de sentir-se ferido em sua dignidade, andava de um lado para o outro, pedindo alguns trocados para comprar comida.

Numa tarde, Marcos e seu amigo Beto andavam pelas ruas procurando a possibilidade de conseguirem os pequenos serviços que lhes garantiriam o alimento do dia. Marcos trazia nas costas a mochila com alguns pertences de uso pessoal que ganhara de instituições que assistem moradores de rua: copo, garrafa, faca e uma manta que conseguira em uma noite de frio. Cansados pela caminhada, sem encontrarem qualquer possibilidade de trabalho, sentaram-se à porta de uma loja. No entra e sai dos fregueses, um senhor acompanhado de um rapaz para em frente à vitrine e conversa, trocando ideias sobre os produtos ali expostos.

Marcos, ao vê-los, assustou-se. Seus olhos se encheram de lágrimas, pois, ali, bem à sua frente, estava o causador de tanto sofrimento, seu pai, o coronel Genésio, acompanhado por Juvenal.

Os dois entraram na loja sem sequer olhar para os andarilhos que à porta estavam sentados.

Marcos teve vontade de abordar seu pai, mas se conteve. Beto notou que seu companheiro estava se comportando de modo estranho e resolveu perguntar:

– Marcos, o que foi? Aconteceu alguma coisa?

Parado, pensativo, ele respondeu:

– Sim, aconteceu. Você viu aqueles homens que acabaram de entrar na loja?

– Vi sim.

– Pois é, um é o meu pai e o outro é o capataz de nossa fazenda.

– Não acredito! Vamos falar com eles! Se é verdade o que você me contou, não é justo que ele deixe você neste estado, vivendo uma vida miserável como essa, sendo tão rico.

– Não, Beto, eu não quero nada desse homem. Eu só queria saber da minha mãe, mas como posso fazer isso?

– Eu vou lá perguntar para o capataz, qual é o nome dele?

– Juvenal. Não vá, meu pai vai descobrir.

– Eu dou um jeito, Marcos, vou pedir uns trocados – disse o amigo rindo.

E assim fez, entrando na loja. O coronel estava distraído, vendo alguns novos produtos que queria adquirir para a fazenda. Beto aproximou-se de Juvenal e pediu:

– Moço, me dá um trocado? Estou com fome.

Juvenal quis recusar, mas sentiu pena: "Um rapaz novo naquele estado" – pensou.

Quando estendeu a mão para dar a esmola, Beto se aproximou mais e falou:

– Tem uma pessoa lá fora que quer saber como está a senhora

sua patroa. Ele está sofrendo muito, só quer saber como está a mãe.

Juvenal ficou pálido e perguntou desconfiado:

– Fale baixo, o patrão pode ouvir. Qual o nome dele?

– Marcos e está lá fora.

Juvenal saiu apressado ao encontro de Marcos, que considerava como irmão. Pensando encontrá-lo bonito e forte como antes, ao vê-lo, Juvenal levou um susto.

– Meu Deus! Não pode ser. O que fizeram com você, menino? Não pode ser verdade. Você não pode ser o Marcos.

– Sou eu mesmo, Juvenal, este trapo de gente que você está vendo. Como está minha mãe?

– Dona Ruth? Coitada, está sofrendo muito, não para de falar em você.

– E a Júlia, você sabe dela?

– Veio para a cidade estudar; é só isso que eu sei.

– Juvenal, não fale nada para minha mãe sobre meu estado, promete?

– Prometo. Só que eu quero ajudá-lo. Diga-me como.

– Será muito difícil. Eu tornei-me um andarilho, não tenho endereço certo. Mas tenha certeza de que eu lhe agradeço por sua intenção.

Abraçaram-se e Juvenal caiu em prantos. Retornou à loja enxugando as lágrimas.

– O que você viu, homem? Por que chora?

– Nada, senhor, é, é... – gaguejou. – Eu vi um coitado pedinte e fiquei triste.

– Você é mesmo um frouxo.

O moço não se continha, estava aflito com a situação do Marcos. O coronel falava com ele e ele não respondia.

– Mas, Juvenal, o que foi que aconteceu? Afinal, o que é que você tem? – o coronel foi ficando bravo, nervoso.

– Não senhor, não tenho nada, só fiquei triste com o que vi. Estava pensando como Deus é bom para mim e para a minha família.

– Pois não pense, trabalhe. Você está aqui para me ajudar, empregado não pensa, obedece.

– Sim, senhor, me desculpe.

Juvenal tinha vontade de agredir o coronel, mas se conteve.

Chegaram à fazenda à noite. Quando ele entrou em casa, a esposa já havia preparado o jantar, e o aguardava junto com o pai dele.

Quando começaram a comer, Juvenal lembrou-se de Marcos: "Será que ele tem o que comer e onde será que ele dorme?" – as lágrimas caíram.

– O que foi filho? Aconteceu alguma coisa nessa viagem? – inquiriu o pai.

Juvenal soluçava; mal conseguia responder:

– Sim, pai, uma coisa muito triste. Encontrei o sinhozinho Marcos.

– E isso é triste, filho? Você devia estar alegre, isso é bom.

– Não, pai, não foi nada bom, foi muito triste. Se fosse em outra situação, eu estaria alegre, mas não da maneira como eu o encontrei, como um mendigo na calçada.

– Não! Isto não! Não posso acreditar que seja verdade, filho.

– Mas é, pai. O senhor precisava ver o estado dele, barba e cabelo compridos, sujo, rasgado, com uma aparência horrível.

– Mas, filho, como pode ser?

– Agora o senhor entende o porquê de minha tristeza? Ele não merece isso, e ele pediu para não contar nada para dona Ruth, mas, pai, eu não estou aguentando. Dona Ruth precisa saber do filho. Quem sabe ela faz alguma coisa para amolecer o coração do coronel.

– Acho melhor você não falar nada. Pode piorar as coisas.

Juvenal por enquanto aceitaria o conselho do pai, mas iria ainda pensar sobre o assunto, pois mesmo que ele quisesse, não conseguiria esquecer aquela imagem tão triste.

Continuaram conversando por mais algum tempo, até que sua esposa o chamou para dormir:

– Vamos, Juvenal, já é tarde e você teve um dia bastante cansativo.

Ela havia permanecido calada, não quis se envolver, achou

melhor não dar nenhum palpite. Seu marido já estava bastante confuso e perturbado com o assunto.

O dia seguinte para Juvenal foi muito difícil. No final da tarde, ele foi chamado para carregar para o sótão as caixas onde foram armazenados os produtos que o coronel comprara.

Ao entrar na casa, viu a dona Ruth com os olhos tristes e o seu coração bateu mais forte. O coronel foi pegar as notas das compras na biblioteca e Juvenal não se conteve. Estava com muita pena da patroa. Olhou para ela e disse:

– Sinhá, eu tenho uma coisa para contar para a senhora. Mas a senhora tem de prometer que ficará entre nós.

– Diga, rapaz. O que quer que seja, não poderá piorar ainda mais os meus dias.

– Eu acredito que vai, senhora.

– Não me assuste, Juvenal, fale logo, homem!

E então, de supetão, Juvenal contou:

– Eu vi o sinhozinho Marcos.

– Meu filho? Diga como ele está?

Juvenal, calado, olhando para ela, triste, fez um gesto de preocupação.

– Fale, homem de Deus! Não me assuste mais ainda.

– Não, Sinhá, não quero assustá-la, mas é que é muito triste, ele está muito mal, virou um mendigo. A senhora não imagina, ele está diferente, magro, barbudo, sujo e rasgado. Quase morri de pena dele! Não consigo esquecer. Não pude fazer nada e agora não vou mais ter sossego na vida.

Ruth nada conseguiu dizer, caiu desmaiada.

– Corre, coronel, depressa, a sinhá desmaiou.

O coronel veio correndo, tentou reanimá-la, mas ela não voltava. Foi quando perguntou:

– O que aconteceu?

– Não sei, senhor – Juvenal, morrendo de medo, continuou:

– Ela estava sentada e de repente eu a vi tombando.

– Ela não falou nada?

– Não, senhor. – Juvenal estava assustado, não pensou nas

consequências, agora percebia que tinha se precipitado e podia piorar o estado da patroa.

Demorou um pouco e ela foi voltando e começou a falar:

– Não, não, meu filho, eu não vou aguentar, eu quero meu filho, Marcos! Marcos! Não!

E desmaiou de novo. O coronel não entendeu nada e perguntou novamente:

– O que aconteceu com minha senhora, Juvenal?

Juvenal ainda assustado respondia:

– Não sei, eu não sei de nada, eu juro.

– Vai chamar o Paulo, anda.

– Sim, senhor, já estou indo.

E saiu correndo à procura do pai.

– Pai, corre, o coronel está chamando o senhor.

– O que aconteceu? Por que você está tão assustado?

– A sinhá desmaiou.

– Não me diga que você contou alguma coisa para ela.

– Ah, pai, eu não aguentei. Não pensei que ela ia ficar assim.

– Vamos lá.

Ambos sentiram-se penalizados com o estado de Ruth, que mais parecia uma morta. Tinha os olhos fundos e a feição muito abatida.

– Fique aqui, Paulo, com a senhora que eu vou buscar o doutor.

– Sim, senhor, coronel.

Paulo procurou cuidar de Ruth com seus conhecimentos de curador respeitado por aquela região. Sabia que a mulher estava em estado de choque e procurou reanimá-la, inclusive com orações. Estava preocupado com o filho, que havia se retirado para cuidar do acondicionamento no sótão do material comprado. Após algumas horas, o coronel chegou acompanhado pelo médico. Ela já estava acordada, mas ainda muito abatida. Depois de examiná-la o médico diagnosticou:

– Ela deve ter passado por alguma emoção forte ou um desgosto.

– Não, ela estava conversando comigo, eu saí por um segundo, foi quando ouvi os gritos do Juvenal.

— Chame esse rapaz para mim.

— Para que o senhor quer falar com meu capataz? Ele não sabe de nada.

— Não sei, quero lhe fazer algumas perguntas, é importante, coronel.

— Tá certo, Paulo, vá chamar o seu filho.

O homem saiu e logo em seguida voltou com Juvenal, que mostrava um semblante apavorado.

— Pois não, o doutor quer falar comigo.

— Senhor coronel, senhor Paulo, por favor, deixe-nos a sós.

O coronel não estava gostando nada daquilo. Saiu muito contrariado. Logo após a sua saída, o médico voltando-se para Juvenal perguntou:

— O que aconteceu, rapaz? Você sabe de alguma coisa?

— É, eu, eu... — Juvenal gaguejava — eu fiquei com a sinhá enquanto o patrão foi buscar uns papéis.

— Ela teve alguma notícia ruim? Você falou alguma coisa para ela ou ela comentou alguma coisa com você?

Juvenal ficou sem saber o que fazer, pensativo, estava cabisbaixo, não sabia se podia confiar no doutor.

— Pode falar, eu não conto nada para o coronel.

— Tá bom, mas é segredo, doutor, se o coronel souber de alguma coisa ele me mata.

— Eu sei, fique tranquilo!

— Eu fui *na* cidade com o patrão e encontrei o sinhozinho Marcos, mas doutor, dava pena de ver, ele virou um desses homens que dorme na rua, todo sujo.

O médico assustou-se.

— Não acredito.

— É verdade, doutor, ele falou comigo. Queria saber como estava a dona Ruth, e me pediu para não contar nada para ela, mas eu não aguentei e contei.

— Então foi isso que a deixou assim, coitada, você não devia ter contado.

— Eu sei, doutor, mas ela só chorava com saudade do patrãozinho, sem saber onde ele estava ou se estava bem.

– Coitado do rapaz, um moço bom, estudado e de boa família, perdido desse jeito.

– Ajuda ele, doutor.

– Não posso, como vou fazer isso sem que o coronel fique sabendo?

– O senhor vai na cidade, procura ele e ajuda, não precisa contar pra ninguém.

Doutor Rui, rindo da ingenuidade do rapaz, disse:

– Você pensa que as coisas são fáceis, mas não são. Com o prestígio do coronel, todos têm medo de fazer alguma coisa e ser descoberto. E quem tentar ajudar o Marcos vai se ver com ele! Ele deixou isso bem claro para todos, quando expulsou o rapaz daqui. Eu tenho um nome a zelar.

– Sabe, doutor, juro que eu não entendo as pessoas ricas. Só pensam no nome, no que os outros dizem, e não se importam com o sofrimento dos outros, e nós, pobres, pensamos muito nos nossos irmãos que sofrem. Eu só não vou atrás do sinhozinho, porque eu moro nas terras do coronel e não tenho para onde ir. Se eu tivesse um lugar para ficar, eu ia tentar ajudá-lo. Acho que nunca mais vou dormir direito, sabendo que o senhor Marcos está dormindo na rua.

Aquelas palavras tocaram forte no coração do médico, que ficou pensativo, recebendo tudo aquilo como uma lição. Dispensou o rapaz e ficou pensando no que poderia fazer. Sua cabeça estava confusa. Mas logo que Juvenal saiu o coronel entrou, perguntando:

–E então, doutor?

– O rapaz não sabia de nada. Falou que estava esperando o senhor buscar uns papéis e de repente ela caiu.

– Eu não falei para o doutor que ele não sabia de nada?

– Tudo bem, coronel, mas eu precisava perguntar. Agora eu já vou. Dei um calmante para ela, deixe-a descansar bastante e, quando ela acordar, não faça muitas perguntas. Ela pode piorar, sentindo-se pressionada. O senhor disse que ela acordou falando do filho, talvez seja só saudade dele mesmo.

Despediu-se do coronel e foi para sua casa. O doutor não conseguia esquecer as palavras de Juvenal. No outro dia resolveu ir à procura de Marcos.

Foi procurar no mesmo lugar em que Juvenal o havia encontrado, mas não conseguiu nada. Deu algumas voltas nos arredores e nem sinal do rapaz. Voltou para casa desolado, mas ao mesmo tempo sentindo que havia feito a sua parte.

Amor de mãe

Ruth acordou com o corpo dolorido. Sua cabeça girava e a tristeza era marca estampada em seus olhos, que já não tinham o mesmo brilho. "Meu filho, onde estará?" Chorou muito, sem poder falar para o marido o motivo de sua tristeza.

Passou o dia sem comer, teve febre e dor de cabeça. O coronel, vendo a mulher doente, abatida, quis saber o que estava acontecendo e o que a levara àquela situação, mas ela nada falou, só chorava, com uma vontade imensa de morrer.

Já eram quase onze horas quando começou a sentir-se mal novamente. A febre estava alta e Ruth começou a delirar, chamando pelo filho. Nervoso, o coronel mandou chamar o médico para retornar e examiná-la.

Nunca pensou que a esposa pudesse ficar assim. Achou que ela suportaria a distância do filho, por ele imposta. Delirando, ela falava:

– Meu filho sujo, dormindo na rua, não, não posso aceitar, por favor, não. – E começou a gritar: – Foi você, seu malvado!

– Do que você está falando, mulher?

Apontando para o canto do quarto, ela respondeu:

– Ele, o coronel Justino, ele está falando que vai se vingar de nós, foi ele quem colocou o Marcos na rua como mendigo.

– Do que você está falando? Seu filho não está na rua.

– Está sim, eu sei, e sai daqui, você também foi culpado. Você mandou ele embora, e hoje ele está infeliz, não tem nem o que comer. Não! Por favor, doutor, faça alguma coisa pelo meu filho, ou me deixe morrer.

O médico estava preocupado. Temendo que o coronel descobrisse que ele sabia sobre o que Ruth estava falando, nada respondeu. Ficou olhando para aquela pobre mulher que tinha os olhos parados, sem vida, vazios.

O coronel Genésio estava cada vez mais preocupado com a esposa, sentia-se confuso.

– Doutor, estou por demais preocupado com a minha esposa. Alguma coisa aconteceu, mas o quê?

– Não sei, coronel, é melhor o senhor levá-la para algum lugar onde ela possa se distrair, senão poderá piorar.

– Que lugar? Eu não sei como convencê-la a fazer alguma coisa, ela parece louca. Só fala no filho. E neste mesmo instante ela começou a delirar:

– Marcos, meu filho, venha, a mamãe vai cuidar de você. Vá tomar banho que eu vou preparar o jantar; depois você vai dormir na sua cama limpa. E nunca mais vai ficar com fome. Eu prometo, não vou deixar seu pai fazer mais nada de mau com você.

Dava pena ver o estado daquela senhora. O médico sentiu teimosas lágrimas encharcarem os seus olhos. O coronel também estava comovido. Tentou acalmá-la, mas nada adiantou. Ela passou muitos dias assim.

* * *

PAULO ORAVA TODOS os dias em atenção à Ruth. Pedia aos seus amigos espirituais que auxiliassem a patroa e, se fosse permitido, que lhe mostrasse o que levou essa família, principalmente aquele rapaz, a sofrer um revés tão grande como aquele. Foi em uma dessas orações que Paulo viu um homem de uma aparência horrível. Ele gargalhava enquanto avisava:

"Estou conseguindo o meu intento, tudo está desmoronando.

A família está sendo destruída. Vou conseguir acabar com todos. Quero vê-los no fundo do poço. Eles hão de me pagar."

Paulo ficou assustado. Aquele rosto não lhe era estranho. Parecia conhecer aquele homem, mas naquele momento não conseguia lembrar quem era, e de onde o conhecia.

Aquela cena o havia assustado. Passou a noite em orações, preocupado com a patroa e principalmente com Marcos, que estava sofrendo com aquela obsessão.

"O que fazer? Não posso contar para o coronel. Ele dirá que estou louco" – pensava.

Alguns dias depois de ele receber aquela informação, de que a família estaria sofrendo uma forte obsessão, Paulo seguia com o coronel percorrendo a fazenda de charrete, quando o cavalo amuou, sem que se conseguisse fazê-lo seguir adiante. Foi quando novamente Paulo viu aquele homem parado à frente do animal, o que fez com que automaticamente se benzesse.

– "Cruz credo, Ave Maria!"

– Que é isso, homem? Tá ficando louco?

– Desculpa, senhor coronel. Eu pensei ter visto uma aparição medonha que fez o cavalo empacar.

– Que aparição?

– Nada, não senhor, deve ter sido um engano.

Imediatamente o coronel lembrou-se de que a esposa havia falado ter visto um homem no quarto e achando que algo estranho estivesse acontecendo, perguntou:

– Como é essa aparição que você viu, Paulo?

Paulo começou a gaguejar e então o coronel continuou:

– Anda, homem! Pode falar.

– Tá bom, senhor, eu vi um homem vestido de preto com uma cara muito feia e tinha uma coisa na mão que não deu para ver direito o que era. Até parece coisa de inimigo. Sabe, senhor, às vezes eu penso que a sinhá está com essas coisas ruins atrapalhando ela.

O coronel ficou calado e pensativo, relembrando tudo o que tinha acontecido. Chegou a pensar que Paulo tinha razão, apesar de não acreditar nessas 'coisas do outro mundo'. Até agora não tinha encontrado qualquer explicação para os últimos acontecimentos. Permaneceu calado por um bom tempo e Paulo, aproveitando a oportunidade, continuou:

– Sabe, na verdade, já faz alguns dias que eu estou vendo esse homem.

Paulo continuou falando sobre o que vira, e como vira. De princípio o coronel parecia estar aceitando o que ele falava, mas logo se tornou agressivo e começou a gritar:

– Nunca mais eu quero ouvir falar nessas coisas, e se você insistir no assunto, mando você embora. Não vou admitir que nenhum feiticeiro more nas minhas terras.

– Desculpa, senhor, eu prometo nunca mais falar nada sobre esse assunto.

E seguiram o caminho. O cavalo andava normalmente, como se nada tivesse acontecido, o que deixou o coronel mais intrigado, mesmo não querendo admitir.

* * *

MARCOS CONTINUAVA UM andarilho, sempre em busca de algo para comer e um lugar incerto para dormir. Nestas andanças, encontrou, no final de uma rua sem saída, um pedaço de terra e, junto com Beto, fez um barraco, utilizando madeiras de caixotes velhos que eles encontravam aqui e ali. Banho era um luxo, pois não tinham disponibilidade de água e nem sempre conseguiam um lugar para se banharem. Marcos dormia pouco. Seu rosto já mostrava marcas da situação que vivia. Chorava muito.

Certo dia em uma de suas caminhadas, os dois pararam em frente a uma lanchonete, onde pessoas entravam e saíam, e onde sempre havia gente de bom coração, que se apiedava dos que viviam em dificuldade, dando-lhes alguns trocados. Os dois ali permaneceram e, conseguindo um valor que lhes permitiam comer alguma coisa, resolveram entrar na lanchonete, percebendo que as pessoas que ali se encontravam não gostaram da presença deles. O dono da lanchonete, que os conhecia, e sempre lhes permitia comer mesmo quando não tinham com o que pagar, entendendo a discriminação por parte dos fregueses, procurou atendê-los rapidamente. Enquanto esperavam pelo lanche, um casal bem vestido adentrou a lanchonete, parecendo felizes. Riam, até o momento que demonstraram grande insatisfação com a presença deles, o que deixou o dono da lanchonete constrangido, sem saber o que fazer. Disse então ao casal:

— Eles já estão de saída.

E a moça prontamente respondeu:

— Espero que seja rápido e que o senhor escolha melhor os seus fregueses.

— Como já lhes disse, senhorita, estão de saída.

Marcos estremeceu quando ouviu aquela voz. Ali, à sua frente estava a dona do seu coração. Não acreditava no que estava vendo. Era Júlia e ela não o reconheceu. Ao receberem o lanche, antes de se retirarem, Marcos, todo trêmulo, dirigiu-se agradecido ao dono do estabelecimento:

— Obrigado, senhor, e desculpe-nos se lhe causamos algum transtorno.

E virando-se para moça, quase chorando, falou:

— Desculpe-nos, senhorita Júlia.

— Eu conheço esta voz! Quem é você? Como sabe meu nome?

— Isso não importa, talvez já tenha visto esse pobre andarilho em algum lugar da cidade.

As lágrimas rolaram pelo rosto do Marcos e ele ouviu quando o acompanhante de Júlia disse:

— Que é isso, querida? Não fica bem você dar atenção para esse tipo de gente!

Júlia ficou calada. Marcos sentiu uma enorme vontade de avançar no homem e dizer-lhes quem era, mas Beto o retirou de lá:

— Venha, Marcos. Vamos embora. Isso não vai ajudar em nada.

Na mesa, o casal esperava ser servido. Júlia não conseguia esquecer aquela voz: "De quem seria?" – ela quis levantar e ir conversar com os andarilhos, mas o rapaz não a deixou.

– Você não está mesmo pensando em ir falar com aqueles esfarrapados, não é?

– Claro que não, Rogério. Só estranhei aquela voz, que parece com a de alguém que conheço. Mas não pode ser quem estou pensando, deve ser coisa da minha cabeça.

– Está certo, então vamos esquecer o assunto.

Uma tristeza sem explicação tomou conta do coração de Júlia, que quase não falou durante o almoço, o que fez Rogério perguntar:

– Por que você está quieta? Eu falei alguma coisa que a aborreceu?

– Não! Eu estou indisposta. É algo estranho que não sei explicar. Logo passa.

Já haviam terminado de comer e o rapaz, levantando-se, convidou:

– Então vamos! – pegou na mão de Júlia e saíram sem trocar qualquer palavra.

Ao chegar à faculdade todos já ocupavam as salas. Júlia estava distante, relembrando o passado. A saudade de Marcos bateu forte em seu coração! Aquele mendigo despertou lembranças que jamais adormeceram em seu coração, fazendo com que ela não conseguisse segurar as lágrimas.

As colegas tentaram acalmá-la, mas, em soluços, Júlia não conseguia tirar aquela dor de seu peito. Assim, nessa tristeza, passou o resto da tarde, que parecia não ter fim. As lágrimas se misturavam com a escrita, até que finalmente chegou a hora de ir para o pensionato. Sentia-se esquisita e nervosa. Começou novamente a ouvir vozes, que vinham como uma explosão:

– Ele vai ficar na sarjeta e você vai ficar louca. Terão que pagar pelo que me fizeram.

– Pare! Saia daqui! Pare de falar! Eu não quero ouvir, eu nem sei quem é você. Vá embora.

E a voz continuou até que Júlia saiu correndo em direção a uma praça que ficava no caminho para a pensão. Era pequena, mas tinha muitas árvores e flores belíssimas. Sentou-se num banco e chorou. Os que passavam ficavam olhando e imaginando por que aquela moça estaria chorando daquela maneira. Aproximando-se, uma senhora perguntou:

– Que motivos teria uma menina tão linda para chorar assim? Se conversamos um pouco verá que não vale a pena chorar! Mas Júlia nada respondia. Sua angústia era tanta que não tinha forças para responder, só chorava.

– Vamos nos sentar naquele outro banco mais distante, assim você fica mais à vontade para falar.

Júlia seguiu a mulher e juntas sentaram-se num banco debaixo de uma árvore e como num impulso começou a contar a sua desdita, com o rosto todo umedecido pelas lágrimas.

– Acho que vou ficar louca.

– Por que, filha?

– Eu ouço a voz de um homem. Ele me ameaça com coisas horríveis e eu não aguento mais ouvi-lo.

Júlia contou para aquela mulher tudo o que tinha acontecido em sua vida e falou do seu amor por Marcos, inclusive que o estava vendo em moradores de rua. Falava com tanta emoção que chegou a fazer a senhora se emocionar. Conversaram muito. Bondosa, aquela senhora que nem bem a conhecia sugeriu:

– Filha, procure um centro espírita. Não é normal uma pessoa ouvir vozes. Eu conheço uma casa que funciona aqui perto. Se você quiser, podemos marcar um dia e eu a levo lá.

– Acho que vou aceitar, pois não sei mais o que fazer.

Combinaram de ir à noite, naquele mesmo dia, para Júlia assistir a uma palestra e passar pela triagem, onde buscaria orientação. Prometendo voltar mais tarde, a senhora acompanhou Júlia até a pensão. A moça estava mais calma e, ao se despedir, perguntou:

– Como a senhora se chama?

– Maria.

– Obrigada por tudo, dona Maria, até a noite.

Júlia entrou na pensão ansiosa, arrumou as coisas que estavam fora de lugar e foi jantar, preparando-se logo depois para esperar a senhora tão boa que acabara de conhecer.

Em busca de socorro

Eram sete horas quando Maria chegou para buscar Júlia. Juntas, conversando de forma descontraída, seguiram para o centro espírita.

Maria procurava contagiar Júlia com sua alegria, pois sabia que a jovem estava temerosa, já que era a primeira vez que iria entrar em uma casa espírita, sem saber ao certo do que se tratava.

Todos os que não conhecem, na primeira vez, imaginam o centro espírita como um lugar místico, onde as pessoas são diferentes porque 'falam com os espíritos', mas quando lá chegam, percebem que é apenas uma casa de oração, socorro e assistência. Uma casa que trabalha em nome de Jesus e conta com seus mensageiros de amor e paz.

Era uma casa pequena, como a maioria dos centros espíritas da época. A casa se mantinha graças à abnegação do dirigente, que residia à frente, deixando os fundos para o centro, com o acesso por um corredor lateral. Tudo era muito simples, mas bem cuidado. Via-se o esmero por toda a parte, nos pequenos detalhes, na caiação das paredes, no pequeno e florido jardim que margeava o corredor de acesso. Júlia imaginara encontrar uma casa de chão batido, mal cuidada, gente ignorante, como ouvira dizer serem as pessoas que 'mexiam' com essas coisas de 'almas do outro mundo'. Mas o que via ali a deixava um pouco mais tranquila. Ao chegar, foram atendidas por uma jovem com um sorriso agradável, que após abraçar Maria e ouvir que a moça que a acompanhava precisava de auxílio, dirigiu-se a ela perguntando:

— Pois não, minha jovem amiga? O que podemos fazer por você?

— Estou em busca de ajuda, preciso falar com alguém que possa me responder, dizer o que realmente está acontecendo comigo.

— Fique tranquila, você vai assistir a uma palestra sobre o Evangelho e logo em seguida será encaminhada para um trabalhador de nossa casa que a orientará.

Após algumas anotações de praxe, transmitindo alegria e confiança, a jovem atendente encaminhou-a para uma pequena sala, onde outras pessoas já estavam instaladas.

— A senhorita fique à vontade. Mantenha-se tranquila. Confie. Ao adentrar esta casa, amigos espirituais já estão auxiliando-a em seus problemas. — E abraçando a ambas, o simpático trabalhador retornou ao seu posto para continuar a sua tarefa.

— Obrigada. Vamos nos sentar aqui, dona Maria.

Júlia passou os olhos pela sala e viu que à sua frente havia uma mesa comprida com várias cadeiras, onde estavam sentadas algumas pessoas. Ela estava transpirando e muito nervosa.

— Tenha paciência, filha, aqui tudo acontece com muito amor. Você vai gostar e vai sentir-se bem.

— Espero. Eu estou com medo, nunca vim a um lugar como este.

— Fique calma. Vamos juntas fazer uma prece.

A paz que as envolvia era imensa. Tivera início a reunião. Um senhor alto, cabelos grisalhos e sorridente entrou na sala cumprimentando os presentes e posicionando-se à cabeceira da mesa.

— Boa noite, que Deus ilumine a todos.

O coração da Júlia batia descontroladamente. Sentia vontade de gritar. Segurou bem forte a mão da amiga, que percebeu o quanto ela estava nervosa, pois suas mãos estavam trêmulas.

— Calma, Júlia, relaxe, tudo vai ficar bem.

O senhor Benedito deu início à sessão fazendo uma sentida prece, embora curta e singela:

" Senhor Jesus! Aqui estamos com o coração repleto do teu

amor, onde procuramos, juntos, encontrar a paz e o conhecimento necessários que nos leva, como nos ensinastes, à presença
amorosa do Pai.

Ajuda-nos a melhor compreender os teus ensinamentos para
seguir contigo, apoiados no teu Evangelho. Dá-nos forças para
entendermos o significado da vida, para podermos seguir pelo caminho certo, seguindo sempre os teus passos.

Obrigado, Senhor!"

Após uma breve pausa, continuou:

– Vamos ouvir a leitura do Evangelho para preparação do nosso ambiente, preparando também o terreno de nosso coração.
"Não podemos servir a Deus e a Mamon" é a lição que cai para
nós na leitura do Evangelho. Ouçamos com atenção a irmã Cecí-
lia, que como sempre, envolvida pela espiritualidade amiga, lerá
para nós.

Depois da leitura, o senhor Benedito agradeceu a senhora Ce-
cília e iniciou a explanação:

– Sabemos que não podemos servir a dois senhores, a Deus e a
outro senhor, porque, sem dúvida, aborrecemos a um deles, assim
como não podemos viver presos aos bens materiais, se quisermos
seguir os caminhos que nos levam a Deus. Por isso, paremos e
analisemos o que estamos fazendo de nossas vidas. Vejamos se já
conseguimos nos libertar do apego excessivo às coisas da Terra,
simbolizadas por Mamon, antigo deus que representava a fortuna, que nos distancia dos verdadeiros valores da vida, nossas
virtudes, que verdadeiramente nos ligam a Deus. Deus espera
por nós, e o que precisamos está em nossas mãos. Cabe a nós
nos aprimorarmos, conscientizando-nos da responsabilidade pela
nossa melhora. É preciso construir o nosso caminho em busca da
paz interior e de nossa libertação. Vivemos em nossa condição
evolutiva atual, onde muitas vezes somos devedores uns dos outros, precisando encontrar forças para vencermos a nós mesmos,
primeiramente amando a Deus sobre todas as coisas e ao próximo
como a nós mesmos. E depois vivenciando o que Jesus nos ensi-
nou: "orar e vigiar para não cairmos em tentação".

Todos ouviam em silêncio. Enquanto aquele senhor grisalho continuava a explanação do Evangelho, abrindo novos horizontes na vida de tantas pessoas que ali estavam, mostrando novos caminhos, novas maneiras de enxergar a vida. Júlia sentia que uma paz imensa a envolvia por completo. Nunca se sentira assim, tão bem. A impressão que tinha era a de que fora levada para fora dali, de seus problemas e que um novo sol se abria para um novo dia, para um novo momento em sua vida. Só percebeu que o senhor Benedito terminara a explanação quando Maria lhe avisou que haviam começado os passes.

Para uma pequena sala contígua à sala das reuniões, todos os assistidos foram aos poucos encaminhados. Ali eles recebiam assistência, eram orientados e passavam pelos passes, ministrados de acordo com a necessidade de cada um.

Na vez de Júlia, o orientador, vendo o espírito infeliz e agressivo que a acompanhava, perguntou-lhe:

– É a primeira vez que você vem à nossa casa?

Ela apenas balançou a cabeça em assentimento à pergunta formulada. Não sabia o que dizer. Melhor, nem sabia o que pensava. Sentia-se apavorada, como se alguém estivesse dizendo em seus ouvidos palavras de ordem, contrárias ao trabalho daqueles servidores de Jesus.

– Então fique tranquila. Deixe que os amigos espirituais aqui presentes, responsáveis por essa tarefa de amor, a envolva com fluidos positivos do nosso mestre Jesus. Entregue os seus problemas, as suas dificuldades a esses amigos. Permita que eles possam ajudá-la. Confie. Só assim, se você permitir, é que poderão auxiliá-la. Você está me entendendo?

– Sim. Estou – respondeu Júlia com a voz embargada.

– Pois bem – continuou o orientador. – Antes que você me conte os problemas que a afligem, eu lhe adianto, filha, que o melhor que temos a fazer é sempre confiar em Deus, nosso Pai criador que nos ama e nos envolve com suas leis de amor. E é subordinada à sua lei que muitas vezes a dor nos alcança, trazendo-nos grandes aprendizados. Por isso vivemos, filha, num processo de erros e acertos, mas numa caminhada rumo à luz. A incompreensão dos que estão próximos, às vezes dentro de nosso próprio lar, muitas vezes é parte importante da lição e do aprendizado que nos é aguardado nesta vida.

Júlia, assustada, olhou fixamente para o homem que estava à sua frente, uma pessoa que ela jamais vira, que com certeza não a conhecia. Como podia saber da situação que seu pai lhe impunha? Curiosa, perguntou:

— Como o senhor pode saber desses acontecimentos em minha vida? O senhor me conhece? Pois sei que não o conheço.

— Na verdade, jamais nos vimos. Mas os amigos espirituais que estão ao meu lado a conhecem. E desejam ajudá-la a buscar a solução de seus problemas, ou melhor dizendo, em seu fortalecimento espiritual.

— Mas e as vozes que eu ouço?

— Não se impressione. Com assistência espiritual você deverá se equilibrar. Assim como você veio até a casa, outros irmãos necessitados também se achegam e vão ser socorridos.

— Mas e estas vozes eu...

— Não se preocupe. Ao chegar à nossa casa, você também oferece condições de auxílio para outros irmãos necessitados.

— O senhor está dizendo que aquela aparição, bem não sei como devo chamá-la, espírito, talvez..., está aqui conosco, nesta sala?

— Fique calma e mantenha-se nesse momento em oração. Enquanto isso, vamos pedir equilíbrio a todos aqueles irmãos que trazem o coração repleto de ódio e desejo de vingança. Que eles sejam tocados pelo amor, pelo desejo do perdão.

"Mestre, que todos eles entendam que para sermos compreendidos precisamos do esforço na compreensão do outro. Muitas vezes nos achamos no direito de cobrar o outro. Mas esquecemos que se hoje somos vítimas, incontáveis vezes nos perdemos ontem pelos caminhos do mal e da perseguição. Ajude-nos Jesus a entender o seu amor, o caminho do perdão e da verdadeira paz."

Por um momento, Júlia meditou sobre aquela voz que ouvira. Seria um desses espíritos perseguidores a que o orientador se referia em sua prece?

Revoltado com a intromissão 'daquela gente' em seu caso, que clamava por justiça, o espírito que acompanhara Júlia até o centro esbravejava, permitindo ao médium orientador travar com ele um importante diálogo:

– Vocês não têm o direito de se envolver nesta briga. Ela não lhes pertence. A vingança é minha, e eu a faço contra quem bem entender. Todos os integrantes dessas duas famílias vão me pagar. Não importa se têm ou não culpa direta 'no cartório'. Vão ter que pagar, com juros o que me fizeram. E não se metam! Ouviram! Vou repetir, não se metam!

– Não entendo por que você está nervoso. Eu estou conversando, enquanto você está gritando, assim não chegaremos a um acordo – dialogava brandamente o orientador.

– Mas você é louco? Ou é surdo? Eu não acabei de lhe dizer que não quero conversa? Que não admito que se metam na minha vingança? Até porque vocês não têm esse direito.

– Você está enganado, meu amigo...

– Não sou seu amigo, e não o considero como tal.

– Mas eu o considero, e tenho certeza de que ainda o seremos. Pense, meu amigo, se já não é hora de pensar em você. Enquanto clama por vingança, você está esquecido de si mesmo! Cansado. Veja! Tantas pessoas que te amam e o aguardam, desejosos de lhe abraçarem. Esqueça o que passou e liberte-se. Aceite o auxílio que neste momento lhe é oferecido!

–Você está brincando? – respondeu o espírito perturbado, mas ainda jocosamente. –Vocês não são e jamais serão páreo para alguém como eu, sem falar da minha turma. E sabe de uma coisa?

Chega de conversa, eu vou embora!

– Vá. Mas entenda que já não há mais como se esconder, amigo. Aliás, não fuja mais do melhor caminho a seguir. Pense no que você vai fazer.

O espírito revoltado se afastou da moça e desapareceu.

Logo em seguida equipes espirituais especializadas em resgate o acompanharam.

Júlia registrara o diálogo como um verdadeiro monólogo, já que ouvira mais a fala do orientador, sendo poupada por amigos espirituais, para não reter o que dizia o espírito infeliz que a acompanhava.

Sentia-se aliviada. Uma paz intensa a envolveu, quando um médium ministrou-lhe passes magnéticos. Seus olhos encheram-se de lágrimas, que teimosamente lhe escorriam pelo rosto. Levantou os olhos que haviam permanecido abaixados para o orientador quando este perguntou:

– Sente-se bem?

– Sinto-me como não me sentia há muito tempo. Parece que uma brisa suave me envolveu após haver estado, durante um bom tempo, em uma sauna. Estou tranquila, obrigada.

– Então vá com Deus, e retorne na próxima semana. Até lá, mantenha-se em oração, que nós estaremos fazendo o mesmo. É preciso que você, minha jovem, colabore. Esteja, pois, vigilante.

Júlia agradeceu mais uma vez e retornou à sala principal, onde Maria a esperava ansiosa, querendo saber o que estava acontecendo, já que ela demorou mais do que os outros assistidos. Ela mesma tinha apenas recebido passes reconfortantes.

A jovem, enquanto caminhavam de volta para casa, contou em detalhes para a nova amiga o que havia acontecido. Sentia-se bem, estava aliviada e esperançosa. A noite foi de um sono tranquilo.

Sob o facho de luz

Marcos, após aquele primeiro encontro com Júlia, que não o reconheceu, voltou para sua 'casa' com o coração despedaçado. Sentou-se a um canto do barraquinho sem conseguir respirar, chorou muito. "Por que a vida fez isso comigo? Minha amada agora nos braços de outro e eu aqui, nesta solidão, nesta amargura, sem sentido para viver."

Compadecido do amigo, Beto sentou-se ao seu lado:
— Marcos, não fique assim, você vai acabar morrendo de tristeza.
— Devia mesmo, ia ser muito bom deixar de existir a ter que passar pelo que estou passando. Não quero mais ficar neste lugar. Vamos embora para longe daqui?
— Se for para o seu bem, vamos. Passamos a noite aqui e ao amanhecer colocamos o pé na estrada.

E assim fizeram. Abandonaram aquele local que lhes havia servido de 'lar', e partiram para uma nova jornada pelas ruas, sem destino certo, sem objetivos, senão aquele de viver um dia por vez, sem qualquer expectativa de um futuro promissor.

Foram vários dias de andanças. Contudo, não saíam da cidade. Era como se uma força os empurrasse e outra contrária os segurasse, pois entravam em vielas que os faziam retornar ao mesmo lugar. Finalmente chegaram a uma praça muito bonita, coberta por árvores, onde a natureza resistia ao avanço do chamado progresso urbano. Sentiram-se bem e resolveram ficar ali mesmo; enquanto lhes deixassem, morariam embaixo de uma árvore frondosa, com raízes que saltavam da terra, projetando-se no espaço e construindo um abrigo para aqueles seres desesperançados.

Na mesma rua havia sido há pouco inaugurado um salão de festas, frequentado pela alta sociedade. Com isso, conseguiam uma ocupação, quando havia eventos. Os dois tratavam de cuidar dos carros, ganhando alguns trocados que lhes possibilitavam uma sobrevivência com mais dignidade.

O tempo passou sem que eles percebessem. Meses.

A noite estava linda, com luar, e estrelas que cintilavam, mostrando toda a sua luminosidade, como se estivessem a um palmo da Terra, possivelmente motivando ainda mais corações enamorados e trazendo paz àqueles que conseguiam admirar a bondade e a perfeição divina. Marcos gostava de noites como aquela, que faziam lembrar o céu maravilhoso, lá da fazenda. Essa imagem, apesar de melancólica, preenchia-lhe o vazio do coração sofrido e combalido por tantos desencontros. Aquela noite parecia ser especial; o salão estava preparado para uma grande festa. Era final de ano, os dois amigos estavam prontos para receber os carros que chegariam trazendo os convivas e ganhariam alguns trocados. Haviam conseguido tomar banho, graças a uma instituição que cuidava de moradores de rua. Ganharam também roupas boas, usadas, mas limpas.

Os carros começaram a chegar. Marcos e Beto auxiliavam os motoristas a estacionarem seus veículos e a educação de ambos fazia com que recebessem de gorjetas valores que não estavam acostumados, fazendo a noite parecer promissora.

Um carro preto parou ao seu lado e ele, solícito, indicou ao motorista onde devia estacionar, auxiliando-o na manobra. Quando as portas se abriram, Marcos sentiu-se atingido por um raio. O rapaz para quem ele abrira a porta era o mesmo que encontrara tempos atrás acompanhando sua amada. Vestia um terno preto alinhadíssimo. Estático, Marcos viu o rapaz dar a volta e abrir a porta do carro do lado do passageiro, de onde saiu sua amada, linda e majestosa, mostrando suas maravilhosas formas em um vestido longo, cor champanhe. Ela estava divina como uma deusa. Parando logo atrás, outro veículo iluminou o local, permitindo que o olhar de ambos se cruzasse. Sem saber o que fazer ou dizer, Júlia permaneceu curiosa a se perguntar: "Será ele? Não pode ser" – respondia-se a si mesma.

Sentiu seu corpo arrepiar, envolvida por aquele olhar intenso que lhe fazia viajar para aqueles encontros que tivera com seu amado à beira do riacho. Foram apenas três, mas a ela pareciam ser por uma eternidade. Aquele rapaz não podia ser ele. Marcos não estaria nas ruas, como um andarilho, mas eles eram por demais parecidos. Não se contendo, aproximou-se do rapaz e perguntou:

– Quem é você?

– Eu, senhorita? Sou um infeliz perdido pela vida.

– Qual seu nome?

– Eu me chamo solidão.

O rosto triste do rapaz era superparecido com o de seu amado. Ela queria que ele sorrisse, aí teria certeza, mas essa parecia ser uma missão impossível, fazê-lo sorrir naquele momento. Seus pensamentos foram interrompidos pela pessoa que a acompanhava.

– Vamos, querida.

– Vamos – respondeu Júlia sem vontade e sem tirar os olhos de Marcos. "Devo estar louca" – pensou.

Marcos tinha vontade de gritar quem ele era, mas se conteve. De nada iria adiantar, só traria mais sofrimento para ambos. Ela estava bem acompanhada, possivelmente já o esquecera. Aquele rapaz devia ser seu namorado. Que direito teria sobre ela. Saiu do local desolado, procurando um lugar para esconder toda a sua vergonha. Seu coração estava em chamas. "Meu Deus, por que a vida me reservou tanto sofrimento?"

Assim pensando, deitou-se debaixo da árvore que lhe servia de residência e adormeceu com um sono agitado.

* * *

JÚLIA NÃO CONSEGUIA esquecer aqueles olhos, aquela voz, e pensou: "Aquele rapaz não podia ser o Marcos. Deve ser uma fantasia criada por minha mente. Estive pouco tempo com ele, mas a minha memória não me trairia desse modo. Hoje é o dia da minha formatura, eu deveria estar feliz e não estou. Era o Marcos quem deveria estar ao meu lado. Meus pais estarão presentes e ansiosos para conhecerem Rogério. Meu pai já ouviu falar dele, já que é de uma família ilustre. Tenho certeza de que ele vai se aproximar de Rogério, trazê-lo próximo da família para tentar fazer eu esquecer do Marcos. O que eles não entendem é que isso é impossível. Onde será que ele está agora? Ah, se eu pudesse vê-lo..."

As lágrimas rolaram de seus olhos, escorrendo por todo seu rosto. Sua mãe, que chegava, perguntou assustada:

– O que foi, filha? Por que está triste? Você tem tudo para ser feliz, tem recursos, é estudada, tem um rapaz que parece que a ama, tem a nós ao seu lado.

– Isso não é tudo, aqui no meu coração está faltando o principal para que eu seja feliz.

– O que, Júlia? – perguntou a mãe.

– O amor, mãe, sabe o que significa essa palavra? Pois é o que eu não tenho, aliás, eu tenho sim, mas está aqui no fundo do peito, doendo muito.

Rogério ouvira as lamentações da moça e percebeu que para ter chance teria que lutar contra um fantasma. Alguém que ele não conhecia, mas sentia estar sempre no meio deles dois. Nada falou, apenas baixou a cabeça, olhando fixamente para o copo de refrigerante que tinha nas mãos, como a querer hipnotizá-lo. Ficara triste com o que acabara de ouvir.

– Desculpe, Rogério, você não tem culpa – justificou-se Júlia.

O pai de Júlia ficou muito nervoso com o que acabara de ouvir.

– Você é mal-agradecida. Faço tudo por você e você não reconhece. Tem a companhia de um bom rapaz, sério, educado, de família nobre e não dá valor. Fica pensando em um sujeitinho como aquele.

– Não é disso que estou falando. O senhor sabe quem me faria feliz. Por isso, não me peça para ser uma pessoa que transmite alegria, se aqui, dentro de mim, só há tristeza.

O locutor oficial da cerimônia começou a fazer os agradecimentos e todos voltaram as suas atenções para o palco.

Para Júlia, nada daquilo tinha graça. Sentia o seu coração repleto de amargura. Não via a hora de a festa acabar e poder voltar para casa. O tempo não passava, parecia que a festa durava uma eternidade. Durante toda a noite, mesmo no momento em que recebeu o seu diploma da professora, não se viu sequer um sorriso nos lábios de Júlia. Seus olhos transbordavam uma tristeza infinita. Na hora da dança, ela parou no meio do salão, olhou todos os convidados e os alunos. As lágrimas voltaram a cair. Uma saudade imensa bateu forte em seu peito, fazendo-a sentir um vazio enorme. "Onde estaria a pessoa que naquele momento faria feliz o seu coração?" Rogério tocou em seu ombro com delicadeza para que continuassem dançando, mas Júlia não reagia, apenas olhou para o rapaz, perguntando.

– O que foi, Rogério?

– O que foi, Júlia? Você simplesmente parou de dançar. Vamos voltar para a mesa, estamos atrapalhando os outros pares.

– Desculpe-me.

Ao término da festa retornaram à fazenda. Mesmo sendo tarde, seu pai, nervoso e revoltado com sua atitude, pegara a estrada.

Na manhã seguinte, Júlia sentia uma forte dor de cabeça. A tristeza voltara a fazer parte da sua vida. Não falava com ninguém. Sua mãe tentava alegrá-la, fazendo perguntas, mas Júlia só respondia o que era preciso.

Sabia que a sua situação e de Marcos era o resultado de uma vingança promovida por alguém que queria desforrar-se de algo envolvendo seu pai e a família de seu amado; uma briga por terras. Sabia que o obsessor, identificado pelos amigos do centro espírita que dona Maria apresentara e de que ela tornara-se uma frequentadora assídua, era alguém querendo vingar-se de ambas as famílias, sendo aquela a maneira que encontrara para destruí-los. O que mais a preocupava era o que fora dito pelos mentores da casa espírita, que Marcos era um sensitivo e, sem auxílio espiritual, estaria fragilizado, a mercê dos ataques promovidos por esse espírito infeliz.

Marcos, o amor de sua vida, necessitava passar por essas dificuldades para importante aprendizado.

As leis divinas são sábias. Nada é em vão e ao acaso. Só restava permanecer em oração. Júlia, porém, queria poder fazer mais. Um pensamento sempre lhe vinha à mente: "Será que aquele rapaz, morador de rua é o Marcos?" Seu coração dizia que sim. Mas a razão não lhe permitia acreditar. "Os pais de Marcos não podiam ser piores do que o pai dela!" Passara o dia assim, ensimesmada. Hora ou outra, lágrimas escorriam pelo belo rosto. Quando as lembranças dos poucos momentos que passaram juntos lhe vinham à mente, as lágrimas eram acompanhadas por um sorriso de felicidade.

Adélia estava preocupadíssima com a atitude da filha e resolveu conversar com o marido:

– Estou aflita com a nossa filha. Ela está muito triste e eu tenho medo de que venha a adoecer.

– Que nada, mulher. Isso é passageiro. Logo ficará bem, não exagere. Tudo passa. Ela há de esquecer esse infeliz, fique calma.

– Não sei não, estou com muito medo.

Marcos adoece

Quando a festa terminou, Beto foi para a sua moradia embaixo da árvore. Estava preocupado com o sumiço de Marcos. Ao chegar, percebeu que o amigo estava todo enrolado em um cobertor, tremendo de frio. Assustado, perguntou:

– Marcos, o que você tem? Olha, eu não tenho nada a ver com a sua vida, mas vou lhe dar um conselho. Esquece o que aconteceu. Essa moça não vai voltar para você. Esquece, é melhor, não sofra dessa maneira.

Marcos não respondeu, apenas lágrimas sentidas rolaram dos seus olhos. Beto colocou a mão em sua testa e percebeu que ele estava quente, queimava de febre.

– Marcos! Marcos! Cara, o que você tem!

Marcos começou a delirar, olhando assustado como se alguém estivesse ao lado do amigo.

– Não, não faça isso. Vem para mim. Volta! Eu te amo, sou eu, Marcos.

– Acorda, Marcos! – chamava Beto, enquanto chacoalhava o amigo, mas não conseguia acordá-lo.

"Preciso levá-lo ao hospital, mas como? É muito longe" – pensava.

Tentou carregá-lo, mas não aguentou. Saiu puxando o rapaz até a rua e o levou para um banco da praça, pensando:

"Meu Deus, o que vou fazer? Ajude-nos!"

Um morador, vizinho do salão de festa, que conhecia bem os rapazes e até os auxiliava sempre que podia com alimentos e roupas, vendo a situação em que se encontra o jovem, compadecido colocou o rapaz no carro e o levou às pressas para o pronto-socorro que ficava um pouco distante. Ao chegarem, Marcos logo foi socorrido. Os enfermeiros rapidamente o encaminharam para um dos médicos de plantão, que vendo a situação em que se encontrava o paciente, perguntou:

– O que aconteceu com este rapaz?

– Ele está muito triste, doutor. Ele foi expulso de casa pelo pai, que o separou da namorada, a quem ele muito ama. E ontem ele a viu acompanhada, em uma festa. Sentiu-se mal, não falava em outra coisa. Dormiu e começou a delirar, como se estivesse conversando com ela. A febre estava muito alta, por isso eu trouxe ele para cá.

– Fez muito bem. Você conhece os pais deste jovem?

– Só vi o pai uma vez, mas sei o nome deles.

– E quem são?

– A mãe se chama dona Ruth e o pai senhor Genésio. Sei que ele é fazendeiro e que são ricos.

– Meu Deus, não pode ser.

O médico ficou paralisado, sem saber o que fazer. Mandou internar o rapaz. Estava com pneumonia e era grave. Podia levá-lo à morte.

Marcos começou a gritar, a febre estava muito alta e ele estava delirando.

– Sai, foi você, você que está fazendo essa maldade comigo, sai! Beto, manda ele ir embora.

Ninguém entendia o que acontecia com o rapaz. Beto perguntou:

– Quem é ele? De quem você está falando?

– É o homem que fez meu pai me expulsar de casa, o senhor Justino.

– Quem é esse Justino, meu jovem? – perguntou o médico.

– Ele quer me matar, me ajuda, por favor. Eu tenho medo, ele é mau, ele me maltrata, veja, como ele ri.

O médico ficou preocupado e mandou medicá-lo. Com a febre alta, Marcos tremia, mas os medicamentos logo fizeram efeito e ele adormeceu. Contudo, era um sono agitado. O doutor Gilberto conhecia a família de Marcos e pediu à secretária do hospital que mandasse chamar o diretor clínico, e que ele viesse com urgência, pois tinha uma situação crítica a resolver.

Não demorou muito um senhor de cabelos grisalhos, todo vestido de branco, entrou no consultório do médico que atendera Marcos.

– O que está havendo? Que emergência é essa que não pode esperar o dia amanhecer?

– Que bom que você veio rápido. O assunto é sério, merece uma atenção especial de nossa parte. Estou muito preocupado. Não sei o que fazer. Recebemos um coitado aqui no pronto-socorro, um morador de rua, com pneumonia. Você nem imagina quem é esse.

– Quem é ele?

– É o filho daquele fazendeiro rico que é conhecido por todos e um dos beneméritos desse nosso hospital. Aquele que mandou o filho embora de casa porque estava de namorico com a filha de um inimigo declarado.

– Quem? O senhor Genésio? Você está brincando!

– Não, não estou. É verdade. Ele é o Marcos, aquele moço que estudava aqui na cidade, e que vimos crescer.

– Meu Deus, como isso foi acontecer?

– Ele virou um andarilho.

– Que horror!

– Eu não sei da história toda. O que sei é que ele está aqui agora, e o seu estado não é nada bom. Está debilitado, por consequência da péssima alimentação dos últimos tempos. Sabe-se lá o que, ou quando come, alguém que vive como ele está vivendo.

– Acho que boa coisa não deve ter acontecido com ele. Mas será mesmo ele filho do coronel Genésio?

– O moço que anda com ele disse que já viu o pai dele uma vez, então não é mentira, o que você acha?

– Vamos avisar a família. Se ele está correndo risco de morte, não quero que essa bomba estoure aqui em nosso hospital, sem que a família tenha conhecimento. Outra coisa, ele é rico, portanto não é justo que estejamos gastando recursos que poderiam estar sendo destinados a outros que realmente precisem.

– Não sei não, será uma boa medida? Será que o coronel vai gostar? Você conhece o homem. Ele não é flor que se cheire. É daquelas pessoas que faz caridade para parecer bonzinho, mas de bom nada tem.

– Mas e se ele morrer? Vão nos culpar por não tê-los avisado.

– Não sei, é complicado.

– Que loucura, parece brincadeira. Essa situação estourar aqui na nossa mão.

– Pois é, mas é realidade e o rapaz não está nada bem, a febre não cede, já foi medicado e continua delirando; até parece que ele quer morrer.

– Quem sabe o que está por detrás de tudo isso?

– Sabe de uma coisa, Gil, vamos fazer a nossa parte. Avisaremos a família e eles saberão o que fazer. Pelo menos a nossa consciência vai ficar tranquila. E se por acaso eles não quiserem saber do rapaz, eu retificarei o que disse anteriormente, quanto ao fato de ele ser rico, pois passará a ser apenas um morador de rua necessitando de nosso auxílio, médico e caridoso. Afinal o pai dele ajuda a pagar as contas deste hospital. Nada mais justo, pois, dar todo o atendimento possível a este moço.

E assim fizeram. Mandaram um mensageiro do hospital ir até a Fazenda do Pomar avisar os pais de Marcos.

* * *

Na Fazenda do Pomar, o senhor Genésio conferia algumas mercadorias que estava enviando para a cidade. Ele tinha lavoura de café e gados. Foi quando Juvenal aproximou-se avisando:

– Senhor, tem uma pessoa na casa grande que deseja lhe falar.

– Quem é?

– Ele disse que é do hospital.

– Do hospital? O que eles querem? Mais dinheiro? Essa gente parece sanguessuga.

– É sim senhor, vieram naquele carro de doentes.

– Quem será que está doente?

Saiu apressado e, ao entrar, o mensageiro o cumprimentou:

– Bom dia, senhor!

– Pois não, o que deseja?

– É o senhor Genésio?

– Sim, eu mesmo.

– Vim trazer um bilhete do doutor Gilberto, que me pediu aguardasse uma resposta sua, senhor, por favor.

O senhor Genésio abriu a carta um tanto quanto surpreendido e a leu com ansiedade:

"Senhor Genésio, bom dia!

Peço-lhe antecipadamente minhas sinceras desculpas por intrometer-me um assunto tão íntimo de sua família. Entretanto, não há outra alternativa senão comunicá-lo do ocorrido e aguardar, pois ao senhor caberá a decisão final.

Deu entrada no pronto-socorro de nosso hospital um jovem identificado por quem o acompanha como sendo seu filho caçula, o jovem Marcos. O seu estado clínico é gravíssimo e, tanto eu como o diretor clínico de nosso hospital, pessoa que o senhor conhece bem, estamos preocupados, pois se o estado de seu filho agravar-se, ele correrá risco de morrer.

Certos estamos de que o senhor e a sua família tomarão as providências concebíveis ao caso, ficamos no aguardo de sua decisão.

Obrigado.

Doutor Gilberto"

O coronel Genésio ficou furioso, nem as argumentações dos médicos quanto ao riscos de vida do filho amoleceram o seu coração e ele em altos brados vociferou:

— Não tenho filho, avise para esse doutor Gilberto que o meu filho já morreu. Portanto, ele não corre risco de vida. E diga também, para não ficar perdendo tempo com esse malandro. Há outras pessoas mais dignas necessitando de seus cuidados.

— Bem, senhor, eu já fiz a minha parte, que era lhe entregar o recado e aguardar a sua resposta, eu já a entendi qual é e a darei ao doutor. A responsabilidade é sua. Faça o que achar que deve. Agora preciso ir. O doutor me espera. Ele ficou preocupado com o estado do moço, pois ele está com pneumonia. Foi por isso que lhe mandaram esse recado chamando o senhor.

A resposta veio em seguida, ríspida e sem qualquer emoção:

— Passe bem, meu jovem, dê o recado ao doutor.

— Até logo, senhor.

Logo que o emissário do hospital saiu, Ruth entrou na sala preocupada, pois tivera a impressão de que uma ambulância estava de saída.

— Era uma ambulância. Quem era? O que queriam?

— Era um emissário do hospital, veio avisar que o seu filho está doente e trouxe essa carta.

Estendeu a missiva para a assustada senhora.

— O que aconteceu com ele?

— Não sei e não estou interessado em saber.

— Mas como? Ele é nosso filho. O que você está fazendo? Não está satisfeito com todo o mal que já fez? Se você não está interessado, eu estou e vou vê-lo. Ninguém vai me impedir.

O marido nada respondeu e saiu, sentando-se na mureta que margeava o lago à frente da casa. Naquele momento seu coração bateu forte. Os pensamentos viajaram no tempo e as lágrimas sentidas e teimosas rolaram pelo seu rosto. Nem parecia aquele coronel insensível. Via ali correndo Marcos, seu filho querido, sorrindo, alegre, brincando e como sempre chamando a sua atenção ao montar, praticamente sozinho no pequeno cavalo que comprara para ele:

"— Papai, olhe para mim, já sou um rapazinho.

— É, realmente já é um rapaz, consegue montar sozinho. Espere, filho, vou buscar o meu cavalo e vamos cavalgar pelo campo.

E, cavalgando, riam alegremente.

– Venha, papai, venha me pegar.

– Espere, filho.

– Eu sou mais rápido, o senhor ficou para trás.

– Espera, Marcos, você pode se machucar, espera!

– Tá bom, papai, vou diminuir a velocidade."

Com aquelas lembranças falando forte em sua mente, Genésio desabafou:

– O que estou fazendo da minha vida? Tudo está desmoronando. O que aconteceu comigo, estou destruindo minha família.

De repente pareceu ter ouvido alguém falar. Procurou para ver quem era e não viu ninguém, mas aquelas palavras gravaram em sua mente:

"Ainda é pouco o que estou fazendo, sofrerá muito mais. Vou acabar com você e sua família. E com o seu amiguinho Ernesto também."

"Será que estou ficando louco? Agora dei para ouvir vozes, era só o que me faltava. Mas de quem será esta voz? Ernesto, meu amiguinho? Meu Deus, o que está acontecendo comigo? Não quero nem pensar nisso."

Continuou naquele lugar por algum tempo, possuído por aqueles pensamentos que conturbavam a sua mente e o seu coração.

* * *

Marcos no hospital corria risco de morrer. Seu estado estava se agravando a cada minuto e ele falava baixinho, quase não dando para ouvir:

– Mamãe, papai, Júlia.

– Coitado, está delirando novamente. Tomara que seu pai chegue logo, pois poderá ser tarde.

O mensageiro chegou e o doutor Gil, ansioso, perguntou:

– E aí? Trouxe os pais do rapaz?

– Não, doutor, eles não vieram. O homem é muito estranho,

nem parecia um pai. Deus me livre ter um pai daquele, frio, com o coração de pedra. Deixei ele lá e vim embora. Ele disse para falar para senhor que o filho dele já morreu faz tempo, que ele não tem mais filho.

– Não acredito! Mas ele vai mudar de ideia, vamos aguardar. Enquanto isso, daremos ao rapaz todo o atendimento que precisa para vencermos a doença.

A febre de Marcos continuava altíssima. Ele delirava, agitado. Não recobrava os sentidos. Algumas vezes balbuciava:

– Pai, mãe, Júlia, não, não me mande embora, por favor, ajude-me.

Depois ficava longo tempo adormecido, como se não quisesse acordar.

O CAMINHO PARA A LIBERTAÇÃO

Os pais de Marcos estavam agitados. Aquela voz continuava sussurrando ameaças aos ouvidos de Genésio. Ele percebeu que o homem que lhe fazia tais ameaças era Justino, o vizinho com quem havia brigado anos atrás por causa de terras. Para ele era uma surpresa, já que Justino havia morrido há muitos anos.

– O que você quer? Não quero vê-lo, saia! – respondia nervoso. Quando perdia o controle, ouvia nitidamente as gargalhadas e as ameaças do inimigo confesso:

– Você vai pagar caro pelo que fez comigo. – E desaparecia.

Genésio ficava pensativo sem saber o que fazer. Quando deitara naquela tarde, demorou a adormecer. Acordou com fortes dores de cabeça e muito nervoso. Montou em seu cavalo e resolveu dar umas voltas pela fazenda para espairecer, procurando libertar-se daquele tormento que enfrentava.

Ruth estava desesperada, desde que Juvenal lhe contou sobre a situação de seu filho, vivendo como um morador de rua, alguém que ela criara com tanto carinho. E agora recebiam aquela notícia sobre sua doença. Ela precisava vê-lo, mas não tinha como ir até a cidade. Receava pedir para o marido. Aquele dia para ela foi um tormento. Contava as horas, os minutos e os segundos. Tinha medo de que seu filho querido morresse.

Esperou o marido chegar e na hora do jantar ela suplicou:

– Eu preciso ver meu filho, por favor, Genésio, ele pode morrer a qualquer instante. Ele está precisando de nós, por favor.

Genésio ficou calado. Sua mente se agitava entre o orgulho e o remorso. Vozes pareciam impeli-lo a uma resposta negativa. Ouvia nitidamente, como se estivesse ali, sentado à mesa de jantar a voz de Marcos suplicando: "Papai, me ajude, estou morrendo! Não me abandone!"

Seu coração bateu descompassado. O amor falou mais forte. Num ímpeto, levantou-se decidido e com voz repleta de emoção ordenou à esposa:

– Vá preparar-se, vamos vê-lo, ainda esta noite.

Dona Ruth, sem acreditar, imaginava ser um milagre o que ouvia. Correu para se arrumar e voltou em seguida, saindo os dois apressados. A estrada parecia mais longa do que nunca. Estavam ansiosos para chegar.

Na entrada do hospital, Genésio parou indeciso, era como se algo o motivasse a não ver o filho, mas naquele momento prevaleceu o amor. Foram encaminhados para a enfermaria onde Marcos encontrava-se internado. Viram que os médicos não haviam exagerado no bilhete. A situação do jovem era desesperadora. Ruth não conseguiu conter as lágrimas, debruçando-se sobre o filho. Genésio nada falou, apenas ficou parado com os olhos marejados de lágrimas e com um pensamento acusador vagando por sua mente: "O que eu fiz com o meu filho? Nada disso teria acontecido, se não fosse o meu orgulho." Logo em seguida chegou o médico responsável, doutor Gilberto, que foi logo cumprimentando-os:

– Boa noite, senhores.

– Boa noite, somos os pais do Marcos. Fomos avisados de que ele está internado.

– Senhor Genésio! Desculpe, não o havia reconhecido. Pensei que não viriam. Marcos passou muito mal esta noite, e o estado dele não é nada bom, como podem ver.

O senhor Genésio estava trêmulo e dona Ruth não se encontrava bem. Estava pálida e a emoção havia feito subir a sua pressão. À medida que o médico relatava a situação do rapaz, ela desmaiou, sendo encaminhada para outro quarto, onde foi medicada. Genésio estava dividido e não sabendo mais o que dizer, desabafou:

– O que vocês fizeram com meu filho?

– Calma, senhor, nós estamos fazendo de tudo para salvá-lo.

– Não podem deixar meu filho morrer deste jeito!

O remorso tomara conta do homem, que nem parecia o mesmo. Suplicando, segurava o braço do médico, exigindo:

– Faça alguma coisa, chame outros médicos. Precisamos fazer algo, por favor.

O doutor Gil estranhava a atitude do coronel Genésio. Era a primeira vez que o ouvia usar a expressão 'por favor'.

– Sim, senhor, fique calmo, vamos providenciar o que for necessário.

– Faça o que for preciso, dinheiro não é problema. Coloque-o no melhor quarto. Mas diga-me o que aconteceu, por que ele está tão ruim?

– Como eu já expliquei, ele está debilitado. Contraiu pneumonia, senhor, devido aos maus tratos. Dormindo pelas calçadas, sem agasalho, ficou fraco.

Aquelas palavras do médico foram como facadas no peito daquele homem orgulhoso, rico e poderoso. Ele se sentiu mal, culpado pelo estado do filho e um só pensamento lhe enchia o vazio da alma:

"Eu tenho que trazer meu filho de volta, nem que eu tenha que gastar tudo o que tenho para salvá-lo."

Esquecia ele que dinheiro não comprava tudo! O filho lutava contra a morte e sua recuperação era algo que não poderia comprar nos balcões de lojas, nem com toda a sua fortuna.

Orgulhoso como era, nunca acreditou em Deus e não sabia rezar. Andava pelo corredor do hospital, quando lembrou: "Tenho que chamar Clara, minha filha, ela é quase médica e poderá dar melhor cobertura ao Marcos."

Clara morava na mesma cidade, estava no último ano de medicina e ia se formar no final do ano.

Foi correndo para a casa da filha. "Tomara que esteja em casa, não posso perder tempo." Lá chegando, feliz por encontrá-la, contou-lhe rapidamente o que estava acontecendo, e voltaram para o hospital o mais depressa possível.

Ao chegar ao hospital, Clara ficou assustada, ao ver em que situação se encontrava o irmão. Apresentou-se aos médicos e deles recebeu todas as informações sobre o estado clínico de Marcos. Mostrou-lhes a sua intenção de transferi-lo para o hospital onde fazia o seu estágio. Todos entenderam que seria melhor não removê-lo por enquanto, até que a febre baixasse. Mostraram à futura médica que transferi-lo para outro hospital, ainda mais o municipal, nada acrescentaria ao rapaz, há não ser, é claro, a sua presença. Que sendo residente e principalmente irmã do rapaz, traria ao jovem um amparo psicológico que poderia, sem qualquer sombra de dúvida, colaborar na sua recuperação. Outro fator a ser considerado era a falta de vitalidade do paciente, que reagia como se não quisesse viver, apesar de receber o melhor tratamento que o seu caso requeria.

Clara, entendeu que a sua solicitação era, no mínimo, precipitada. O irmão estava recebendo o melhor tratamento que um doente em seu estado podia receber. E não seria a sua remoção que ajudaria na sua melhora. Ficou mais aliviada quanto o diretor clínico a convidou para acompanhar o irmão como médica, acrescentando:

— Você sabe, doutora, que o caso do seu irmão é complicado. Ele está com pneumonia dupla e o seu estado merece uma atenção especial de todos nós. Mas o pior, como já dissemos, é a falta de vontade de viver por ele demonstrada. Por isso, será sumamente importante para que ele recupere rapidamente a sua participação, pois entendemos que o problema dele é sobretudo psicológico.

— Eu sei o que está acontecendo, doutor — assentiu a jovem não conseguindo segurar as lágrimas. — Tenho que conversar seriamente com meus pais.

– Quer que eu fale com eles, doutora?

– Não, obrigada, pode deixar que eu falo. O assunto que tenho a tratar é íntimo de nossa família.

– Entendo, porém, tenha cuidado com sua mãe. Ela está muito abatida e fraca.

– Está bem, tomarei os cuidados necessários com todos. Mais uma vez, quero agradecer de coração a atenção de todo o corpo médico desse hospital com meu irmão.

Despediram-se, e ela caminhou a passos rápidos em direção à sala de espera, onde seus pais, ansiosos, e também seu irmão Antônio que acabara de chegar, aguardavam notícias.

– Preciso falar com vocês.

– Que foi, mana? O que está acontecendo?

– Vamos sentar – Clara prosseguiu dirigindo-se mais especificamente ao pai.

– Pai, como o senhor, um homem tão poderoso, deixou seu filho chegar neste estado?

Contrariado, mas invadido por intenso remorso, senhor Genésio nada falou, apenas abaixou a cabeça a envolvendo entre as mãos, como se procurasse esconder a sua culpa.

– Eu não acredito, pai, que o senhor deixou o Marquito virar um andarilho só por que ele quis namorar uma moça, cujo único 'defeito' é ser filha de um inimigo seu declarado.

– Inimigo agora! Pois no passado, eram unha e carne – acusou Ruth.

– Calma, mãe – contemporizou Clara, continuando:

– Pai, os tempos mudam e as pessoas também têm que mudar. E agora, o que vamos fazer para ajudar o nosso Marcos? Ele está... – Clara parou ao ver sua mãe empalidecendo.

– Mãe, a senhora precisa ser forte e confiar em Deus. Ele vai ajudar o Marquito.

Dona Ruth, em prantos, nada respondeu e Clara continuou:

– Ouçam, precisamos orar bastante. O estado dele se agravou e os médicos não têm muitas esperanças. Sinto muito, mas eu não posso, não devo esconder nada de vocês. Agora só nos resta confiar em Deus, essa é a verdade.

O senhor Genésio se descontrolou e começou a gritar muito alto:

– Não, não pode ser, meu filho, não! Isto não pode estar acontecendo. Eu tenho dinheiro, sempre comprei tudo que precisei. Eu, o coronel Genésio, o 'senhor do café', não aceito isso que está nos acontecendo.

E começou a esmurrar a parede. Antônio tentava acalmá-lo:

– Pai, calma, não é assim que se resolve uma situação como esta.

– Meu pequeno está morrendo. Marcos, Marcos! Filho, o papai não vai deixar você morrer, eu juro.

Senhor Genésio fez todos chorarem, mas ele não parava de gritar.

– Vocês são uns incompetentes; não conseguem salvar o meu filho.

– Pai, calma, não pode fazer um escândalo desse jeito. O senhor está em um hospital, há muitos doentes aqui, necessitando de silêncio para sua recuperação.

– Que se danem os doentes, o hospital, eu quero meu filho. Ah, meu Deus, eu sou o culpado! Eu matei o meu pequeno Marcos.

– Você tem razão, Genésio, você matou o nosso filho. Há bem da verdade, nós matamos o nosso filho – acusou Ruth, agressivamente, deixando o marido e os filhos surpresos com aquela atitude. A mulher submissa, naquele momento, dava lugar à mãe ofendida pelo ultraje sofrido pelo filho. Genésio praticara a ação, mas ela, pela omissão, também sentia carregar parte da culpa.

– Não, pai, mãe, ele está vivo – disse Clara, procurando animar os pais. – Ele logo estará montado em seu alazão, percorrendo, como sempre fez, os pastos da fazenda.

Os gritos chamaram a atenção dos médicos e enfermeiros, que logo procuraram acudi-los, ministrando-lhes calmantes e acomodando-os em um quarto contíguo ao que seria instalado Marcos, assim que saísse da UTI, especialmente arrumado para acomodá-los.

O coronel Genésio não se sentia à vontade com aquela situação; nunca fora homem de precisar de calmante para se acalmar. Vivia sempre no limite e nada o atingia. Mas nos últimos tempos percebia não ser mais o mesmo. Após acomodá-los, o médico aproximou-se tentando promover um diálogo que pudesse trazer conforto àquela família em sofrimento. Dirigindo-se ao coronel, perguntou:

— O senhor acredita em Deus?

— Deus? Que Deus? Se ele existisse, não deixaria meu filho desse jeito.

— Senhor, não diga isso. Nós colhemos o que plantamos e Deus não desampara ninguém. Ore e peça com fé que Ele vai atender ao seu pedido. Por enquanto é só isso que podem fazer. Quando tiver notícias, virei avisá-los. Até logo.

O médico saiu e o senhor Genésio ficou cabisbaixo, pensativo, por muito tempo. Depois de algum tempo, ele já estava bem mais calmo e pediu com voz suplicante:

— Eu quero ver Marcos.

Clara olhou para o pai. Via ali um novo homem, sentia que ele havia mudado a sua maneira de ver a vida.

— O senhor promete que vai se controlar?

— Prometo.

— Então vou falar com o doutor Gilberto.

Clara foi e logo voltou com a autorização para que seu pai fosse ver seu irmão. Ele vestiu o avental e, entrando na UTI, pediu à Clara.

— Filha, deixe-me sozinho com ele.

— Está bem, mas cuidado, não pode fazer barulho, não fale alto.

— Tudo bem, prometo que ficarei em silêncio, pode ir tranquila.

Estando a sós com o filho, que estava ali, à sua frente, tão fraco, quase sem vida, sentiu uma dor muito profunda no peito. Caiu de joelhos junto ao leito do filho e muito emocionado começou a falar:

— Filho, me perdoa – segurava a mão de Marcos entre as suas, – por favor, perdoa seu pai, volta, filho. Não vai embora, nós precisamos de você. A partir do momento em que você foi embora, aliás, que eu te coloquei para fora, minha vida ficou vazia, nada mais tinha sentido. Muitas vezes chorei escondido para ninguém ver, porque eu era orgulhoso demais para assumir meu erro, minha dor.

Mas hoje, filho – beijava as mãos dele, – não me importo, eu só quero tê-lo de volta. Acorda, Marquito, acorda.

Marcos nem se mexia, tudo era silêncio.

O coronel Genésio não podia ver, mas no canto do quarto, em frente à cama, estava Justino, em uma forma horrível, envolvido por uma névoa avermelhada, como se estivesse coberto de fogo. E gritava:

– Não vou deixá-lo voltar. Você vai pagar caro o que tomou de mim, agora vai sofrer. Vou levar o seu filho. Essa é a primeira coisa, depois virão outras e mais outras, você não perde por esperar.

O coronel foi tomado, sem saber por quê, de um pânico que invadia a mente e o coração; o remorso o corroía, e sem poder conter-se, envolvido por aquela energia negativa, começou a balbuciar:

– Não! Você não pode fazer isso, o meu filho não tem culpa dos meus erros.

– Pois é por ele que você vai sofrer e assim vai ser até o fim.

Um diálogo estranho se iniciou, pois Justino ouvia o que Genésio falava, e este, sem ouvir que o inimigo confesso dizia, respondia como se ouvisse as palavras daquele ser infeliz.

– Não, Justino, você não vai fazer isso. Seu miserável! Eu não vou deixar!

Soltando uma gargalhada horripilante, Justino retrucou: – Você vai ver. Vou acabar com a sua família, começando pelo seu filho. E vou liquidar o Ernesto e toda aquela gentalha dele, e também comecei pela filha, a amada de seu filho. – E gargalhava, feliz, sabendo haver atingido seus objetivos, pois o coronel, o todo poderoso, se esvaía em lágrimas.

– Nããão! – gritou Genésio caindo em seguida, sendo socorrido pela filha e pelas enfermeiras, que o acudiram logo que ele começou a gritar.

Genésio foi levado para o quarto, ficando em observação, mas continuava a falar coisas estranhas:

– Ele não tem culpa, eu devolvo suas terras, não faça isso com meu filho, deixe-o em paz.

O espírito que o havia acompanhado até o quarto ria e ameaçava:

– Vou me vingar, vou pegar um a um até deixar todos loucos. Vou acabar com a sua família, assim como fez com a minha.

– Não, meu filho precisa viver, ele é jovem, eu fico no lugar dele.

Após falar isso, Genésio parou, ficou mais calmo. Todos estavam preocupados com seu estado. Um homem tão respeitado por todos, de repente naquele estado lastimável.

* * *

ENQUANTO ISSO, NA fazenda, ninguém sabia o que fazer sem o patrão. Juvenal estava dando o melhor de si. Sempre fora muito competente, mas estava muito abalado com os últimos acontecimentos. Ansiosos, aguardavam notícias da cidade.

Paulo mantinha-se em oração; sabia o que estava acontecendo e entendia que a única ajuda que podia prestar aos patrões era manter-se em oração. Sabia que aquela não era uma luta do bem contra o mal, porque todos que estavam naquela rinha eram culpados. E o pior, os filhos é que estavam sendo punidos pelos erros dos pais. "Deus há de ser misericordioso, como sempre o é com seus filhos, não permitindo que os inocentes paguem pelos culpados." Com este pensamento, concluía sempre o bondoso homem as suas orações.

* * *

MARCOS CONTINUAVA NA sua luta silenciosa, entre a vida e a morte. Só restava esperar que Deus permitisse que ele despertasse. Ninguém, até então, havia percebido o envolvimento daquele espírito infeliz na condução desse desastre familiar.

Clara procurava uma explicação para aquilo tudo. Ela, mesmo sendo médica, sempre acreditara que havia algo além da morte física, que o mundo dos mortos era um novo estágio para a evolução. Seu pai era um ateu, que cumpria todas as atividades religiosas atendendo as obrigações sociais, mas na verdade nunca acreditara em Deus; sua mãe, esta sim, compensava o pai, já que era religiosa demais. Católica de ir à igreja todos os domingos, de mandar rezar missas em dias especiais para os colonos da fazenda. Sempre ensinara aos filhos a importância de fazer suas orações diárias, de manterem-se ligados ao Pai celestial. Quando fora estudar na cidade, conheceu alguns rapazes e moças que eram espíritas. Não falavam abertamente, até porque sabiam que seriam discriminados, mas a sua forma de agir chamou a sua atenção, embora nunca aceitara o convite que eles sempre faziam para que ela os acompanhasse ao centro espírita que frequentavam. Uma pena. Talvez agora ela pudesse auxiliar melhor o irmão. Foi com esses pensamentos que sentiu um influxo à sua volta, como se estivesse sendo envolvida por uma brisa suave em uma manhã primaveril, e quase simultaneamente a esse envolvimento agradável, ela lembrou-se de que seu pai comportava-se como se estivesse falando com alguém na UTI e, não se contendo, primeiro verificando se o pai ainda dormia, comentou com a mãe e o irmão:

– Ouçam, o papai lá na UTI falava com alguém, mas ele e o Marcos estavam sós. Chamava a pessoa com quem falava de Justino. Estava muito assustado e depois, no quarto, falou sobre umas terras, vocês ouviram?

– Sim – respondeu seu irmão. – Mas não entendi nada.

Ruth ficou assustada:

– Clara, você tem certeza de que era esse o nome que ele falava?

– Sim, mamãe, ele falou várias vezes, na UTI e no quarto também.

– Meu Deus, será que aquele homem está atrapalhando seu irmão e seu pai? Quando soube que o Marcos estava morando nas ruas, fiquei muito mal e, no meio das minhas crises, dos meus delírios, esse homem me apareceu, ameaçando e clamando por vingança. Pensei que sonhara! Ele é horrível! Ficou ameaçando, disse que ia acabar com a nossa família.

– Quem é ele, mãe?

– O Justino?

Antônio, que prestava muita atenção no que sua mãe dizia, manifestou-se:

– Eu sei quem é ele, eu me lembro, mãe. Não foi o que morreu quando a casa dele pegou fogo?

Ruth não respondeu e Clara perguntou:

– Que história é essa, mãe, que o Toni está contando?

– É uma história muito triste; senta aqui ao meu lado que eu vou contar. Quando isso aconteceu, você tinha dois anos e o Marcos tinha menos de um mês. Esse homem era vizinho da nossa fazenda. Tinha uma fazenda de café e criação. Era uma propriedade pequena, mas muito bonita.

Seu pai, ambicioso, queria sempre mais. Seu avô também era assim, e os dois planejavam fazer alguma coisa para possuírem aquelas terras. Fizeram várias propostas para Justino, mas ele não aceitou vendê-las.

Numa tarde, estávamos conversando na sala, seu pai e seu avô estavam misteriosos. Andavam de um lado para outro, olhavam-se como se estivessem planejando alguma coisa.

Eu estava preocupada com a atitude deles. Toni tinha sete anos de idade. Logo ouvimos uma gritaria, saímos correndo, e os colonos de nossa fazenda mostravam a fumaceira que vinha lá dos lados da fazenda do Justino. Todos correram para auxiliar o vizinho, inclusive seu pai e seu avô, mas nada puderam fazer. Toda a casa fora consumida pelas chamas. Só se salvou um filho dele que estudava na cidade. Morreram o casal, Justino e a esposa Rosana, um filho de doze anos e uma menina de nove. Foi horrível, não gosto nem de lembrar.

– Que horror, mãe!

– É, filha, foi muito triste! E o filho que estudava na cidade, quando ficou sabendo, veio para o enterro. Tenho vaga lembrança de seu nome, acho que é Roberto.

Depois do enterro ele não quis assumir a fazenda e vendeu para o seu pai por uma bagatela; eu nunca me conformei com isso. A casa dele ficava no lugar em que mora o Juvenal.

– Meu Deus! Papai teve algo a ver com isso, não foi, mãe?

Ruth ficou calada sem saber o que responder ao filho mais velho. Os três se entreolharam, pensando no acontecido.

– O que nós vamos fazer para libertar o Marcos desse homem? – falou Clara olhando para os dois.

– Vamos orar – respondeu sua mãe –, como disse o doutor Gilberto, é só o que nos resta fazer; além do mais, não entendo nada dessas coisas de espíritos, nunca acreditamos nisso.

Foram para a capela do hospital; oraram durante horas; pediram a Maria, mãe de Jesus, ajuda para o Marcos e para toda a família. Ruth, com lágrimas nos olhos, implorava à Maria Santíssima que ajudasse seu filho a sair daquela situação.

E assim, como um milagre, no dia seguinte, Marcos começou a voltar a si. A febre baixara. Ele abriu os olhos e chamou pela sua mãe e por Júlia.

A enfermeira, que o atendia naquele momento, feliz, foi ao quarto vizinho, onde os familiares de Marcos estavam alojados. A moça estava tão esbaforida que assustou a todos. Pensaram que Marcos havia piorado.

A enfermeira logo deu a boa notícia e os deixou mais aliviados. Quando foram vê-lo, ele reconheceu a todos e perguntou pelo pai e por Júlia.

Ficaram sem saber o que dizer, até que dona Ruth resolveu falar:

– Seu pai está doente, está aqui no hospital. Ele ficou muito nervoso com a sua situação e agora está medicado e dormindo no quarto ao lado. Ele está bem. Quanto à Júlia, filho, nada sabemos dela. Fique calmo, depois a procuraremos para avisar que você está bem.

– Mano, eu e o Toni vamos apoiá-lo nesse seu namoro com Júlia. Assim que você e o papai saírem do hospital, iremos procurá-la. Tenha certeza de que vocês não estão sozinhos nessa briga. Seus irmãos vão estar contigo.

Marcos sorriu agradecido aos irmãos, jogou um beijo para todos, fechou os olhos e dormiu, sonhando com a sua amada, ambos cavalgando juntos à beira do riacho onde se conheceram.

A SAÍDA DO HOSPITAL

Após conversarem com Marcos, os irmãos deixaram-no dormir sob a vigilância de Ruth, que agora não queria se afastar por um minuto sequer do filho amado. Foram para o quarto vizinho onde se encontrava Genésio, que dormia sob efeito de medicamentos.

Encontraram-no muito agitado, falando alto enquanto dormia. Perceberam que estava tendo um pesadelo. Resolveram esperar e ouvir o que falava o pai.

– Não! Você não pode cobrar de mim as terras que eu já paguei ao seu filho.

Depois de alguns minutos, como se estivesse ouvindo alguém, ele retrucava em resposta:

– Você está enganado. Minha família não pode ser acusada por um crime que não cometeu. Desapareça da minha vida. Meu Deus, socorra-me! Livre-me deste pesadelo!

Com um grito, abriu os olhos assustado e, olhando para todos os lados, como a procurar o seu interlocutor, vendo os filhos ali ao seu lado tranquilizou-se. Clara aproximou-se, segurou em suas mãos, beijou sua testa, um gesto que não fazia com frequência e que sensibilizou ao pai e ao irmão. Todos se abraçaram, enquanto Clara dava a boa notícia.

– Tranquilize o seu coração, meu pai, Marcos está bem. A febre cedeu, ele já conversou conosco e ficou sabendo que o senhor também estava internado, porque se sentira mal. Ele mostrou preocupação, ficando tranquilo quando dissemos que o senhor já estava bem.

– Que notícia maravilhosa que você me dá, filha. Saber que Marcos está bem me faz sentir melhor.

Eles sabiam que Genésio não estava melhor. A crise de consciência e a perturbação espiritual que vivenciava não lhe faziam bem. Se em alguns momentos mostrava lucidez, logo em seguida era invadido por momentos de pura loucura. Esbravejava, insultava, falando com o seu perseguidor, procurando defender-se, entretanto, cada vez mais enveredando pelos caminhos da loucura.

Para Marcos, os dias seguintes foram tranquilos. Clara, após cumprir o seu turno no hospital municipal, onde era residente, vinha para acompanhar de perto a recuperação do irmão e, principalmente, de seu pai, já que ele não estava bem.

Cercado de carinho por todos, Marcos melhorava sensivelmente, sem febre já há vários dias, com o pulmão quase limpo, e alimentando-se bem, logo recebeu alta e pôde ser levado para a fazenda, onde o clima lhe faria bem.

Dona Ruth teve que deixar o hospital para acompanhar o filho, pois ele já tivera a alta. Ficou confusa, com medo; tinha receio de levá-lo para casa e o marido voltar atrás, fazendo o que havia feito anteriormente.

A mulher conversou com o filho. Pensou em arrumar uma casa para ele morar e Clara foi incumbida de providenciar um lugar decente para o irmão. Arrumou uma casinha simples em uma rua tranquila. Faltava apenas conversar com o irmão, o que fizeram naquela mesma noite.

– Mano, nós estamos com receio da reação do papai quando vir você aqui na fazenda, já que o trouxemos sem o consentimento dele. Assim, para evitar novos constrangimentos, conseguimos um lugar para você na cidade, uma casinha simples, porém, maravilhosa. Você vai morar agora num lugar decente.

Clara disse esta última frase sorrindo e fazendo cócegas no irmão, algo que o deixava vermelho quando ela assim procedia.

Marcos ficou por alguns momentos pensativo. A primeira reação foi de não aceitar aquela situação, mas sabia que não tinha para onde ir e não seria justo proceder daquela forma com aqueles a quem amava e que mostravam, naquele gesto, todo o seu amor.

– Eu agradeço por essa ajuda que recebo, e entendo que estão cobertos de razão. Não gostaria de viver novamente aquela situação em que fui expulso dessa casa. Quanto à casa, só aceito se permitirem que o Beto venha morar comigo. Ele me ajudou muito. Sem ele eu já estaria morto. Cuidou de mim desde que nos conhecemos, principalmente quando adoeci.

– Nada temos contra o Beto morar com você, principalmente se essa é a sua vontade, afinal, somos gratos a ele por tê-lo levado ao hospital, sem o que, você tem razão, não estaria aqui entre nós.

– Fico feliz por pensarem assim. E papai, tem notícia dele? Você passou no hospital hoje?

– Claro, vou aproveitar que você está bem para levar mamãe para ficar com ele, pois não está nada bem.

– O que acontece com ele, Clara?

– Ele tem distúrbios mentais. Os especialistas responsáveis pelo tratamento não conseguem diagnosticar a doença, já que clinicamente ele está bem. O nosso receio é que, por não querer alimentar-se, esteja ficando debilitado e logo tenha problemas seríssimos quanto à sua saúde física. Do nada ele inicia uma briga, começa a falar com alguém que não enxergamos, mas na verdade conhecemos. Enfim, ele está fora de si.

– E quem é essa pessoa com quem ele fala e que é nossa conhecida? Alguém que já morreu?

– Sim. Ele diz que fala com um antigo vizinho de nossa fazenda que morreu quando vocês eram crianças, um tal de Justino.

– O que a senhora está falando? Justino? Foi isso que a senhora disse?

– Sim, meu filho. É esse o homem com quem ele briga o tempo todo.

– Meu Deus! Em meus delírios e pesadelos vi esse homem várias vezes. Ele fala de umas terras que papai tomou dele.

Mãe e filha entreolharam-se assustadas e foi Clara quem falou:

– É isso mesmo, mano. Papai comprou as terras dele. É onde mora o Juvenal.

– Tudo bem se ele comprou as terras. Qual é o problema?

Ruth respirou fundo e, enquanto segurava nas mãos do filho, respondeu:

– É que, segundo esse Justino, seu pai foi responsável pela morte de toda a sua família.

– Não acredito! Deve haver algum engano. Papai não seria capaz de uma atitude dessa, ou seria?

O silêncio da mãe e da irmã ressoaram em sua mente mais do que qualquer palavra.

– Meu Deus! Ele teve coragem de fazer isso? E eu que pensava que meu pai era perfeito, com toda aquela prepotência. É ele, mãe, é aquele homem que está atrapalhando a nossa vida! Conta para mim como foi essa história das terras.

– Foi horrível, filho... – e com lágrimas nos olhos, narrou o que sabia.

– E agora, mãe? O que vamos fazer para nos livrarmos da vingança desse homem?

– Orar, filho, orar muito.

– Todas as vezes que ele aparecia, dizia que ia acabar comigo. Ria muito. Ele é horrível. Tem o rosto todo enrugado e envolvido por uma chama vermelha. Ele dá gargalhadas horríveis. Só agora entendo o porquê, mas estou com medo, não sei lidar com essas coisas.

– Só pedindo a ajuda de Deus, filho; agora vou para o hospital. Volto amanhã e providenciamos a sua ida para a nova casa. Enquanto isso, sua irmã tenta encontrar o Beto para avisá-lo da nova moradia. Não quero ver meu filhinho querido como andarilho, nunca mais. Vamos, depressa.

– Vá, dona Ruth, vá com Deus.

– Fica com ele, meu filho.

A NOVA CASA

Marcos estava feliz com a nova moradia. Principalmente, com a companhia de Beto, que considerava um irmão.

No início, Beto não queria aceitar o convite para morar com o amigo, até porque não se sentia à vontade com as roupas, sapatos e dinheiro que recebera da família de Marcos. Entendia que aquilo era um abuso da parte dele, e também porque sentia que a mãe e os irmãos do amigo queriam, na verdade, recompensá-lo por tê-lo ajudado naquele momento difícil. Ele nada fizera que merecesse um prêmio especial. Tinha certeza de que se fosse ele a ficar doente, teria recebido o mesmo tratamento.

Marcos, porém, não queria nem conversar sobre o assunto. Ficara feliz com a possibilidade de deixar de ser um andarilho, até porque, bem vestidos como agora andavam, podiam conseguir um bom emprego.

Marcos recebera dos irmãos uma quantia que daria para viver tranquilo mais de um mês. Mas eles não sossegavam; procuravam um trabalho digno que lhes proporcionasse o sustento.

Certa manhã, logo cedo, resolveram passar no hospital para ver o pai. Sua mãe havia ido no dia anterior à fazenda e ainda não havia chegado.

Marcos não acreditou no que via. Seu pai estava mal, com uma expressão horrível. Seu rosto estava envelhecido e não reconhecia mais ninguém. Permanecia completamente fora de si. Ao ver Marcos, falou com uma voz estranha:

— Vocês todos vão me pagar. Eu estou no fogo, mas levarei todos comigo para essa fogueira, que é o inferno. Estou em chamas, mas você não vão escapar.

— Calma, converse comigo, deixe-me ajudá-lo.

Beto estava parado sem dizer nada. Dos seus olhos escorriam lágrimas. O senhor Genésio agressivo respondeu:

— Não! Saia, saia daqui! Vou acabar com você e toda a sua raça.

— 'Tá' bom, fique calmo. Eu sairei, mas deixe o meu pai em paz.

Ele começou a gritar. Os enfermeiros correram para ver o que estava acontecendo. E Genésio ria enquanto falava:

— Vou acabar com esta raça, meus filhos vão me ajudar. Venham, filhos, vamos nos vingar.

Marcos ficou parado na porta muito assustado, sem saber o que fazer. O enfermeiro de plantão aconselhou:

— É melhor sair. Ele fica assim, agitado, inclusive com sua mãe.

— É triste ver meu pai neste estado. Nós que o conhecemos bem sabemos como ele é forte, autoritário. E agora ele está assim, não diz coisa com coisa. Só fala em vingança, não sei mais o que fazer.

— Vamos conversar lá no corredor — convidou o enfermeiro. — O que eu vou falar deve ficar entre nós. Mas não posso continuar vendo essa situação sem dizer a você e à sua família o que realmente está acontecendo.

Marcos e Beto olhavam para o enfermeiro com curiosidade, perguntando-se onde queria chegar o rapaz.

— Vocês precisam fazer alguma coisa para ajudar seu pai. Isso que está acontecendo com ele chama-se obsessão.

— E o que é isso? — perguntou Beto.

— Eu vou explicar rapidamente, pois preciso voltar ao meu trabalho. Uma pessoa quando morre com alguma mágoa ou ódio de alguém não consegue libertar-se e fica vagando, procurando vingar-se dos seus algozes, ou daqueles que pensa ser os seus algozes. O seu pai, eu não duvido, está sendo obsediado por alguém que o considera um inimigo.

– E o que podemos fazer para ajudá-lo? Desculpe-me, pois, apesar de achar que você tem razão, já que senti na própria pele essa perseguição, não sei o que fazer.

– Eu entendo, vamos fazer uma coisa. Às duas horas da tarde eu saio do meu plantão. Se você puder me encontrar aqui em frente ao hospital, eu vou lhe explicar o que eu sei sobre esse assunto. Dá para você vir? Ah, me esqueci de dizer, o meu nome é Júlio.

– Venho sim, Júlio. Às duas horas estarei aqui. Eu preciso mesmo entender um pouco dessas coisas. Não vou atrapalhá-lo? Você não se opõe que o Beto esteja presente?

– De maneira nenhuma. Vai ser um prazer explicar aos dois que tipo de dificuldades estão passando. Então até a tarde.

Marcos contava os minutos para obter uma explicação sobre tudo o que se passava. Sentado com o Beto na sala, conversavam sobre o que estava acontecendo com seu pai e com sua vida.

– Eu não sei mais o que fazer. Minha mãe está só na fazenda. Como ela vai administrar tudo aquilo, sem experiência? Meu pai nunca a deixou fazer nada e aqui ele não pode resolver. O que fazer? Eu tenho receio de ir para lá e ele voltar, não vai dar certo!

– Seu pai vai melhorar logo. Eu não sei, Marcos, mas eu sou meio descrente dessas coisas, com todo respeito ao Júlio, que me pareceu a princípio uma boa pessoa. Mas como alguém que já morreu e está enterrado pode vir atrapalhar quem está na Terra? Eu, hein! Não dá para entender, mas é bom você conversar com o moço, já que ele se ofereceu. Deixa ele explicar.

– Eu também não entendo, mas eu quero aprender. Preciso ajudar o meu pai.

– Marcos, deixa eu lhe contar uma coisa.

– O que foi?

– Quando criança, nós morávamos na cidade. Eu estava na escola, com uns sete anos de idade e tinha uma dor muito forte na cabeça. Às vezes meus olhos ficavam escuros e eu só enxergava vultos. Isso foi se agravando até os doze anos.

Um dia, voltando da escola, eu me senti mal e meu amigo foi

chamar os meus pais, que me levaram para o hospital. Fiquei vários dias inconsciente. Aconteceu uma coisa muito estranha; A dor foi muito forte, parecia que minha cabeça ia estourar. Eu sentei no chão esperando meu pai. Meu corpo foi adormecendo; perdi a força e não vi mais nada, só as coisas que eu não conhecia.

Fui para um lugar...

– Beto – Marcos chamou o rapaz, mas ele não respondia. Chacoalhou-o várias vezes e nada.

Beto caíra em um sono profundo.

– Que estranho, como pode dormir conversando? Eu hein, ele deve estar muito cansado. Vou tomar um banho e preparar algo para gente comer, depois eu acordo ele.

Marcos entrou no banheiro cantando como de costume. Já estava quase saindo quando escutou um barulho. Abriu a porta para ver o que era e deu de cara com o Beto de olhos arregalados e vermelhos, com uma cara horrível, gritando:

– Miserável! Você vai morrer.

– Calma, Beto.

– Chegou a hora de me pagar tudo – e continuou com uma voz rouca. – Vou levar você para o inferno.

– Calma, Beto, sou eu, Marcos.

– Eu não sou o Beto! Eu sou o homem que seu pai matou. Aquele assassino maldito...

– Eu não tenho nada com isso, por favor, vá embora.

– Não! Eu só vou sair daqui levando você comigo, e depois levo aquele canalha do seu pai também.

– Por favor, me deixe em paz!

Neste momento, Beto começou a gritar e com uma força inigualável agredia Marcos, que tentava de todas as maneiras se desvencilhar. Ao lado do Beto estavam outros espíritos infelizes, que estavam auxiliando na vingança de Justino.

* * *

No hospital, ao lado do marido, Ruth sentiu um aperto no coração, um desespero tomou conta dela. Sentia que Marcos estava em perigo, pedindo socorro. Correu para a capela dizendo: "Meu Deus! Meu filho está em perigo, preciso pedir para Nossa Senhora para lhe dar proteção". De joelhos, terço nas mãos, orou com fervor:

"Minha mãe, ampare meu filho querido, livre-o do mal que o aflige. Mãe de Jesus, coloco-o em suas mãos. Santíssima mãe, cubra-o com o seu manto de luz."

* * *

De repente, Beto recuou.

– O que é essa luz? – ofuscado por uma luz radiante, azul claro, Justino se afastou.

Mas outro espírito altamente agressivo aproximou-se do pobre rapaz, e o que veio a seguir aconteceu muito rápido. Beto quebrava tudo à sua frente, assustando os vizinhos que vieram correndo, batendo várias vezes na porta. Marcos já estava machucado, e não podia se virar para abrir a porta, senão seria pego pelas costas por aquele espírito revoltado que mais parecia uma fera.

Com o barulho na porta, Beto recuou e Marcos aproveitou para abri-la, fazendo-se formar rapidamente um tumulto. Várias pessoas foram chegando; o vizinho do lado, senhor Carlos, chamou a polícia, que logo chegou com o resgate.

Não conseguiam segurar Beto, que mais parecia um besta-fera. Com uma força descomunal, quebrava tudo e nem mesmo os guardas conseguiam acalmá-lo. Alguns mesmo feridos, com muito esforço conseguiram colocá-lo em uma camisa de força. Aplicaram-lhe um sedativo que o fez cair e levaram-no para o hospital.

Marcos estava muito abatido. Seus braços estavam arranhados; sentia o corpo todo dolorido. Justino em pé à sua frente ria muito, enquanto ameaçava:

– Pensa que parou por aí? Pois está enganado. Ainda vou matá-lo, volto para ajustar contas. É só esperar.

No hospital, Beto foi medicado, ficando em observação na enfermaria. Enquanto isso, Marcos era atendido para fazer curativos nos arranhões. Depois foi liberado e ficou ao lado do amigo na enfermaria, aguardando que ele acordasse.

Beto foi medicado com sedativos por conta das agressões e por um bom tempo ficaria desacordado. Marcos aproveitou para descansar, afinal passara a noite em claro.

Mais tarde, ao acordar, Beto olhou em volta e perguntou:

– O que aconteceu, Marcos? Eu estou quebrado, meu corpo está moído, nós fomos assaltados?

– Não, Beto, fique calmo, depois eu explico o que aconteceu.

– Mas onde eu estou?

– No hospital.

Beto sentou na cama, assustado.

– Hospital?

– É, você sentiu-se mal.

– E você, Marcos? Está todo arranhado, brigou com um leão?

Marcos riu, enquanto respondia ao amigo.

– Acho que sim. Descanse, depois conversaremos. Vou sair um pouco, volto logo.

Marcos saiu pelo corredor. Foi até a sala de estar, sentando-se em um dos sofás e repassando mentalmente o acontecido. "Que estranho; primeiro meu pai parece que está louco, agora o Beto, o que eu faço para ajudá-los? E se voltar a acontecer?"

Olhou para a porta e viu que o relógio marcava quinze horas. "Meu Deus! O enfermeiro! Com esta confusão toda não deu tempo de encontrá-lo. Ele ia nos falar sobre a tal obsessão, o que será isso? Eu preciso procurá-lo. Amanhã virei aqui ver se o encontro trabalhando, se bem que ele tinha dobrado o plantão hoje. É bem possível que amanhã esteja de folga, mas vou tentar mesmo assim."

Marcos não podia ver, mas Justino encontrava-se atrás dele e deu uma gargalhada tão forte que ele foi capaz de ouvi-la.

"O que é isso? Quem está aí? Já sei, é ele quem está me seguindo. O que estou dizendo? Acho que estou ficando louco também.

Preciso dormir, estou muito cansado."

Foi até o quarto onde Beto estava em recuperação e sentou-se na cama ao lado. O amigo dormia tranquilo, o que fez com que ele se recostasse e acabasse adormecendo também. Depois do torpor, o sonho:

Corria pelo campo quando viu alguém que vinha cavalgando. Reconheceu a mulher amada, Júlia, com os cabelos esvoaçando ao vento. Estava belíssima. Ele parou, desceu do cavalo e correu em sua direção abraçando-a:

– Júlia! Que saudade, você voltou para mim?

– Eu nunca fui embora, sempre estive com você em minhas lembranças, eu o amo demais. Sem você eu não vivo.

– Eu também a amo muito; por favor, não me deixe, fique comigo.

Os dois ficaram abraçados e felizes.

De repente, Marcos ouve alguém chamando:

– Marcos!

– Hã, o que foi? – despertou assustado.

Era o Beto que o chamava:

– Eu estou com muita dor, por favor, chame o médico rápido, acho que vai me dar aquela coisa, vai depressa.

Marcos saiu correndo pelo corredor:

– Enfermeira! Enfermeira! Venha depressa, meu amigo está mal.

Voltaram correndo e, ao entrarem no quarto, depararam-se com uma cena horrível. Marcos gritou para a enfermeira:

– Meu Deus, o que é isso? Vá correndo chamar o médico.

Lá estava Beto, como um morto, com os olhos parados, não se mexia. Mara, a enfermeira, auscultou-lhe o coração e viu que estava quase parando. Saiu em disparada para ligar para o outro andar, pedindo uma maca e uma vaga na unidade de terapia intensiva.

– Doutor, ele está muito mal.

O médico examinou e diagnosticou que o paciente estava entrando em coma, o que deixou Marcos muito preocupado.

– Eu preciso saber alguma coisa sobre este paciente; venha comigo. Vamos levá-lo à UTI e depois conversamos.

Após alguns minutos, o médico foi falar com o Marcos, que pouco sabia sobre o rapaz.

– Doutor, ele estava me contando que quando era pequeno sentia umas coisas estranhas, mas logo ficou agressivo e quebrou tudo em casa. Não sei muito sobre ele. É sempre calado, não fala nada sobre a sua vida.

– Vamos esperar ele acordar.

Tentativa de suicídio

JÚLIA AO CHEGAR à fazenda parecia outra pessoa. Passava o tempo todo no quarto, muito triste. Seu pai oficializou o seu casamento com Rogério, que vinha todos os fins de semana visitá-la.

Júlia o recebia com muito desprezo. Já havia percebido que o rapaz só estava interessado na fortuna de seu pai, o que não era uma surpresa, principalmente quando o conheceu melhor. Pôde avaliar que eram verdadeiros os boatos que ouvira a respeito dele. Mas resolveu não contar ao pai, pois ele ia achar que se tratava de invenção, só para ficar livre do rapaz.

Quase todos os fins de semana ela tinha uma discussão com o pai, que se tornava cada vez mais enérgico. Cada dia que passava ela sentia mais raiva de Rogério, primeiro por perceber suas intenções e não poder revelá-las, segundo por ele tentar ocupar o lugar de Marcos em seu coração.

Numa tarde de sexta-feira, Júlia estava indisposta, saindo a caminhar pelo jardim. Estava triste, abatida; não conseguia parar de pensar em Marcos.

"Meu Deus, onde está o dono do meu coração? Por que eu tenho que passar por isso? Preciso fazer alguma coisa!"

Sentou-se no banco do jardim e deixou seu pensamento voar. As lágrimas desciam pelo seu rosto, sem controle. Cansada de tudo aquilo, recostou-se e adormeceu. Quase instantaneamente viu-se em outra época.

Era um palácio. Estava em uma festa. Na cena, muitas pessoas dançavam e ela era uma rainha. Do seu lado estava um homem estranho. Trazia um bastão nas mãos e nas vestes um brasão de uma águia. Mas ela sabia que ele era mau e tinha casado por obrigação. Seu pai havia escolhido o marido para ela, como eram os costumes da época, quase sempre por motivos políticos. Depois da festa, ela se viu em um salão, em frente a um piano, chorando. Sabia que o País estava em guerra. Ela vivia presa no castelo. Só saía acompanhada pela dama de companhia e dois soldados.

Ela se chamava Catarina. Perdida em seu pensamento, viu um belo jovem que chegava cavalgando, pelo qual ela tinha grande paixão. Ele era um príncipe, Gustavo, irmão do rei, seu marido. Mais uma vez ela sofria por amor. Pela janela, olhava para o seu amado, procurando fugir dos olhos alheios. Seu amor era proibido. Naquele momento, ela não mais via o rosto do príncipe, e sim o rosto de Marcos.

Certo dia, o rei saiu para uma grande batalha e não retornou. Fora assassinado por um soldado, que foi morto pelos seguranças do rei. Acusado como mandante do crime, Gustavo foi preso numa masmorra e morreu como culpado pela morte do seu irmão.

Catarina chorara desesperada pela morte do príncipe, ao mesmo tempo feliz pela morte do marido, que era muito mau.

– Senhorita, acorda!

– Hã? O que foi?

– A senhorita estava agitada e chorando muito, eu fiquei assustada.

– Não foi nada, Marta, estou com a boca seca. Pegue um copo com água para mim, por favor.

– Sim, já volto. A senhorita não quer um chá? Eu faço rapidinho.

– Não, não precisa, eu quero só a água mesmo.

Marta saiu voltando com a água.

– Aqui está, beba devagar.

– Obrigada, Marta, eu vou entrar e deitar um pouco.

– Às ordens, senhorita Júlia, quando precisar de qualquer coisa, pode me chamar. Cuide-se. A senhorita está muito abatida.

– Vou me cuidar, pode deixar.

Júlia sentou-se na sala da casa principal da fazenda. Seus pensamentos mantinham-se fixados no sonho que tivera e em sua vida. Tudo parecia um sonho, esperando que ela acordasse. Não aguentava continuar naquela inércia. Precisava mudar o rumo de sua vida. Assim pensando, levantou-se e foi para a cocheira, lá encontrando Roque, a quem pediu:

– Roque, por favor, mande preparar meu cavalo, vou dar uma volta.

Montando Mansinha, saiu em grande disparada, parecendo querer voar. Era a primeira vez que voltava ao bosque após o último encontro que tivera com Marcos. As lembranças vivas em sua mente ficaram mais fortes. Apeou do cavalo ao chegar onde estiveram juntos. Sentada na pedra onde conhecera o seu amado, chorou muito.

"Onde você está, Marcos? Onde? Só você me importa nesta vida! Volta, querido, volta para mim, por favor. Estou sofrendo muito. Eu não posso viver sem você."

Debruçou-se nos joelhos e chorou como uma criança e assim ficou, perdida em seus pensamentos, até o final da tarde, quando voltou para casa não mais galopando, mas deixando que Mansinha trotasse, enquanto seus pensamentos voavam em busca do ser amado. Sentia-se desorientada, morrendo aos poucos. Ao chegar em casa, parecia não enxergar ninguém.

– Onde você estava, Júlia? – perguntou seu pai, que não obtendo resposta aumentou o tom de voz. – Estou falando com você, Júlia!

Como se tivesse voltado de algum lugar distante, perguntou:

– O que foi, pai? O senhor falou comigo?

– O que é isso, menina? Parece que está no mundo da lua.

– Desculpe, pai, eu não tinha ouvido, eu fui ao bosque.

– De novo? Não me arrume confusão, hein?

– Fique sossegado, pai, a minha vida já é uma confusão.

Deixando o pai pensativo, sem saber o que ela queria dizer,

subiu as escadas e, após alguns degraus, virou-se e pediu em tom de súplica:

– Pai, eu quero ir embora para a cidade. Quero lecionar, colocar em prática o que aprendi. Não quero mais permanecer aqui na fazenda, como se fosse um pária.

– Não senhora. Eu quero fazer logo o seu casamento. Depois você vai com seu marido para onde ele quiser levá-la.

Aquelas palavras foram como punhaladas em seu coração. Júlia ficou sem ação, não respondeu. Foi direto para o seu quarto, pensando:

"Para que viver deste jeito? Não posso ver meu amado, nem mesmo sei onde está ou se está bem! E agora meu pai vem com esta história de casamento. Ele acha que pode mandar em tudo e em todos, mas não pode mandar em meu coração. Como posso fazê-lo entender isso? Preciso achar uma saída."

Júlia pensou em muitas maneiras de acabar com sua vida. Como uma autômata, seguiu em direção até o armário, pegou um vidro de remédio, encheu um copo com a água que ficava em uma jarra no móvel ao lado de sua cama, escrevendo, em seguida, um bilhete para sua mãe, deixando-o aos pés da cama. Vestiu uma camisola branca, ingeriu os comprimidos que restavam no vidro e deitou-se.

Adélia, não vira a filha chegar. Sabia que fora cavalgar. Perguntou ao capataz, que estivera com o marido recebendo algumas ordens, que lhe contou que Júlia já havia voltado. Preocupada, com um aperto no coração, foi procurá-la em seu quarto. Ao abrir a porta, viu a filha deitada. Sentando-se na cama, tentou acordá-la. Não conseguindo e achando que ficara cansada com a cavalgada, algo que não fazia há tempo, resolveu cobri-la e, ao pegar a colcha dobrada aos pés da cama, percebeu que algo caíra. Surpresa, viu um bilhete, abriu e leu-o com o coração aos saltos:

"Mãe, desculpe-me pelo que estou fazendo, mas não aguento mais tanto sofrimento. Não me casarei com Rogério, eu não o amo. Já que não posso ficar com Marcos, que é o verdadeiro amor de minha vida, não quero mais nada, minha vida não tem mais sentido. Há tempos que já estou morta, por isso, perdoe-me e não chore por mim. Diga ao pai que sinto muito.

Sua bênção e adeus.

Beijos da sua filha que a ama muito.

Júlia"

— Meu Deus! – gritou Adélia, enquanto saía para o corredor chamando o marido.

— Ernesto, corra, nossa filha está morrendo, corra! Depressa!

— Não pode ser, agora mesmo falei com ela.

— Veja, está fria e pálida, e aí está o vidro de remédio que ela tomou.

Sua louca – gritou Ernesto, saindo correndo para pedir ao Roque que preparasse o carro.

Em alguns minutos já estavam a caminho do hospital, onde ao chegar foi rapidamente atendida e providenciada a lavagem estomacal. Mas o médico foi categórico:

— Não prometo nada, senhores, a moça tomou uma dose muito grande de um remédio muito forte e há pouco teve uma parada respiratória. O caso dela é grave e pode levá-la ao coma a qualquer momento.

— Meu Deus! – exclamou Adélia. – Por favor, doutor, não a deixe morrer, só temos ela, traga nossa filha de volta.

Ela tinha escondido o bilhete para que o marido não soubesse o verdadeiro motivo de a filha haver cometido aquela loucura. Ernesto estava revoltado e ao mesmo tempo com medo de perdê-la. No corredor do hospital a espera era desesperadora. Nada de notícias! A moça respirava sob aparelhos. Não dava nem um pouco de esperança para os médicos.

— Estranho, esta jovem parece ter alguma coisa muito triste dentro dela para não reagir desta maneira. Parece que luta contra a vida – falou o doutor Augusto, que estava de plantão no lugar do médico que acompanhava o caso. – Vou conversar com a mãe. Quem sabe a moça comentou alguma coisa para ela.

136 | LOURDES MARCONATO

E foi à procura de dona Adélia. Encontrando-a convidou:

– Por favor, senhora. Venha um pouco à minha sala. Precisamos conversar sobre sua filha.

– Pois não, doutor. Como está minha Júlia?

– Mal, senhora, ela não reage. É isso o que queremos saber. Sua filha não quer viver; é esta a impressão que temos. A senhora tem alguma coisa para nos contar? Ela passou por algum problema? Precisamos saber.

– É, doutor, eu tenho aqui guardado um bilhete que escondi de meu marido. Acho que ela escreveu antes de tomar o remédio. Olhe, está aqui! – Entregando o bilhete para o médico, aguardou que ele fizesse a leitura, o que o deixou pensativo e preocupado.

– O que vamos fazer para trazê-la de volta à vida? Eu temo, senhora, que não tenha nada que a desperte.

– Não sei, doutor, o que fazer. Aquele moço que ela ama é impossível trazê-lo aqui. Meu marido não permitiria. Não posso nem falar com ele. Os pais deles são nossos inimigos.

– Quem são eles?

– Os senhores da Fazenda do Pomar.

– Não acredito que os senhores vão deixar sua filha morrer. Não acredito no que estou ouvindo! A senhora tem noção do que estão fazendo? Eu entrego o caso em suas mãos. Vocês quem sabem o que vão fazer para ajudá-la a voltar do sono profundo.

Júlia foi internada no mesmo hospital onde também estavam internados o pai de Marcos e Beto, seu amigo, que fora levado para a UTI, onde ainda se encontrava em coma.

Adélia, sem saber o que responder ao médico, saiu preocupada. "Como falar isso para Ernesto? Agora Deus me colocou em prova, ou faço alguma coisa ou perco minha filha querida."

Aquilo mexeu muito com o seu coração. Chegou na sala de espera pálida, abatida e com falta de ar. O marido pegou em suas mãos e perguntou:

– O que foi, mulher? Fiquei preocupado quando cheguei aqui e não a encontrei. Fale, aconteceu alguma coisa com a nossa filha? Fale, por Deus, fale!

– Ela...

– Ela o quê? Fale logo.

– Ela está mal, eu, eu... não, não...

Desmaiou, o senhor Ernesto saiu à procura de alguém para socorrê-la, entrando no quarto mais próximo. Um enfermeiro estava saindo.

– Por favor, venha depressa. Minha esposa está desmaiada.

– Vamos vê-la, senhor.

Adélia foi imediatamente levada para uma das salas de observação.

Reencontro

Marcos chegou no hospital para ver o pai e o amigo, Beto. Ao entrar, sentiu algo diferente, um misto de alegria e tristeza. Não saberia nomear a sensação que lhe ia à alma.

Todos já o conheciam. Os atendentes, os seguranças, os enfermeiros e os médicos. Portanto, tinha trânsito livre nas dependências do hospital. Caminhou direto para a área de internação, quando percebeu que algo fora do normal estava acontecendo. A correria dos médicos e enfermeiros era enorme. Curioso, dirigiu-se a uma das atendentes:

– Senhorita, por favor, o que está acontecendo?

– Uma moça tentou se matar e está internada lá na UTI.

Marcos assustou-se como se tivera levado um choque.

– Meu Deus! Uns lutando para sobreviver, outros tentando tirar a própria vida.

– Pois é. O pior é que ela é uma moça nova, bonita, rica, não sei que motivo teria uma moça como ela para fazer isso. Mas desculpe-me, eu nem devia estar comentando isto com o senhor. Afinal, não é da minha conta, mas é que fiquei penalizada.

–Tudo bem, eu compreendo, obrigado.

Marcos seguiu em direção ao quarto onde estava seu pai. Mal sabia ele o que o destino havia lhe reservado. Entrando, dirigiu-se ao pai.

– Pai, como está?

Ele nada respondeu, sequer se mexeu.

– Pai, sou eu, Marcos. Vim ver como o senhor está. Ouça-me, deixe-me fazer alguma coisa pelo senhor.

Com uma voz rouca e estranha, endereçando-lhe um olhar de ódio, respondeu:

– Saia daqui, seu canalha! Não gosto de gente da sua laia. Eu vou matá-lo, saia daqui!

Dos olhos do senhor Genésio parecia sair fogo. Marcos, todo arrepiado e com medo, saiu rápido do quarto e pediu para o enfermeiro ir ver seu pai. Dirigindo-se à recepção, perguntou à mesma jovem que o havia atendido e feito o comentário sobre a moça que tentara se matar:

– Meu pai está muito alterado, não vai dar para ficar com ele agora. Será que já posso ver meu amigo?

– Vou verificar, hoje o dia está mesmo agitado, a mãe da moça que tentou suicídio está desmaiada. Coitada, que tragédia. Mas a vida é assim, quando menos esperamos, as coisas tomam outros rumos.

– É igual ao meu pai, homem sadio, de repente está aí, acamado, com uma doença que jamais imaginávamos que o acometeria.

– Mas o que acontece com ele?

– Ele não fala coisa com coisa. Diz coisas estranhas, como se fosse outra pessoa, e só fala em vingança, diz que vai acabar com a família inteira. Estranho, não acha?

– É mesmo. Desculpe, moço, mas eu acho que o senhor deveria procurar um centro espírita. Isso parece 'coisa feita'.

– Por que diz isso?

– É que eu sou espírita e, pelo que o senhor disse, parece-me que ele está sob influência de algum espírito infeliz.

– Eu tenho muito medo – disse Marcos. – Somos católicos e não acreditamos nessas coisas de espíritos.

– O senhor é quem sabe, eu só falei porque acho que é minha obrigação alertar as pessoas que não têm uma vivência espiritual. Desculpe-me. Eu não tenho que me intrometer e muito menos dar palpites.

– Mesmo assim, eu agradeço. Agora preciso ir ver o meu amigo.

– É mesmo, deixe-me verificar se já pode entrar.

Depois de se informar, ela falou:

– Aproveite e dê uma olhada na moça, ela está na UTI, próxima do seu amigo.

Marcos mais uma vez sentiu seu coração bater forte e um desejo de fazer algo pela moça. Encaminhou-se para a UTI e na porta encontrou-se com doutor Augusto.

– Boa tarde, doutor.

– Boa tarde, meu jovem.

– Como está meu amigo?

– Está na mesma, ainda não voltou do coma.

– O que será que deu no Beto? Ele é tão forte, e isso acontece assim, de repente, eu não sei o que pensar. Parece que estou sonhando! Primeiro meu pai, agora meu amigo.

– Pois é, filho, são as coisas que a vida nos reserva. Estamos com um caso triste hoje. Uma moça, na flor da idade, tentou acabar com a vida. E tem mais meu jovem, por causa de um amor impossível.

Marcos estremeceu, parecia a história de sua vida.

– Bom, isso não tem nada a ver com você. Desculpe, estou tomando seu tempo.

– Não! Não se preocupe, tenho muito tempo, vou ficar aqui até a noite.

– Então vista o avental e siga-me.

Os dois entraram. Marcos dirigiu-se para o leito do Beto, que continuava inconsciente.

– Beto, acorde, sou eu, Marcos, seu amigo! Estou muito preocupado com você, volte à vida.

Notou que atrás de um biombo havia certa agitação. A moça tinha piorado. Marcos tentou se aproximar, mas um enfermeiro não deixou.

– Não pode entrar, moço, a paciente está mal, é um caso delicado.

Marcos não entendia. Quando falava da jovem, ele sentia algo estranho. Algo dizia que ele podia fazer alguma coisa por ela, mas como? Se nem pelo seu amigo ele podia fazer nada, pensou: "É bobagem minha, coisa da minha cabeça."

Saiu da UTI sem conseguir conter a tristeza que o invadia. Resolveu entrar na capela para rezar. Pediu a Deus que ajudasse seu pai, o Beto, pediu também pela moça que ele nem sabia quem era. Mas algo o impelia a pensar que orar por ela era orar por ele e por sua amada.

Ajoelhou e rezou fervorosamente:

"Senhor, não sabemos o que o destino nos reserva. Mas, se possível, ajude estas pessoas que estão sofrendo esses males e não sabemos como ajudá-los."

Do seu lado estava um mensageiro que sempre o acompanhava e ele não sabia. Passava-lhe uma energia muito intensa. Mas ali estava também, um pouco mais distante, Justino, tentando atrapalhar seus pensamentos, que ficava o tempo todo no leito da moça, só saindo para ir perturbar o senhor Genésio.

De repente, uma tristeza tomou conta de Marcos, junto com uma sensação de perda. "Por que será? Será que Beto está morrendo?"

Nesse momento escutou o barulho de alguém entrando na capela, uma mulher apoiada pelo marido. Marcos ouviu o desespero dos pais que falavam, principalmente a mãe:

— Minha filha não pode morrer, eu sou culpada, eu não tive coragem de falar para você o que o médico falou; ele disse que só o rapaz que ela ama é que poderá trazê-la de volta.

— Por que não falou? Eu mandava chamá-lo.

— Mesmo? Você faria isso?

— Claro! Rogério mora aqui e é fácil de ele vir até aqui, eu já o avisei do ocorrido.

— Não! Não é o Rogério, não se faça de desentendido, homem, você sabe que é o Marcos que ela ama.

Marcos naquele momento sentiu um choque, era muita coincidência.

— Nunca! Não chamarei aquele rapaz; Júlia não falará com aquele cafajeste.

Marcos caiu sentado no banco e seu coração disparou. "Então é ela a moça, não é coincidência. É a história da minha vida mesmo! Será agora ou nunca."

Marcos saiu correndo pelo corredor da capela e foi direto para a UTI.

– Eu preciso entrar, doutor.

– Não, filho, já passou a hora da visita.

– Eu sei, eu sou... – quase não conseguia falar, estava sem fôlego, respirou fundo e continuou. – Eu sou o rapaz que Júlia ama. Sou o seu amado, por favor, deixe-me entrar. Vou tentar trazê-la de volta.

Parado, sem dizer nada, o médico só ouvia. Pensativo, resolveu:

– Está bem, mas não pode demorar.

– Mas não deixe os pais dela entrarem, por favor.

– Está bem, venha comigo.

Marcos estava trêmulo, sua voz, embargada. Na sua frente estava Júlia, seu amor, pálida, respirando sob aparelhos. Debruçou-se sobre ela e chorou.

– Não, Júlia, meu amor, não me deixe, por favor. Não se vá, eu estou aqui e vou lutar pelo nosso amor.

Perto dele, Justino tentava fazer alguma coisa para impedir, mas o amor era o sentimento mais forte. Marcos pegou a mão de Júlia e beijou-a, dizendo:

– Volte, querida, eu voltei para você e ninguém vai nos impedir de sermos felizes. – Beijou o seu rosto e com os dedos tocou seus lábios, dizendo bem baixinho ao seu ouvido: – Volte, amor, sou eu, Marcos. Volte, eu estou ansioso para ver seus lindos olhos. Júlia, por favor, reaja!

As lágrimas rolavam pelo seu rosto e caíam nos lábios de Júlia, que mexeu os olhos como se estivesse sonhando. Marcos correu e foi chamar o doutor, que veio imediatamente, percebendo que ela estava reagindo.

– Continue falando com ela, Marcos, ela precisa reagir. Precisa sentir que você a ama.

– Júlia, eu a amo mais que a minha vida. Eu a quero, mais que tudo. Querida, vamos lutar pelo nosso amor. Vou voltar para a fazenda, vamos ao bosque, acorda, por favor.

Mais um beijo no rosto e ela começou a reagir. Depois de algum tempo, Júlia abriu os olhos e apertou a mão de Marcos. O médico, que a tudo ouvia, não conseguiu conter as lágrimas.

— Não acredito, ela está reagindo. Seu amor é muito forte, rapaz.

— É, doutor, mais do que tudo, mais que o ar que eu respiro.

Júlia olhou para Marcos, seus olhos brilhavam.

— Vamos, por hoje chega, ela não pode ter emoções fortes, senão poderá ter outra crise.

— Sim, doutor, obrigado por me deixar entrar.

Beijou as mãos de Júlia e disse:

— Fique tranquila, meu amor, eu volto, eu a amo.

Saiu chorando de alegria, indo para outra sala, pensando: "Meu Deus! Então foi isso, o Beto ficou doente para eu poder socorrer a Júlia! Obrigado, senhor!"

Saiu andando, como se estivesse pisando em algodão. Foi para a porta do hospital à procura do enfermeiro Júlio, mas não o encontrou. Resolveu perguntar na portaria, onde foi informado que Júlio não estava trabalhando naquele dia. Lembrou-se que ao sair não havia falado com o médico sobre a visita e foi até a recepção.

— Por favor, eu preciso falar com o doutor Augusto urgentemente, pode ser pelo telefone.

— Só um minuto, por favor.

A atendente ligou para o médico, passando em seguida o telefone para Marcos:

— Doutor, sou eu, o Marcos, eu só quero pedir para não falar com os pais da Júlia sobre a minha visita; eles não vão aceitar.

— Fique sossegado, não direi nada. Mas volte amanhã, sua presença é muito importante para ela.

— Certo, está bem, voltarei amanhã.

Respirou sossegado agradecendo a atendente.

Marcos saiu não acreditando no que estava acontecendo. Foi para casa feliz! Pensava: "Ela voltou, eu quero viver por esse amor, e vou lutar com todas as minhas forças".

* * *

Os pais de Júlia voltaram para saber como ela estava. Ernesto estava nervoso e revoltado. Ao chegar em frente à UTI, nem bem esperou o médico atendê-lo e já foi logo dizendo:

– Olha aqui, doutor, quando quiser falar alguma coisa sobre a minha filha, fale comigo, assim eu já lhe dou a resposta. Não admito nem em pensamento o contato daquele maldito rapaz com a minha filha, entendeu?

A vontade do médico era dizer o que tinha acontecido, mas lembrou-se das palavras de Marcos e calou-se.

– O senhor é quem sabe, a filha é sua. Eu estou apenas fazendo a minha obrigação. Os senhores querem entrar para vê-la? Aconteceu um milagre, ela acordou.

– Verdade? – perguntou dona Adélia emocionada.

– Sim, é verdade.

– Está vendo? Foram minhas preces, nem precisou de mais nada, muito menos daquele sujeitinho – Ernesto se orgulhava.

– Vão vê-la, mas, por favor, não falem nada para aborrecê-la. Muito menos a respeito desse rapaz que vocês não querem que ela veja.

– Está bem, doutor.

Ficaram emocionados em vê-la acordada. Apesar de estar consciente, Júlia estava triste e com medo de voltar para casa para o convívio da família. Sentia como se seus pais fossem estranhos. Conversaram um pouco e logo foram embora, prometendo voltar no dia seguinte.

Nada é por acaso

Quando Marcos chegou em casa, estava cansado mas feliz. Só um pouco preocupado. Deitou e logo adormeceu, passando por um sono agitado por pesadelos.

Viu-se caminhando por arvoredos em frente a um castelo. Seus trajes eram de um príncipe. Ele estava tentando encontrar-se com alguém que estava dentro do castelo, com certo cuidado para não ser visto. Logo viu uma jovem muito bonita, vestida de azul, acompanhada por sua camareira. Quando se avistaram, foram tomados de intensa felicidade e atrás de uma árvore os dois se abraçaram, trocando carícias. Estavam com medo; ela falava do marido:

— Seu irmão já está desconfiado. Temos que ter cuidado, ele é muito perverso.

As cenas foram se passando como em um filme, e ele viu quando seu irmão, o rei, foi assassinado por um soldado de sua confiança. Mas toda culpa acabou recaindo sobre ele, acusado de assassinar o próprio irmão. Foi preso em um calabouço e maltratado pelo próprio soldado que assassinara o rei.

Fizeram com ele barbaridades, colocaram-no junto com os bichos, em lama fétida. O mesmo lugar onde dormia servia-lhe como banheiro. Sujo, barba longa, morreu sem socorro. Seu irmão sempre lhe aparecia em meio a alucinações, sofrimentos, e dizia:

– Vou seguir sempre os seus passos para impedir que seja feliz.

Como se diversas cenas fossem puladas, sentiu-se transportado para sua vida atual, reconhecendo os inimigos do passado:

Seu irmão, o rei assassinado, era agora Justino, que novamente desencarnado, perseguia-o para vingar-se. O soldado que assassinou o rei era seu pai, o senhor Genésio, que agora reencarnara para reparar os erros, mas juntos contraíram mais débitos, uma vez que a revolta de ambos impedia que enxergassem a verdade.

Genésio, quando soldado, também morreu na masmorra. Lá fora colocado pelos soldados da rainha, que como ele eram ambiciosos. Eles descobriram que Genésio era o assassino do rei e a rainha dera ordens para trancá-lo na masmorra, vingando-se pela morte de seu amado, o irmão do rei.

Voltando, agora juntos, Marcos já podia entender o porquê de tudo, da raiva que Justino tinha dele, de Júlia e de seu pai. O pai do soldado era agora o pai de Júlia, que estava também sendo perseguido pelo espírito Justino.

Quando acordou pela manhã sentia-se mais cansado, porém esperançoso. Sentia um ar de mudança em sua vida. Levantou-se, preparou o café, arrumou a casa e fez o almoço. Não via a hora de voltar ao hospital. Queria se encontrar com o enfermeiro e saber o significado de tudo o que acontecia.

Entrou no banheiro para o banho, preparou a roupa para ir ver sua amada, e também precisava falar com o médico que estava cuidando de seu pai.

Cantando, parecia outra pessoa. Não podia imaginar o que se passa quando se está sendo perseguido. Justino estava tramando outro ataque. Terminou o banho, almoçou e foi descansar. Mas sem saber por que, começou a sentir-se mal; suava frio e sentia uma dor muito forte no estômago, com ânsia de vômito. Foi piorando até ficar sem forças, chamando mesmo assim um táxi para ir ao hospital.

Os médicos não achavam a causa daquele mal-estar. O tempo foi passando rapidamente. Quando olhou no relógio, já eram quase três horas. Lembrou-se então de Júlio. Saiu à sua procura, mas ele já havia saído. Marcos pensou: "Mais um dia de espera. Estranho, todos os dias em que venho falar com ele sobre aquele assunto, alguma coisa dá errado."

Lembrou-se da moça da recepção, com quem resolveu ir falar.

– Boa tarde, senhorita.

– Boa tarde, senhor, pois não.

– Lembra-se de nossa conversa quando disse que eu precisava procurar um centro? Eu quero saber como faço para ir, pois estão acontecendo coisas muito estranhas comigo. Se puder me ouvir agora, eu lhe conto.

– Fale, senhor.

Marcos contou rapidamente os acontecimentos e Lívia, a recepcionista, explicou:

– Precisa ter muita paciência nesses casos de obsessão e fazer muita prece para receber ajuda dos amigos espirituais. Persevere e vencerá.

– Sim, mas o que faço? Você acha que vou resolver essa situação sem auxílio?

– Claro que não. Entretanto você precisa querer, acreditar e, principalmente, buscar auxílio.

– Mas não é isso que eu estou fazendo, conversando com você?

– Eu não estou preparada para esse tipo de auxílio. E aqui não seria o lugar indicado. O ideal é buscar ajuda de um centro espírita, como lhe falei, lembra-se?

– Sim! Claro! Só que faz dias que tento encontrar um amigo que prometeu explicar-me algo sobre o assunto e, quem sabe, até me encaminhar para um centro,mas não dá certo. Tudo sai errado. Sempre me atraso.

A moça sorriu, enquanto conversava, tentando passar confiança ao rapaz.

– É assim que acontece. Estes espíritos infelizes tudo fazem para que recebamos a sua infelicidade em nossas vidas, e impedem, o máximo que podem, que o auxílio chegue. Mas, eu quero lhe dizer, com a mesma certeza de que estou aqui conversando com você, que amigos espirituais, seus e daqueles que estão passando por este momento de provação, estão atentos, aguardando o tempo certo para agir. Entretanto, como disse no início de nossa conversa, é necessário buscar auxílio na oração, reformar-se intimamente, querer e acreditar.

– Puxa! Você aliviou meu coração. Obrigado, depois, se você me permitir, conversaremos melhor; agora preciso ver meu pai, meu amigo e meu amor, até logo.

Marcos subiu para ver o amigo. Estava meio sonolento pela medicação que tomou, mas não via a hora de ver a sua amada. Ao chegar à porta, o enfermeiro atendeu:

– O senhor espere um pouco que tem outras visitas, já estão de saída.

Marcos virou para ler alguns avisos que havia ao lado da porta e não viu que alguém saiu, só reconhecendo o médico pela voz:

– Olá, rapaz, tudo bem?

– Oi, doutor, como estão os nossos pacientes?

– Olha, você é mágico; a moça melhorou muito, digamos uns duzentos por cento.

Os dois riram e Marcos perguntou – E o Beto?

– Também acordou ontem à noite; ainda está um pouco abatido e fraco, mas creio que logo estará de alta.

– Que bom! Graças a Deus eles estão se recuperando.

– E você, rapaz? Está abatido, o que aconteceu?

– Eu passei mal, doutor, não sei bem, foi um mal-estar repentino. Tive que passar no pronto-socorro e fui medicado.

– Isto acontece, meu jovem. São coisas da vida. Cuide-se. Você deve estar estressado com tudo que está passando.

– Deve ser.

– Olhe, espere um pouco que os pais da Júlia estão lá dentro. Fique aí e aguarde que eles saiam.

– Tudo bem, vou ficar lá no fim do corredor.

Pouco tempo depois, eles saíram e Marcos entrou. Foi primeiro ver o Beto. Ficou muito contente em vê-lo acordado, e disse:

– Beto, que bom que você está bem. Não aguentava mais vê-lo naquele estado.

– Agora estou de volta; mas me conte, e com você, está tudo bem?

– Você nem imagina o que aconteceu! Sabe a Júlia, de quem eu sempre falava?

– Sei.

– Ela está aqui do lado; ela estava muito mal, mas agora, graças a Deus está fora de perigo.

– É por isso que você está alegre assim? Seus olhos estão brilhando. Que coisa, amigo, parece que é o destino.

– É, Beto, é coisa de Deus. E você? O que lhe aconteceu para ficar mal assim?

– Não sei, só sei que eu me vi sufocado. Parecia que alguém tinha me prendido dentro de uma caixa de ferro e eu perdi o ar. Fiquei assim muito tempo. Depois aconteceu uma coisa estranha.

– Conte-me então, estou curioso.

– Eu estava preso num lugar cheio de grades. Não tinha jeito de sair. Sentei e rezei bastante. De repente, começou a clarear e um homem chegou e me perguntou se eu queria sair daquele lugar.

Eu respondi que sim. Então ele disse que eu só precisava fazer uma coisa, mas não podia recusar. Eu perguntei o que era e disse que eu precisava salvar uma moça das garras do inimigo e eu disse que ele só precisava me dizer o que fazer.Ele respondeu que em primeiro lugar eu precisava ser forte, confiar muito em Deus e lutar sem descansar. Perguntei como faria isso e ele respondeu que era só acompanhá-lo. Saímos daquele lugar e fomos para uma casa tipo fazenda. Uma moça estava cavalgando, foi até o bosque e nós a acompanhamos. Ela chorou muito, estava profundamente triste e voltou para casa, e nós sempre a acompanhando.

O homem que estava comigo perguntou se eu estava vendo que ela precisava muito de mim, ela estava sendo perseguida por um espírito mau e vingativo, e que era preciso vigilância constante, tomar muito cuidado, pois ele iria tentar de tudo para dominá-la.

Entramos no quarto dela e ela estava desesperada.

Marcos estava arrepiado, não acreditava no que estava ouvindo.

– Continue!

– Ficamos parados algum tempo. Então me aproximei e tentei acalmá-la, mas não conseguia. Ela escreveu um bilhete e deixou na cama, pegou um vidro de remédio, eu me desesperei. Tentei interferir, mas ela não sentia minha presença. Então aquele homem mau se aproximou, mandou que ela tomasse e acabasse logo com aquilo, pois 'ele' tinha ido embora para sempre e o 'outro' iria fazê-la sofrer.

Eu dizia para ela não fazer aquilo, que não podia, mas o espírito que parecia estar em chamas partiu para cima de mim e me deixou tonto. Tentei lutar com ele, mas não consegui. Ela tomou o remédio e foi um alvoroço, um corre-corre danado. Eu a continuei seguindo. Viemos para o hospital, entrei e vi tudo o que foi feito. Ela estava andando desesperada e aquele homem a perseguindo.

Eu pedi muito a Deus para poder fazer algo por ela. O mensageiro que me acompanhava disse que eu fui mãe dela em outra vida. Eu achei muito estranho. Quis saber como pode ser isso. Ele me explicou que nós podemos ser homem ou mulher quando voltamos à Terra, dependendo da necessidade.

Eu continuei ao lado dela, dando proteção para trazê-la de volta, até quando um rapaz que eu não pude ver direito chegou perto dela e a envolveu com uma energia muito forte que clareou tudo em volta e Carlos, meu amigo, disse que era o amor, a energia mais poderosa do Universo.

Eu fiquei maravilhado, só não entendi por que eu não vi o rosto do rapaz que a trouxe de volta.

Chorando, Marcos não conseguia dizer nada. Beto perguntou:

– O que foi, amigo, por que chora?

– Me dá um abraço, Beto, esse moço era eu.

– Você?! Como você?

– A moça é a Júlia, foi isso que aconteceu. Obrigado, Beto, por você ter cuidado dela para mim.

– Não acredito, você está brincando comigo, não é?

– Não! É verdade.

– Meu Deus! Eu gostaria de entender melhor essas coisas.

– Aquele enfermeiro Júlio disse que vai explicar para mim sobre tudo isso.

– Então eu quero estar junto.

– Certo, Beto, quem sabe você sai logo daqui, mas agora já perdi muito tempo com você, vou ver minha amada.

– Seu bobo, você diz isso na minha cara e nem fica vermelho? Marcos riu.

– Eu estou brincando, quando alguém está amando fica bobo mesmo.

– É verdade, concordo.

– Então, até logo, já estou indo.

Marcos saiu e foi em direção ao leito onde estava Júlia, apenas dividido por biombo. Seu coração estava disparado. Ela estava acordada, ansiosa para vê-lo. Ele foi entrando e já foi falando:

– Meu amor! Eu nem acredito que estou aqui com você. Depois de tanto tempo, tinha medo de nunca mais encontrá-la. Estou tão feliz. – Foi em sua direção e deu-lhe um abraço muito carinhoso. Sentia-se tão bem junto dela e ao mesmo tempo tinha tanto medo de perdê-la que não queria mais soltá-la.

– Marcos, meu amor, procurei tanto por você. Onde você estava todo esse tempo? Sofri tanto com a sua ausência, pensei que não o veria mais e temia que você tivesse me esquecido.

– Aconteceram muitas coisas, mas agora estou aqui, ao seu lado. Agora me diga, como se sente?

– Estou melhor, graças a você e a Deus, que me devolveu a vida, apesar de eu tê-la jogado fora, de não ter dado valor a ela.

– Não vamos falar disso agora. Primeiro você tem que ficar bem e depois conversaremos sobre esta sua peraltice, certo, mocinha?

– Está certo, meu querido. Mas você não vai brigar comigo, né?

– Hum! Vou pensar! Depende de como você se comportar.

– Prometo me comportar direitinho. Agora fale de você, o que está fazendo da vida, como andam as coisas?

— Nem lhe conto. Tenho um amigo aqui ao lado que até ontem estava em coma também, e meu pai também está internado neste hospital.

— Você está brincando!

— Não, é sério, meu amigo, meu pai e você, parece brincadeira mesmo! Saindo daqui, eu vou lá ver meu pai.

— O que ele tem?

— Não sei, está como louco, de repente, ele perdeu a razão; fala sozinho e só fala coisas estranhas.

— Nossa, que coisa triste, como um homem como seu pai, que você sempre falou ser muito forte, pode ficar neste estado de repente? Você não acha tudo muito estranho?

— Muito estranho. Não sei o que responder, Júlia, só sei que minha mãe está lá na fazenda sozinha e eu aqui sem poder ajudá-la.

— Falando nisso, Marcos, o que lhe aconteceu para sumir daquele jeito? Procurei-o tanto e nada! Ninguém sabia do seu paradeiro.

— É melhor você nem saber, é muito triste.

— Mas eu quero saber de tudo, viu? Não pense que vai passar despercebido. Nada disso! Quando eu sair daqui vai ter que me contar tudo.

— Prepare-se mocinha, vai ter que ser muito forte.

Os dois riram e Marcos se apressou para ir ver o pai.

— Querida, eu gostaria muito de ficar, aliás, ficaria com você o tempo todo, se fosse permitido. Mas você precisa descansar e eu preciso ver o meu pai. Amanhã eu volto.

— Marcos, eu estou com medo dos médicos me darem alta e meus pais me levarem embora e me proibirem de vê-lo.

— Não se preocupe, eu brigarei com o mundo, mas não ficarei sem você.

— Por favor, Marcos, não me deixe, eu não viverei sem você.

— Eu também não posso viver sem você. Lembre-se sempre, eu a amo muito. Agora vou indo. — Beijou-a com muito carinho.

Quando chegou ao quarto onde estava seu pai, encontrou-o como sempre, falando sozinho, xingando, revoltado.

– Oi, pai, sou eu, Marcos.

– Seu cachorro, saia daqui, eu não quero sua companhia, vá embora, saia!

– Tá bom, estou saindo.

Sem saber o que fazer, Marcos saiu cabisbaixo e encontrou o médico que estava saindo de outro quarto.

– Bom dia, jovem!

– Bom dia, doutor, eu ia à sua procura.

– Então vamos ao meu consultório. Precisamos mesmo conversar sobre seu pai.

– Então vamos; aconteceu alguma coisa?

– Vou lhe explicar.

Entraram na sala e o doutor Augusto foi logo falando:

– Precisamos encontrar uma solução para o caso do seu pai. Ele não pode permanecer neste hospital. A procura por internação aqui é muito grande e ele não tem nenhuma melhora. Nós achamos que o problema dele é esquizofrenia.

– E o senhor acha que devo fazer o quê?

– Levá-lo para casa. Não tem outro jeito. Não depende do hospital. Por isso, não adianta ele ficar aqui. Há não ser que a família o queira internar em um hospício.

– Não! Isso não! Só não sei, doutor, como vamos cuidar dele assim, tão agressivo? Eu tenho medo de meu pai machucar alguém.

– É, isto poderá acontecer, mas o que fazer? Isso pode durar anos, como pode durar dias, não podemos esperar. Contrate um enfermeiro para ficar de plantão cuidando dele, é o único jeito.

– Como eu faço isso? Não conheço ninguém. E tenho que falar com meus irmãos, com minha mãe.

– Fale com os que trabalham aqui; eles sempre conhecem alguém disponível.

– Eu vou providenciar isso agora mesmo.

– Está bem, assim que resolver, fale comigo, que preciso providenciar a alta.

– Obrigado, doutor.

Marcos ficou muito preocupado. Estava com medo de voltar

para casa e o pai não aceitá-lo. Saiu andando pelo hospital, perdido em seus pensamentos. Estava tão distraído que nem percebeu que alguém lhe chamava.

– Marcos! Marcos!

Marcos assustado olhou para trás.

– Oi, Marcos, como está?

– Não acredito Júlio, eu lhe estava procurando. Preciso muito falar com você. Eu já vim aqui várias vezes procurá-lo e nunca dá certo de encontrá-lo. Parece brincadeira!

– Essas coisas são assim mesmo. É muito difícil, mas vamos lá, do que você está precisando, Marcos?

– Eu preciso de um enfermeiro para ficar com meu pai até ele ficar bom. Eu preciso levá-lo para casa, mas do jeito que ele está, não vai dar para ficar sozinho.

– É verdade. O problema do seu pai é muito complicado e é preciso alguém que entenda do assunto, senão vai complicar ainda mais.

– Você conhece alguém, Júlio?

– Conheço sim.

– Quem é?

– Eu.

– Você? Mas e o seu trabalho?

– Pois é, eu entro de férias hoje e estava mesmo pensando em fazer um trabalho extra, isto é, se você me aceitar.

– Lógico que eu aceito, mas, e quando terminarem suas férias?

– Aí a gente pensa em outra solução. Agora vamos providenciar a alta.

– Eu preciso avisar meus irmãos e a minha mãe. Se eles concordarem que meu pai volte para casa, ela mandará o Juvenal vir nos buscar de carro.

– Não, Marcos, não precisa. Vamos no meu carro; não é como o seu, mas anda, eu prometo.

– Muito obrigado, Júlio, mas não quero dar trabalho.

– Que nada, além do mais, não estou sendo contratado para trabalhar para vocês?

— Está.

— Então! Começo já, hoje mesmo.

Com uma jovial alegria estampada no rosto, Júlio afirma:

— Vamos nos dar muito bem.

— Acredito que sim, Júlio. Eu vou dar andamento nos preparativos para a nova tarefa, vou assinar minhas férias e já providencio a alta de seu pai. Certo?

— Tudo bem, enquanto isso eu preciso ver se o meu amigo já recebeu alta; o médico ia passar lá e eu não sei o resultado.

— Então vá. Até logo, Marcos; nos encontramos aqui na recepção.

Ao chegar à UTI, Marcos recebeu com alegria a informação de que Beto havia recebido alta e estava ansioso para sair do hospital. Imediatamente providenciou a papelada para a liberação do amigo. De volta à enfermaria, falou:

— Sabe, Beto, eu estava pensando! Do jeito que você está, não posso deixá-lo sozinho. Preciso voltar para a fazenda, acompanhar o translado de meu pai, cuidar de minha mãe, dos negócios. Acho melhor você vir junto, assim fico mais tranquilo.

— Não posso, Marcos, como vou morar na sua fazenda se seus pais nem me conhecem direito, nem mesmo sabem quem eu sou.

— Deixa de bobagem. A casa é muito grande, e é por pouco tempo, depois você volta.

— Você é quem sabe. Você sabe que sou seu amigo e estarei sempre ao seu lado. O que você decidir está decidido. Mas, e a sua família, não vai achar ruim?

— Não se preocupe, você me ajuda a administrar a fazenda. Em troca você terá casa e comida, o que acha?

— É mesmo? Assim fica melhor, se eu puder ajudar, fico menos constrangido.

— Pensando bem, até hoje eu não sei o que você fazia antes de entrar nesta vida de andarilho. Mas não nos preocupemos com isso agora; depois conversaremos, certo?

Marcos deu um tapinha no ombro do amigo que ficou calado, pensativo e com o olhar distante, triste.

Marcos pensou: "Meu Deus! Será que fiz bobagem? Fazer o quê? Agora já não posso voltar atrás." Quebrando o silêncio, Marcos convidou:

– Então, rapaz, prepare-se. Vamos andando! O dever nos chama. Ah! Enquanto você se arruma, vou ver minha amada.

– Bobão, parece criança.

– É assim como me sinto, uma criança.

Entrou no quarto. Júlia estava pronta. Cabelos penteados, parecia uma deusa, apesar da palidez, estava linda.

– Como está, minha princesa?

– Meu amor! Que bom que voltou. Já estava morrendo de saudade.

– Ju, infelizmente eu vim me despedir. Vou voltar para a fazenda. Minha mãe está só e meu pai recebeu alta, mas continua doente. Preciso cuidar dos negócios da família.

– Ah, não. Eu vou ficar sozinha de novo! Eu não vou aguentar ficar longe de você – reclamou a jovem.

– Vai sim. Logo você volta para sua casa e poderemos, com tranquilidade, nos encontrarmos no nosso bosque. Vou esperá-la.

– Está certo. Se não tem outro jeito! – aquiesceu amuada a jovem enamorada.

– Então vou indo. Dá-me um abraço. – Os dois se abraçaram e sentiram em seus corações, mais uma vez, a dor da separação.

– Vá com Deus, meu amor.

E quando ele ia saindo, ouviu:

– Ah! Espere, Marcos! Como está seu pai?

– Muito estranho. Sempre dizendo que está vendo um fazendeiro que morreu perto das nossas fazendas; perdeu totalmente a razão. E o pior disso tudo é que eu também vejo esse homem. Ele faz ameaças, diz que vai acabar comigo e com a minha família.

– Ah, então é ele? Pois eu também vejo um homem que fala a mesma coisa. Diz que vai acabar comigo e com você, que nós não vamos ser felizes nunca, pois ele não vai permitir.

– Meu Deus! Então é pior do que eu pensava. Preciso fazer alguma coisa. Júlia, eu preciso ir. Tenho que encontrar com o enfermeiro que vai comigo para cuidar do meu pai. Ele é uma pessoa com bastante experiência. Já trabalha no hospital e se ofereceu para me ajudar. Sabe, meu pai precisa de outro tipo de tratamento e esse moço conhece sobre essas perturbações que nos afligem. Acredito que esses conhecimentos irão nos ajudar a entender o que está acontecendo conosco. Hoje mesmo converso com ele sobre esse assunto.

— Agora você me deixou curiosa, o que ele falou, sobre esse assunto, Marcos?

— Uma coisa chamada obsessão, eu nem sei o que isso significa, mas eu vou procurar saber de tudo.

— Faça isso, amor. Quem sabe ele nos explica, inclusive, o que está acontecendo com seu pai.

— Espero que sim. Não sei mais o que fazer nem o que pensar.

— Você vai conseguir, se Deus quiser. Tome cuidado na estrada, dirija devagar.

— Não sou eu quem vai dirigir, e sim o Júlio, o enfermeiro.

— Assim é melhor.

— Vou indo, até breve, meu amor. Cuide-se. Eu a amo e vou esperá-la no bosque.

— Pode esperar, assim que eu sair deste lugar, lá estarei.

Marcos deu um beijo em Júlia e partiu.

* * *

Marcos e Beto, já liberado, encontraram-se com Júlio, já de férias e pronto para a nova tarefa. O rapaz sabia que não seria fácil, mas estava disposto a ajudar no que fosse preciso.

Apesar de sedado por medicamentos, o pai de Marcos continuava agressivo, não se aquietando.

O carro, dirigido por Júlio, vencia cada quilômetro da estrada em direção à fazenda. Marcos, sentado no banco de trás, amparava seu pai, que parecendo em raro momento de lucidez, perguntou:

— Quem são estes que estão no carro conosco?

— São amigos, ficarão conosco na fazenda.

– Quem vai para a minha casa? – esbravejou.

– O Beto, um amigo que irá me ajudar na administração da fazenda e o Júlio, que será seu enfermeiro.

– Eu não preciso de ninguém. Não os conheço, e não os quero em minha casa.

– Pai, eles são amigos, e o Júlio, como já expliquei, é enfermeiro, e vai para cuidar do senhor.

– Eu não quero nenhum estranho na minha fazenda e, principalmente, cuidando de mim.

– Não fala assim, pai, eles são pessoas de bem e vão nos ajudar.

– Quem é você? Por que está aqui?

– Sou seu filho, Marcos.

Neste momento, Marcos sentiu um calafrio. Tinha receio de como seria a reação do pai com relação à sua presença.

– Filho?! Que filho? Meu filho morreu no incêndio.

Marcos olhou profundamente para aquele homem que estava à sua frente. Não conseguia falar. "Meu Deus! – pensava. – Não é meu pai que está aqui, é aquele homem, o Justino. Como pode isso acontecer?" Ficou em silêncio e fez uma oração pedindo a Deus que o ajudasse.

Genésio agitou-se, mas logo em seguida acalmou-se e como num momento de lucidez, meio sonolento, perguntou:

– O que você está fazendo aqui; não falei que não quero que você fale comigo?

– Pai, o senhor precisa de mim. A mãe está sozinha e os nossos negócios estão por demais confusos. Eu vou ajudar na administração, enquanto o senhor estiver doente. Estamos correndo sérios riscos com a fazenda.

– Não! Não quero sua ajuda, e não estou doente, pode parar o carro.

Júlio, que a tudo escutava, procurou um lugar sossegado para estacionar o carro. Logo encontrando um posto à beira da estrada, parou o carro, enquanto dizia:

– Deixe, Marcos, eu vou conversar com ele. Saiam do carro. Deixem-nos a sós, eu logo chamo vocês.

– Está bem. Vamos, Beto, tomar um café.

Logo que saíram, Júlio começou a falar:

– Senhor, ouça o que vou falar. Eu sei que o senhor e o seu filho tiveram uma briga séria, mas ele está arrependido e quer ajudá-lo. Procure perdoá-lo, isso tudo está fazendo mal para toda a sua família.

Neste momento, o protetor de Júlio estava ao seu lado irradiando boas energias para os dois, enquanto Júlio iniciava fervorosa prece:

Meu Deus! Ajude nosso irmão que está sendo envolvido por estes irmãos infelizes. Ajude, Pai, para que ele se liberte; permita que ele acorde deste pesadelo e aceite o seu filho."

Assim que terminou a sua oração, uma grande luz os envolveu e ambos sentiram-se tomados por uma forte emoção. Genésio, como que acordando de um sonho, quase gritou:

– Meu filho, meu menino, onde está meu filho, Marcos?

Marcos e Beto nem tiveram tempo de ir tomar o café. Estavam ao lado do carro, e o jovem, ouvindo chamar o seu nome, abaixou-se para ver o que estava acontecendo no interior do automóvel. Júlio fez-lhe um sinal para que ele retornasse e, ao entrar, Genésio abraçou-o efusivamente, deixando que uma grande vibração de felicidade envolvesse a todos. Marcos não estava entendendo nada, mas o simples fato de o pai abraçá-lo já era suficiente para ele sentir-se bem.

Beto, do lado de fora, assistia a cena perplexo e, não se contendo, perguntou a Júlio que saíra do carro deixando que os dois ficassem a sós.

– Júlio, conte-me, o que você falou para o pai de Marcos?

– Na verdade, quase nada. Apenas abri um espaço no coração endurecido de um homem para que amigos espirituais pudessem acordá-lo do pesadelo que vive essa família. Sabe, Beto, as pessoas imaginam que para abrir o coração de alguém para que aceite a verdade é necessário um rosário de palavras. Ledo engano. O que necessitamos é estar em sintonia com os amigos espirituais que nos assistem, e acreditar que estamos envolvidos por um bem maior. Precisamos deixar que essa força atue a nosso favor. Foi o que fiz. Não tenho mérito nenhum nesta reconciliação entre pai e filho. Se mérito existe, esse é dos amigos que me assistem espiritualmente. Mas olha, continuamos essa conversa em outro momento, já que temos que seguir viagem. Senão, chegaremos após o anoitecer. Vamos pegar um bom pedaço de estrada sem asfalto e não é bom que isso aconteça no escuro.

Beto balançou a cabeça em assentimento ao que falou o novo amigo. Sentia-se surpreso com as colocações que Júlio fizera. Amigos espirituais, não fui eu... "Enfim, vamos aguardar o desenrolar dos acontecimentos" – pensou.

Os benfeitores espirituais continuaram envolvendo aquele grupo em viagem e a calma proporcionada por essa participação trouxe a todos uma calma imensa. Fez tão bem que ali mesmo, encostado no ombro do filho, Genésio dormiu o resto da viagem.

De volta à fazenda

Ao chegarem à fazenda, Genésio ainda estava calmo. Ruth não se aguentou de tanta alegria, ao ver o filho de volta, junto com o pai.

"Meu Deus! Eu não acredito que isto esteja acontecendo. Parece um sonho. E se for, eu não quero acordar. Obrigado, meu Deus, obrigado de coração."

Entraram em casa. Marcos e Júlio levaram o pai aos seus aposentos, enquanto Beto ficou conversando com Ruth:

– Tudo bem, Beto, como vai você?

– A senhora lembrou-se de mim?

– Claro, filho, se é amigo do Marcos, é meu também, e dos amigos a gente nunca esquece.

– Muito obrigado pelo carinho.

– Não precisa agradecer. Mas como você está, melhorou?

– Graças a Deus eu estou bem melhor, obrigado.

Naquele momento os dois já retornavam à sala e Marcos correu para abraçar a mãe.

– Mãe, que saudade, eu estava tão preocupado com a senhora, aqui sozinha, com tudo parado na fazenda.

– Eu também senti saudades, filho. E estava preocupada com seu pai. Aqui na fazenda estamos nos virando como dá, você sabe que contamos com a ajuda do Juvenal e do Paulo. Não é a mesma coisa de quando seu pai está no comando, mas eles estão fazendo o melhor possível.

– Agora estamos de volta, e enquanto o pai não melhorar, pode ficar tranquila que vou tomar conta de tudo e o Beto vai me ajudar.

– Que bom, meu filho. E esse rapaz, quem é?

– Desculpe, eu nem o apresentei. Esse é o Júlio, ele é enfermeiro, trabalha lá no hospital onde o pai estava internado.

– Muito prazer, senhora.

– O prazer é meu, rapaz, mas parece que já o conheço.

– Pode ser, o hospital é grande, mas é muito movimentado, corremos o tempo todo e andamos por toda parte. Estou de férias e vim, a pedido do seu filho, para cuidar do seu marido nesse período.

– Mas o Genésio está bem?

– Parece que sim, senhora, mas esses casos são complicados; as crises podem voltar a qualquer instante e é bom estarmos prevenidos.

– Você está certo, seja bem-vindo e fique à vontade. Vou mandar preparar os quartos para vocês. Com licença, volto logo.

– Obrigado, senhora, não se preocupe conosco. Vamos ao jardim, adoro flores. Vamos, Beto?

– Vamos sim. Esse jardim parece um paraíso. Você vem, Marcos?

– Não, vou esperar minha mãe, temos muito que conversar e matar a saudade. Fiquem à vontade.

Já no jardim:

– Tudo isso é muito bonito, eles têm bom gosto. Parece mesmo um paraíso, uma pintura!

– É mesmo, Júlio, é impressionante. Acho que vamos nos dar muito bem aqui.

– Também acho, eu gosto muito da natureza, de rios, lagos. Se tiver isso aqui, aí sim não vou querer mais voltar para a cidade!

– Tem sim, senhor – falou Juvenal que estava se aproximando e ouviu a conversa –, querem ver? Eu levo os senhores agora mesmo.

– Não, moço, agora não, talvez mais tarde, mas muito obrigado.

– Não precisa agradecer, estou aqui para servir os amigos do senhor Marcos. Quando quiserem conhecer a fazenda é só falar, vou estar sempre por perto.

Depois de algum tempo, dona Ruth apareceu na sacada da casa e os chamou:

– Venham, rapazes, a Catarina levará suas malas aos aposentos.

– Obrigado, senhora, já estamos indo.

– Não seja por isso. Fiquem à vontade, a casa é de vocês.

Marcos subiu para seu quarto e não aguentou de emoção, caiu na cama em soluços. "Estou de volta ao meu lar, minha cama. Meu Deus, é muito bom estar de novo aqui, obrigado, Senhor, por ter me dado esta alegria."

Alguém bateu à porta:

– Marcos!

– Entre!

Era Júlio, que se assustou ao ver o amigo com o rosto coberto de lágrimas.

– O que está acontecendo?

– Não é nada, Júlio, é só a emoção de retornar. Você não pode imaginar como é bom estar em casa.

– Claro que eu posso imaginar. Sua fazenda é um paraíso, quem não ficaria feliz? Eu estou radiante com toda esta maravilha.

Marcos e Júlio conversavam, quando de repente ouviram um grito:

– Saia! Seu cachorro, agora tudo isso é meu, vai embora, saia. Não quero vê-lo nunca mais.

Correram para os aposentos de Genésio, que novamente estava dominado por aquele espírito, o Justino, que ao ver a felicidade de Marcos, revoltou-se e procurou atingir a pessoa mais fragilizada da família, enquanto anunciava aos brados:

"Vou acabar com esta alegria, eu e meus amigos vamos agir antes que seja tarde, vamos atormentar este homem até levá-lo à loucura, e o outro eu levo para o túmulo. Ele não vai usufruir das minhas terras, eu juro."

Interessado em continuar prejudicando aquele núcleo familiar, Justino foi à procura de outros espíritos afins, iguais a ele, e foi fácil encontrar. Andando no beco de uma rua fétida, encontrou um grupo que só fazia desordem e prejudicava casais. Ele pediu que o ajudassem e o líder do grupo respondeu:

— E aí, cara? O que nós vamos levar nessa? De graça nada feito, entendeu? E eu cobro caro, sabia?

— Quanto você vai querer?

— Algumas coisas, depois eu falo.

— Combinado.

— Certo, é só dar as ordens e nós obedecemos, não é galera?

— É! É!...

— E quando precisar de mim ou da minha turma é só chamar o Rick ou a patota.

— Espere, de onde vocês são, posso saber?

— Olha, galera, ele quer saber. Ha, ha, ha!!! Quer mesmo saber?

— Quero.

— Somos de um lugar onde ninguém se mete à besta. Lá todos têm que andar na linha, senão dança.

— E como chama?

— Curioso o amigo, não é? Mas eu gosto de pessoas assim, acho que vamos nos dar bem, mas vou acabar com sua curiosidade, este lugar chama-se Glutão, um dia levaremos você lá para conhecer. Agora chega de papo, já perdemos muito tempo, vamos, fale o que quer que façamos.

— Quero que destruam meus inimigos. Vamos, vou mostrarlhes quem são.

— Calma aí! Não é tão fácil assim, primeiro preciso ver se vale a pena e se essa família não está protegida.

— Como assim?

— Você não sabe que essa gente tem amigos do lado de cá? E dos bons, que ficam lhes guardando como se fossem joias de grande valor. Não sabia?

— Pensei que era mais fácil, eu sempre cheguei perto deles e nunca vi ninguém.

– É que você só sabe fazer coisas pequenas, que eles nem se preocupam, mas nós não, só fazemos coisas fortes e grandes, tá sabendo? Não vai se esquecer do pagamento, hein?

– Tudo bem, serão bem pagos – respondeu Justino, já temeroso. Entretanto o ódio que sentia era mais forte do que o medo que estava sentindo daquela turba.

– Assim que eu gosto. Dê as coordenadas e vamos entrar em ação já.

Conversaram e lá se foi o grupo para a Fazenda do Pomar. Marcos e os amigos estavam tentando acalmar o Genésio, quando de repente o homem se transformou num monstro. Sua boca espumava e seus olhos estavam vermelhos e arregalados; deles parecia sair fogo.

Júlio percebeu que o caso era grave. Genésio gritava como um animal, quebrando tudo que estava em sua frente. Com os gritos, chamou a atenção de Juvenal e de seu pai, Paulo, que entendia muito bem o que estava acontecendo. Logo percebeu que outros espíritos mais perigosos que o anterior estavam participando daquela ação obsessiva, unindo forças para juntos atrapalharem o patrão.

Júlio sentou-se no canto do quarto e orou. Com o Evangelho na mão, pediu a Jesus e aos benfeitores que o socorressem:

"Jesus, mestre amigo, socorra-nos, livre-nos dessas forças inimigas. Liberte-nos dos fluídos impuros que nesse momento nos envolvem. Nos dê forças para vencermos essa luta sem que ninguém seja prejudicado.

Sabemos, Senhor, que não somos capazes de vencer sem o seu auxílio. Por isso, mestre, esteja conosco e nos sustente. Acalme esse irmão que está sendo perseguido por faltar a sua presença em seu coração. Toque-o, mestre, para que retorne à realidade da vida."

Um grupo de mensageiros, atendendo ao apelo do jovem, chegou envolvendo a todos. O ambiente ficou iluminado e Genésio foi se acalmando. Transpirava muito e estava como se não dormisse há muitas noites, seu estado dava dó. Todos ficaram mais tranquilos, e juntaram-se a Júlio na oração que fazia, fazendo com que tudo fosse voltando ao normal.

– Eu sabia que tinha alguma coisa estranha com essa gente. Viram? São fortes, não vai ser fácil. É jogo duro. Esses caras são grandes e precisamos tomar cuidado para não sermos pegos, todos podemos estar sendo observados. Vamos dar um tempo e fazer uma preparação para chegarmos sutilmente, sem que eles percebam. Pegamos o outro de maneira diferente.

– Como? – perguntou Gera, um dos comparsas do grupo.

– Uma doença! Sabe que é fácil, é só jogar a ideia de que a pessoa não está bem. No resto, a própria pessoa colabora, cai em depressão, não come, não dorme e fica fraca em pouco tempo. Aí vem o desequilíbrio e o resto você já sabe. Todos se entregam e se distanciam destes amigos que os protegem. Vamos, preciso pensar quem vamos atingir, pois esse já está sendo vigiado.

– Vamos, estamos prontos para segui-lo – falou um dos comparsas.

– Ótimo, é assim que eu quero ver, todos prontos para trabalhar. Por hoje deixamos assim.

Os dias passaram e eles se afastaram um pouco para retornarem com tudo bem planejado.

Difícil aceitação

Ao chegarem ao hospital, os pais de Júlia ficaram sabendo da melhora da filha. Foi uma alegria geral, embora não soubessem os detalhes do acontecido. Ao final da tarde o médico chamou Ernesto e sua esposa para uma longa conversa.

– Sentem-se, senhores. Eu tenho que falar sobre a melhora da sua filha. Eu falei para a senhora que só o rapaz que ela ama é quem a traria de volta à vida.

– Pois é, doutor, não precisou, Deus trouxe ela de volta – comemorava o pai, sem saber do ocorrido.

– Deus ajudou ou permitiu, mas quem fez esse milagre foi um rapaz que conversou com ela.

– Rapaz? Que rapaz?

– Ele disse que se chama Marcos.

Ernesto, ouvindo o nome, mudou o rosto, transformou-se:

– Não aceito que nenhum cafajeste atrevido fale com a minha Júlia sem a minha autorização. Quem permitiu isso?

– Foi eu, senhor, sabe por quê? Ela estaria com as horas contadas se ele não a trouxesse de volta. E foi ele, pode acreditar. Foi Deus que levou o amigo dele para a UTI onde sua filha estava.

– Ele que não se atreva a chegar novamente perto de minha filha.

– O senhor é uma pessoa difícil, senhor Ernesto. E é por isso que vocês quase perderam a filha. Se acontecer algo com ela, quero deixar-lhe claro que a responsabilidade é sua. Agora façam o que acharem que devem, eu vou cuidar dos meus pacientes.

– Quem o senhor pensa que é para falar assim comigo?

– Eu sou médico e é o meu dever alertá-los. Passem bem.

O médico os deixou. Sentia-se revoltado com aquela situação: "Não me conformo, como pode existir no mundo pessoas como essas, que só pensam em si mesmas?"

Júlia estava triste, sentia uma sensação estranha. "Eu aqui, só, sem meu amado e sem saber quando voltarei a vê-lo! Quero lutar pelo meu amor! Afastarei tudo que atravessar o meu caminho. Sei que não vão ser poucos os obstáculos que vamos encontrar, mas lutarei sempre por esse amor."

Na mesma semana voltaram para a fazenda. Tinha esperanças de rever Marcos, mas sabia que seu pai não permitiria, nem a deixaria sair sozinha. Roque estaria sempre acompanhando-a! "Como farei para vê-lo de novo? Preciso dar um jeito."

As lágrimas rolavam pelo seu rosto, seu coração doía de tanta saudade, andava de um lado para o outro sem sossego. "Deus, me dê forças para continuar minha vida sempre nessa espera e com esta dor. Um dia, eu tenho certeza, terei ao meu lado meu grande amor."

Sentou-se no banco do jardim e deixou seu coração livre, assim como o pensamento, voar com grande velocidade. Como uma gaivota, dava voltas em torno daquela casa onde morava alguém que era dono do seu coração.

No centro espírita

Marcos estava assustado e foi falar com o Júlio, mas encontrou o amigo pensativo e também preocupado com aquela situação.

– Sabe, Marcos, as coisas aqui estão piores do que eu pensava. Trata-se de uma possessão violenta.

– E o que vamos fazer?

– Rezar, meu amigo, rezar e muito, antes que seja tarde.

– Só rezar resolve, Júlio?

– Ajuda, a prece é um veículo muito forte e nos aproxima de Deus, mas é preciso ter fé, sem fé a prece não tem valor. Marcos, eu estava pensando... Temos que procurar um lugar para irmos, precisamos de ajuda. Este espírito que acompanha seu pai precisa ser assistido e sozinhos aqui, sem preparo, não vamos conseguir.

– E onde vamos encontrar esse lugar?

– Em São Paulo. Vou levá-lo ao centro espírita em que trabalho como médium.

– Então vamos providenciar nossa ida o mais depressa possível.

– Amanhã, Marcos, é dia de sessão, às oito horas da noite.

– Então vamos nos preparar. Deixamos o meu pai com o Beto, o Juvenal, e o pai dele também ajuda se alguma coisa acontecer.

E assim, fizeram uma oração após o jantar e foram repousar. Estavam cansados da viagem. O senhor Genésio ficou agitado a noite toda, não deixando a esposa dormir. Quando se acalmou, já estava clareando o dia.

Logo cedo, Marcos já estava de pé. Tinha muitas coisas para pôr em ordem.

– Juvenal, vamos, preciso ver como está a fazenda.

– Vamos, senhor Marcos. Estou ao seu dispor. Sabe, parece até mentira o senhor estar aqui de novo, nem gosto de lembrar o que aconteceu, dói muito meu coração.

– É mesmo, meu amigo, nem eu. É muito triste. Mas deixa isso para lá, é coisa do passado; agora eu quero aproveitar a vida. Vamos indo que temos muitas coisas para fazer. Hoje à tarde vamos à cidade, eu e o Júlio. Vou deixar você, o seu pai e o Beto tomando conta do meu pai, tá bom?

– Sim, senhor, sabe que pode contar conosco, mas como ele está?

– Muito agitado, às vezes até violento. Está muito difícil, mas vamos procurar ajuda em São Paulo.

– É bom, meu pai achou que isso que está acontecendo com o seu pai é coisa do outro mundo. Ele acha que é o senhor Justino que quer se vingar do patrão pelo que ele fez no passado.

– Mas é isso mesmo, apesar de não saber o que meu pai fez a ele, já foi confirmado que é ele. O Júlio é espírita e entende dessas coisas, vai me levar numa casa espírita que ele frequenta.

– Que bom, assim o patrão vai melhorar logo.

– Vamos parar um pouco, quero ver o gado. Como está?

– Duas vacas deram cria ontem e tem mais três com bezerro novinho. Mas a vaca malhada está doente.

– Como doente, Juvenal? O que ela tem?

– É broca.

– Sei, é grave e pode passar para as outras, precisamos cuidar logo disso.

– Meu pai já chamou o doutor e ele disse que vinha hoje.

– Isso é bom, estou vendo que vocês vão me ajudar muito a administrar tudo isso.

– A gente faz o que pode e o que sabe, mas pode contar comigo e com meu pai, você é como irmão para mim, afinal fomos criados juntos.

– Conto com você na minha ausência.

– Certo, senhor.

– Juvenal, pare de me chamar de senhor, é só Marcos.

– Pois não... Marcos.

– Então vamos, ainda tem muitas coisas para serem vistas.

E assim, andaram por toda a fazenda e voltaram cansados. Já estava na hora do almoço. À mesa, Marcos, um pouco preocupado, mostrava no rosto os traços do cansaço.

– Acho que você precisa descansar um pouco, é muita coisa para você resolver, filho.

– Não se preocupe comigo, mãe, estou bem. Vou deitar um pouco para depois viajar.

– Descanse, filho, vou ver o seu pai.

– Senhora, eu vou ficar no jardim um pouco. Se precisar de mim é só chamar – disse Júlio.

Marcos deitou pensativo e, dormindo, sonhou:

Viu um homem vestido roupas claras que dirigindo-se a ele disse:

– Filho, hoje começa uma grande batalha e é preciso que se prepare muito bem! Estarei ao seu lado. Não perca a fé. Será perseguido, mas não será vencido.

– Quem é você? Por que está ao meu lado? Eu não o conheço.

– Você não se lembra; vivemos juntos em outra vida. Porém tenho encontrado dificuldade para me aproximar de você, por motivo que você desconhece. Mas agora vai precisar muito de mim, e pode ter certeza de que terá a minha proteção. Partam o quanto antes, para não se atrasarem para o compromisso de hoje. Prepare-se com o Evangelho. Fique com Deus.

Marcos despertou apressado e chamou o amigo.

– Vamos, Júlio, temos que viajar. Eu tive um sonho e um amigo disse que temos que ir logo, não podemos nos atrasar.

– Vamos a hora que você quiser, Marcos, estou pronto.

– Então vamos já. Só vou ver como está o meu pai, depois iremos.

Genésio estava dormindo tranquilo.

– Viu, Marcos, valeram nossas preces. E continuaremos orando para que os bons amigos nos acompanhem e nos ajudem a chegarmos bem.

– Vamos indo, tudo já está preparado.

Saíram rapidamente para São Paulo em busca de ajuda no centro espírita.

Tudo estava normal. A estrada estava livre até as proximidades da cidade, quando se percebeu uma aglomeração com o trânsito à frente todo parado. Um grave acidente faria com que se demorasse um pouco para liberarem a estrada.

– Meu Deus, o que vamos fazer para chegar a tempo? – falou Marcos já preocupado.

– Rezar, amigo, vamos orar em pensamento.

E Júlio fez sua prece: "Senhor, envolva-nos com sua luz, a fim de que possamos ajudar aqueles que necessitam, os que estão enfermos. Ajude-nos, mestre. Mas seja sempre feita a sua vontade! Obrigado."

Todos os motoristas buzinavam, nervosos pela demora. Mas não demorou e tudo se normalizou, escutando-se um apito. O policial já liberava a passagem e dava ordens para todos seguirem. Júlio, que permaneceu tranquilo todo o tempo, só fez agradecer:

– Graças a Deus, vamos conseguir. Obrigado, meu Senhor, pela ajuda.

E assim seguiram em frente até o apartamento de Júlio. Olharam no relógio. Eram dezenove horas.

– Júlio, temos que nos apressar; senão vamos chegar atrasados.

– Então vamos comer alguma coisa rápido e sairemos em seguida.

Enquanto lanchavam, Júlio comentou:

– Marcos, sabe o que eu estava pensando, você deve ter mediunidade.

– O que é isso?

– É a capacidade de se comunicar com os espíritos. Na verdade, todos nós temos esse potencial. Mas em algumas pessoas ela é mais acentuada.

– E eu tenho essa coisa?

– Claro! – respondeu Júlio, rindo das palavras do amigo. – Por que você acha que os espíritos conseguem interferir tanto em sua vida!

– Como assim, Júlio?

– Você é mais sensível à presença e à ação deles! Pode até sentir alguma coisa ao entrar no centro.

– Então eu não vou, tenho medo, você vai sozinho.

– Nada disso, estou brincando, não há como se sentir mal na casa de Jesus. Fique tranquilo, estamos juntos, somos ou não somos companheiros de luta?

– Claro que somos.

– Então não se fala mais nisso.

Marcos pensou: "Meu Deus, o que eu faço se me acontecer alguma coisa, se não entendo nada disso? Bom, agora não posso voltar atrás. Além do mais, meu pai está precisando mesmo de ajuda. Seja o que Deus quiser."

– O que foi, Marcos, por que está aí todo pensativo, não vai me dizer que ainda está pensando no que lhe falei.

– Não, não é nada, estava pensando na minha casa.

– Está bom, vamos embora, não podemos nos atrasar.

Marcos estava trêmulo, com uma sensação muito estranha. Seu coração parecia que ia sair pela boca. "Meu Deus, e agora? O que eu faço?"

– O que foi, medroso? Está branco que nem vela.

Os dois riram bastante. Júlio percebeu o medo do amigo e mudou de assunto, falando de outras coisas ligadas ao trabalho.

– Marcos, eu adorei a fazenda, parece um paraíso.

– É, eu também gosto muito de lá.

– Vocês tem muito gado?

– Temos, e agora eu não sei como cuidar. Eu não tenho prática.

– Isso é fácil, você adquire através do tempo. Olhe! Estamos chegando.

– Toda esta gente vai para o centro?

– Vai, e ainda vai chegar mais gente.

– Nossa, que movimento, não sei se eu quero entrar, acho que vou ficar aqui fora.

– Nada disso, estamos juntos. Vamos logo! Você precisa, e muito, deste trabalho. Procure se preparar orando e Deus nos ajudará.

Entraram no centro e esperaram o início da reunião.

– Que paz! Este silêncio... Alguma coisa está diferente, parece que estamos mais perto de Deus.

– É verdade, Marcos, todos vibram em uma só sintonia e por isso vamos continuar em oração. Preste atenção na prece e na explanação do Evangelho. É muito importante para quem vem em busca de ajuda.

Como chegaram no horário de início da reunião, não puderam conversar com o dirigente da casa, como pretendia Júlio.

Neste momento, ouviu-se o dirigente dos trabalhos:

– Boa noite! Vamos dar início à reunião de hoje com a nossa prece de abertura:

"Senhor Jesus! Aqui estamos em busca de aprimoramento e, unidos, pedimos que olhe pelos que sofrem e vivem na escuridão, pelos que não enxergam a sua luz! Muitos estão sofrendo, perseguidos por forças negativas que os impedem de lhe encontrar.

Mestre, olhe por nós, ajude-nos a encontrar forças, para prosseguirmos a nossa caminhada, e luz para podermos seguir os seus passos."

Agora vamos iniciar a leitura do Evangelho, que hoje foi aberto aleatoriamente, com a vibração de todos os presentes. O capítulo é o dezessete, o item o onze: "Cuidar do corpo e do espírito". Vamos pedir a um nosso irmão que leia esta lição que nos oferece o amigo protetor, Georges, em mensagem colhida em Paris em 1863.

Um dos trabalhadores da casa levantou-se e, tomando o microfone e com o Evangelho à mão, iniciou a leitura sugerida pela espiritualidade. Ao final, fez uma breve reflexão:

"Todos somos aprendizes e estamos caminhando rumo à evolução buscando nesta encarnação mais conhecimento para sermos pessoas de bem. Em muitas pedras tropeçamos, pedras que muitas vezes não enxergamos, por nossa própria imprudência. Por isso, nos ferimos com os espinhos da ignorância e do egoísmo, que deixam marcas profundas, difíceis de cicatrizarem.

Mas não podemos esquecer que somos responsáveis por nossos atos e que nessa caminhada de espíritos imortais, imperfeitos que somos, necessitamos uns dos outros, e todos nós precisamos de cuidados. O Pai nunca abandona nenhum de seus filhos."

Nesse momento Júlio olhou para Marcos e notou que ele estava chorando.

– Calma, amigo – disse Júlio segurando no braço do amigo.

– Júlio, é muito bonito tudo isso que estou ouvindo aqui.

– É sempre assim. Observe o médium que está fazendo a explanação e olhe como está sereno enquanto fala, até muda a voz.

– É mesmo, interessante. Como ele consegue fazer isto? É impressionante!

Marcos estava maravilhado, nunca tinha visto coisa igual. A sessão continuou e chegou a hora dos dois serem atendidos. Júlio, calmo, tranquilo, orava em pensamento. Conhecia a casa e sabia que após o relato que fizera na secretaria, sem acrescentar detalhes, mas informando do problema que a família do amigo enfrentava, Marcos seria atendido pelo dirigente, um homem sério e de profundos conhecimentos sobre o espiritismo.

O dirigente, senhor Antero, realmente os recebeu. Olhou para Marcos como se estivesse auscultando o seu coração e seus pensamentos e disse:

– Filho, sei que você está com um problema sério na família. Mas ouça: Você vai ter força e perseverar. Vamos confiar em Deus. Ele sabe o que é melhor para nós. Com paciência, tudo se resolve. Vamos fazer um tratamento espiritual. Não vamos marcar um prazo, pois não sabemos se a solução levará meses ou até mesmo anos. É orar, vigiar, perdoar acima de tudo e confiar!

– Tudo isso? Pensei que fosse hoje mesmo que tudo iria ficar bem!

– Calma, meu jovem, as coisas não são assim. Pode até ser, se Deus permitir. Pode acontecer sim de tudo se ajustar rapidamente, mas é difícil. A situação em que se encontra o seu pai é altamente complicada, até porque não é só ele o envolvido nesta história. Outra família encontra-se envolvida. Trazer a solução para essa perseguição espiritual que todos estão passando é algo que vai necessitar de muita prece e dedicação. E mesmo porque, a verdadeira solução de nossos problemas exige também mudanças interiores que não são rápidas. E quase sempre é este o maior objetivo de nossos problemas e nossas dores! Vamos necessitar que você, meu filho, esteja diretamente ligado ao tratamento, até para auxiliar a moça que você tanto ama. Agora concentre-se e pense em Deus para permitir que receba o que você precisa.

– Estou rezando muito e estou com muito medo.

– Você vai ver que não tem nada a temer. Apenas deve concentrar-se para que tudo vá se ajustando, diante do problema que os aflige.

Marcos recebeu um passe e sentiu-se bem, como se de suas costas estivesse sendo retirada uma carga enorme.

– Meu filho – continuou o dirigente, – não se desespere. Não se deixe vencer. Ao seu lado estará seguindo, a partir deste momento, uma equipe de amigos espirituais que irá assisti-lo no que for permitido, pois a você caberá a tarefa de levar a sua família e a de sua amada à vitória final, à libertação definitiva. Pense nesses irmãos que estão lhes causando esse embaraço como um instrumento que hoje impulsiona a sua evolução. Antes de serem rebeldes e vingativos, são nossos irmãos! Como tantos que perambulam. Com o tempo perceberão que o que estão fazendo é errado. Vamos precisar de muita paciência e de muito amor no coração. Trabalharemos unidos, orando e pedindo forças a Deus. Não vamos desanimar. Lembre-se: é pela paciência que venceremos.

– Está bem, vou tentar ao máximo manter-me vigilante, em oração e voltaremos quando for preciso.

– Então voltem na semana que vem e quem sabe teremos sucesso. Quanto a você, Júlio, entendo que pode colaborar, e muito, com essa família. O ideal seria irmos até o local, mas você sabe, meu filho, das dificuldades que enfrento para locomover-me! Vamos ficar em oração, vigilantes, e caberá a você trabalhar espiritualmente lá na fazenda. Os amigos espirituais da nossa casa estão solicitando uma permissão especial para que haja um atendimento lá, não deixando que se agrave a situação dessas pessoas. Fique tranquilo, pois irá aparecer auxílio de onde você menos espera. Permaneça confiante em Deus e em seus mensageiros de amor. Até breve, filhos, Deus os abençoe, sigam em paz.

Marcos, sentiu-se desanimado, achando que tudo fosse se resolver de maneira mais fácil. Ficou pensativo, e Júlio já sabia que isso iria acontecer. Seria muito fácil para a espiritualidade afastar de vez os espíritos infelizes daquele quadro de perseguição. Mas qual o verdadeiro sentido da vida, senão a superação de nós mesmos, no caminho do aprendizado do bem, da paciência e do verdadeiro amor, rumo à nossa evolução.

– Sabe, Marcos, não recebemos o que queremos de imediato, não sabemos se somos merecedores. Por isso, devemos ser pacientes e esperar, com fé. Vamos para a fazenda e voltaremos na semana que vem. Continuaremos participando das sessões aqui na casa e com paciência vamos aguardar que apareça o auxílio que ele nos disse. Com certeza venceremos.

E assim seguiram viagem. Marcos permaneceu calado e pensativo. No meio do caminho, percebendo a insegurança do amigo, Júlio perguntou:

– Que foi, amigo? O que você tanto pensa? Dá tempo ao tempo que tudo se resolve.

– Eu sei, Júlio, você tem razão, mas é difícil para mim, que nada conheço.

Os dias se passaram. O senhor Genésio continuava a ter alguns momentos de lucidez, outras vezes se transformava, ficava agressivo. Numa dessas crises falava muito sobre o homem vestido de preto com máscara, dizendo:

– Saiam! Não devo nada para vocês. As minhas dívidas são com o cachorro do Justino. Não! Não! Saiam!

Parecia que estava em luta corporal. Depois perdia as forças e caía deitado, assim ficando por várias horas, olhando para o nada, com o olhar vazio.

Durante estas crises, muitas orações eram feitas, pedindo ajuda ao irmão tão necessitado. E como combinado, Marcos e Júlio voltaram ao centro para dar continuidade ao tratamento espiritual para o senhor Genésio.

* * *

NO DIA SEGUINTE, logo cedo, Júlio andava pelo jardim quando encontrou com Paulo e ficaram conversando sobre a situação do senhor Genésio:

– Sabe, meu jovem, se a senhora Ruth me autorizasse, eu ia fazer um 'trabalho' do meu jeito para ajudar o patrão.

– Como fazer um trabalho, Paulo?

– Algum tempo atrás, eu e meu pai fazíamos orações para curar as pessoas que estavam com problemas, mas é difícil quando elas não acreditam.

– Eu sei, Paulo, eu frequento um centro espírita.

– Então, sinhozinho, por que não fazemos juntos esse tratamento? Faremos uma prece, uma leitura. Vou ficar feliz em poder ajudar.

– Tem certeza de que quer fazer isso? É muita responsabilidade.

– Como eu disse, eu fazia trabalhos assim com meu pai! Não tem perigo! Só quero ajudar o patrão.

– Senhor Paulo, desculpe minha insistência, mas é muito perigoso fazer reuniões espíritas em casa, sem o devido preparo.

– O senhor é quem decide, como eu disse, eu só quero ajudar. Acho que não custa tentar. Eu sou de uma época, meu jovem, que não havia centros espíritas. Nós tínhamos que fazer o que era necessário para solucionar os problemas espirituais que apareciam e, sabendo das dificuldades dessa perseguição, tomaremos todo cuidado necessário.

Júlio ficou pensativo, lembrando do lhe falara o dirigente do centro: "Irá aparecer auxílio de onde você menos espera." Sem medo, olhou fixamente para o amigo à sua frente e disse:

– Então vamos fazer uma reunião, mas mais pensando em ler o Evangelho e pedir ajuda para o nosso irmão que está sofrendo e, caso haja alguma manifestação de alguém que esteja prejudicando nosso amigo, posso conversar com ele, pois tenho experiência. Trabalho há muitos anos no centro. Faremos tudo com muito cuidado e sempre em nome de Jesus. E as pessoas para nos ajudar já tenho.

– Quem?

– O Beto e o Marcos.

– E quem disse que eles sabem fazer isso?

– Sabem sim, eles já passaram por uma experiência. Eu também posso ajudar, se você garantir segurar tudo sozinho.

– Certo, moço, assim fica mais fácil.

– Vamos marcar para amanhã, que é um bom dia.

– Tá certo, sinhozinho Júlio, tá combinado.

– Agora vou ver o senhor Genésio como está. Esteja preparado amanhã às oito da noite.

– Fique sossegado que vou estar muito bem.

A ansiedade tomou conta de Paulo, que andava de um lado para outro sem sossego. Sentou, orou bastante, mas tinha certo receio de que alguma coisa pudesse dar errado. O mesmo estava acontecendo na casa grande, assim chamada pelos moradores. Júlio, pensativo e ansioso, tinha medo de que não corresse tudo bem. Reconhecia que as forças que tomaram conta daquela família era poderosa e altamente negativa, movida pelo ódio, e o pior é que o pai de Marcos era realmente culpado. Explicou ao Marcos o que ele e Paulo pretendiam fazer, acrescentando, ante a alegria do rapaz em tentar fazer algo para tirar o pai daquela situação em que se encontrava:

– Marcos, precisamos falar com sua mãe sobre o que pretendemos fazer, ela pode não aceitar.

– Deixa comigo, eu falo com ela depois. Vai entender as nossas intenções, pode ficar sossegado e se preparar, mas se estiver com receio, podemos falar com ela agora.

– Eu prefiro, assim fico mais tranquilo.

Dona Ruth estava na sala de música e encontraram-na pensativa.

– O que a senhora tanto pensa, minha mãe?

– Eu, filho? Estou pensando no seu pai, na nossa vida, em como as coisas mudaram, não temos mais alegria. Esta casa está vazia, sem vida.

As lágrimas rolavam pelo rosto daquela linda senhora.

– Mãe, não fique assim, nossa vida vai voltar a ser como antes, confie em Deus. Nós viemos falar com a senhora porque estamos pensando em fazer uma reunião espírita para o pai.

– Que reunião espírita, filho? Seu pai precisa é de médico, como ele vai em reunião espírita, se ele nem consegue levantar?

– Não, mãe, vou explicar para senhora. Meu amigo, o Júlio e o senhor Paulo se dispuseram a fazer uma reunião aqui em nossa casa. É uma reunião espiritual. Eles conversam com os espíritos, com as pessoas que já morreram.

– Credo, filho! Isso não é coisa de Deus!

– É sim, mãe, é muito bonito, e o que o pai tem ao seu lado, infernizando a sua vida, são espíritos infelizes, que precisam entender que estão não só prejudicando a nossa família, ao pai, mas sobretudo a eles mesmos, pois a cada dia que passa, eles mais se afundam nessa triste condição em que estão e continuam também atrapalhando a nossa vida. Nós já sabemos que é o Justino que está fazendo tudo isso. Nós precisamos fazer alguma coisa, se a senhora permitir.

– Você é quem sabe, filho, faça o que quiser e achar melhor. Se é para o nosso bem, para a libertação de nossa família dessa situação, vamos fazer com fé em Jesus.

– Que bom! É assim que se fala, dona Ruth! Adoro você, mãe.

– Ah, filho, me esqueci de lhe avisar que sua irmã vai chegar hoje, ela vem ver seu pai.

– Ótimo, assim ela nos ajuda.

– Como? Sua irmã não entende nada disso!

– Não faz mal. Eu também não entendo muita coisa, o principal é orar e ter muita fé em Deus.

Neste momento Júlio achou que deveria explicar:

– Não se preocupe, senhora, eu vou cuidar de tudo, eu e o senhor Paulo. E os bons amigos espirituais, claro. Podemos usar esta sala?

– Podem sim, a casa é sua. Fiquem onde achar melhor. Vou preparar algo para vocês comerem.

– Senhora, não se preocupe comigo; estou acostumado a me virar sozinho – falou Júlio.

– Ah, meu amigo, você não conhece a dona Ruth; com ela tudo é diferente; tudo é do jeito dela. Ela gosta de cuidar de todos.

– É isso mesmo, aqui você não vai fazer nada sozinho; com licença, volto logo.

Mais tarde, Marcos saiu para o jardim e pensou: "Como estará minha amada? Será que já chegou na fazenda? Preciso arrumar uma maneira de encontrá-la, mas como? Vou pedir ao Juvenal para ver se ela já chegou. Só ela vai me dar forças para continuar minha caminhada. Sei que vai ser difícil convencer os pais dela, mas temos que tentar."

A SUPREMACIA DO AMOR

Na Fazenda Danúbio, Rogério, na presença de Júlia e de seus pais, usava de falsidade e encenava para impressionar o sogro e fazê-lo realmente acreditar que ele era um homem respeitável e ilustre. Foi assim que o convenceu a oficializar o noivado.

Júlia fingia não perceber toda aquela encenação e tentava disfarçar a repulsa que sentia por ele, até mesmo para não brigar com seu pai.

Naquela manhã, estava sentada no jardim, perdida em seus pensamentos, quando de repente ouviu alguém chamar:

– Júlia!

Ela se assustou, abriu os olhos e viu à sua frente o noivo. Sua decepção foi tão grande que ele percebeu.

– O que foi, querida, não gostou de me ver?
– Gostei sim – mentiu.
– Vamos entrar?
– Não, vamos ficar aqui mais um pouco, conversando.
– Você está bem?
– Estou, só não quero entrar, vamos ficar só mais um pouco.
– Está bem, como quiser. Mas, o que foi? Parece que está triste; notei que a minha presença a incomoda, quer falar a respeito?
– Não é nada disso – continuou fazendo o jogo do noivo. – Você tem cada ideia! Pare com essas coisas.

Ficaram mais alguns minutos e depois entraram calados. Ernesto, vendo que os dois não estavam felizes um com o outro, perguntou:

– O que foi, Júlia, por que estão com essas caras?

– Nada, pai, não aconteceu nada, está tudo bem.

Júlia pensou: "Como vou aturar este homem? Meu Deus, dá-me força e paciência para aguentar o Rogério."

Rogério falava, mas ela não ouvia, era insuportável. Seu pensamento estava longe. As horas não passavam. Júlia ficou feliz quando sua mãe chamou a todos para o almoço.

O coração da jovem estava doendo de tanta tristeza. Estava fazendo uma força muito grande para não chorar. Seu desespero aumentou quando ouviu seu pai dizer:

– Filha, eu estava pensando em marcar a data do seu casamento.

– Não! – sem pensar, Júlia respondeu, e já estava de pé. – Está muito cedo, pai, não fiz meu enxoval ainda.

– Isso não é motivo, compraremos pronto.

– Também acho, Júlia, não podemos esperar mais. Não posso ficar longe de você, já tenho casa e tudo, preparado para morarmos.

Júlia sentou-se, baixou a cabeça e não aguentou, caiu em prantos. Seus pais queriam saber o motivo das lágrimas, mas ela sabia que qualquer coisa que falasse pioraria a situação.

– O que foi, Júlia? Fale conosco. O que está acontecendo? Nós estamos preocupados.

Num repente Júlia levantou-se e, não aguentando mais, desabafou:

– Eu não suporto o Rogério – e virando para ele, continuou. – Eu não vou me casar com você. Eu o odeio. Suma de minha frente. Chega dessa farsa. Eu amo outra pessoa, e por ele eu morrerei.

– Júlia! Eu não admito que você fale com o Rogério desta maneira, peça desculpas.

– Não, pai. Não vou pedir desculpa nenhuma e não vou me casar com ele. Pode mandar ele embora.

– Júlia! O que você está fazendo? Ficou louca? Quem você pensa que é para falar deste jeito?

– Eu, pai, sou alguém que tem coração, que tem sentimentos e que pensa.

– Cale a boca e vá para o seu quarto.

– Eu devia ter morrido, uma pessoa que nasceu para ter a sorte que eu tenho não precisa viver.

– Cale a boca e não me faça cometer uma loucura. Vá já para o seu quarto.

– Filha, obedeça a seu pai. Ele está nervoso. Deixe as coisas se acalmarem.

Em prantos, Júlia foi para o quarto sentindo-se sufocada. "Meu querido, onde você está? Me tira deste inferno, antes que seja tarde, ajude-me" – pensava.

Mais uma vez ela ouviu sonoras gargalhadas, como se explodissem dentro dela. Achou que estava ficando louca, mas, não suportando, explodiu:

– Você voltou, seu maldito, vai para o inferno e me deixe em paz!

Justino se aproximou da moça, falando ao seu ouvido:

– Você vai ficar louca, louca! Ha, ha, ha...

Júlia chorava com as mãos nos ouvidos.

– Não! Não quero mais ouvir esta voz.

Chorou até adormecer e sonhou:

Corria na lama e seguindo-a Justino corria atrás, com uma tocha para incendiar suas vestes, até que a alcançou e ela gritou.

O grito assustou sua mãe, que correu para o seu quarto, vendo-a desesperada.

– O que foi, filha? – acordada, de repente, Júlia tenta se lembrar:

– Um homem mau, um tal de Justino.

– Do que você está falando, filha?

–É um espírito perverso que vem para se vingar. Eu só não sei o que fiz para ele ou pelo menos não me lembro!

– Credo, filha, isso é coisa do demônio.

– Eu vejo e escuto esse homem, mas não entendo nada. Deixa para lá. Já estou bem. Vá para junto do papai antes que ele se irrite.

– Está bem, volto depois para ver como você está.

Júlia não conseguia tirar da cabeça a ideia de encontrar Marcos. Suspirou enquanto pensava: "Meu Deus, o que farei da minha vida, vou tentar escapar dos empregados de meu pai e encontrar meu amado. Só ele poderá me ajudar a resistir a essa situação de desespero em que me encontro". Vestiu-se e saiu devagar sem fazer barulho algum. Chegou na cocheira e pegou seu cavalo, montando-o sem arreios e partiu em direção ao bosque.

No caminho, em vez de ir para o bosque, pegou um atalho para a fazenda dos pais de Marcos. Não precisou cavalgar muito. Ao longe avistou duas pessoas andando em sua direção. Ao chegar mais próximo percebeu que era o seu amado acompanhado por outro rapaz.

Marcos e Júlio haviam saído logo após o almoço para uma caminhada. Quando a viu, Marcos estremeceu de alegria, enquanto falava:

– Espere! Aquela que vem lá é a Júlia.

– Será, Marcos?

– É ela sim.

Saiu correndo ao seu encontro. Soltando-se do cavalo, Júlia o abraçou.

– Que saudade!

– Ju, como você saiu de casa no cavalo sem arreio? É perigoso, você pode cair e se machucar, como da outra vez.

– Não tinha outro jeito. Saí escondida e se eu arriasse, o Roque avisaria meu pai.

– Sua doidinha.

– Eu ia ao bosque.

– Não, vamos para minha casa, depois eu a levo embora.

– Não posso, se meu pai descobrir, ele me mata.

– Eu sei, amor, mas não pode ficar andando por aí sozinha. Já sei, vamos para minha casa, conversaremos um pouco. Depois o Júlio a leva. Seus pais não o conhecem e fica tudo bem.

– Está bem, mas só um pouco.

Júlio se afastou e os dois se entregaram ao amor que sentiam, beijaram-se, fizeram juras de amor, trocaram carícias, com muito carinho se abraçaram. Ficaram ali, juntos, como se fossem uma só pessoa.

Júlia estava tão feliz que não quis estragar o momento. Por isso deixou para contar o que estava acontecendo depois.

Saíram andando de mãos dadas, puxando a rédea do cavalo, até a porteira da fazenda. Júlia passou momentos maravilhosos em companhia da dona Ruth, de Marcos, Júlio e de Beto.

– Minha filha Clara chega hoje.

– Que bom, dona Ruth! Gostaria de vê-la, faz tanto tempo, que nem me lembro dela.

– Então, fique até ela chegar.

– Desculpe, senhora, mas não posso. Preciso ir embora. Tenho pressa! Meus pais nem me viram sair.

– Que pena, está cedo. Nossas famílias deviam ser unidas, assim passaríamos mais tempo juntos horas agradáveis como agora.

– É verdade, senhora. Essa briga só atrapalha a todos. Mas vou indo antes que sintam minha falta. Até logo e obrigada por me receber em sua casa.

– Não seja por isso, volte quando quiser. Gosto muito da sua mãe. A briga é dos nossos maridos, não temos nada com isso.

– É verdade, obrigada e até mais.

Marcos a levou até a porteira e Júlio, com outro cavalo, acompanhou-a até perto de sua casa, onde todos ocupados com seus deveres não perceberam sua saída. Ela estava tão feliz que até se esquecera de contar ao Marcos sobre o casamento que o pai lhe arrumara!

Júlia colocou o cavalo na cocheira e saiu devagar, subindo para o seu quarto. Seus pais ainda estavam na sala de música. Júlia tomou banho, vestiu-se muito bem e desceu as escadas, fazendo com que todos a olhassem. Seu noivo estava com seus pais na sala. Olharam e ficaram encantados com a beleza da moça.

– Conversaram tanto que até se esqueceram de mim. Dormi bastante – e rodopiando continuou – e agora estou ótima.

Eles se olharam. Seu pai, olhando para esposa falou:

– Que será que aconteceu com ela? Nem parece que saiu brigando conosco.

– Não sei – respondeu a mulher desconfiada.

– Querem saber? Eu estou feliz, tive um sonho lindo, o mais bonito de todos.

– Do que você está falando, Júlia?

– Nada, pai, deixa para lá. O senhor não iria entender mesmo. Esqueça o que falei.

Rogério resolveu se manifestar:

– Espero que tenha sido comigo.

– É muito bom que ainda esteja aqui, eu preciso mesmo falar com você, a sós. Permite, papai?

– Sim, filha, eu vou verificar com o Roque como foi o dia na fazenda, enquanto sua mãe vai dar as ordens para o jantar especial, temos que comemorar essa sua alegria.

Os dois ficaram a sós e Júlia começou:

– Rogério, eu sei que você é uma ótima pessoa e muito inteligente. Por isso, vou falar o que estou sentindo, preste atenção. Há muitos anos, meu pai brigou com o senhor Genésio, dono da Fazenda do Pomar. Eu ainda era criança. Fui para a cidade de São Paulo. Quando mocinha, vinha algumas vezes no final do ano visitar meus pais.

O senhor Genésio tem três filhos, o Antônio, a Clara e o Marcos, que também foi estudar fora, e todos esses anos tudo ia muito bem.

Entrei em férias no final do ano e vim para cá. Estava cavalgando quando encontrei um rapaz que me interessou bastante.

Rogério, um pouco intrigado, virou-se para falar, mas Júlia não deixou, continuando:

– Espere, deixe eu terminar. Eu não sabia quem ele era. Nós nos encontramos duas vezes, no último dia, quando eu estava voltando do bosque correndo muito, pois já era tarde, caí do cavalo e fui socorrida por esse moço, que me levou para sua casa, chamou o médico e o pai dele, que é o senhor Genésio, mandou me levar para casa, ficando muito bravo quando soube que eu era a filha do senhor Ernesto.

Minha vida virou um inferno, meu pai ficou muito bravo e me castigou, impedindo-me de ver o homem que eu amo. O pai dele o expulsou de casa, ficando ele mais de um ano perdido pela vida. Agora eu o reencontrei. Ele está de volta na fazenda.

– E você acha que eu vou fazer algo por vocês?

– Acho sim, Rogério, como eu disse, você é inteligente e não vai querer que eu fique com você sem gostar. Isso é injusto.

– E você quer que eu me afaste, deixando você livre para ele? Nem pensar, queira ou não queira, você vai ser minha mulher.

– Isso é o que vamos ver. Esperava que fosse compreensivo, mas é igual a meu pai – encostou a boca próximo ao ouvido de Rogério e falou – eu prefiro me matar! Deixou o rapaz assustado.

– É isso mesmo que você ouviu e tenha certeza de que dessa vez não vou falhar. Ou fico com Marcos ou morrerei. Não diga nada para o meu pai, senão vai se arrepender. Adeus!

Saiu correndo em direção ao jardim. Rogério ficou parado, assustado, não sabia o que fazer. Pensou: "E se essa louca estiver falando a verdade? Mas eu não posso perder esta dinheirama toda, preciso garantir o meu futuro".

Enquanto Rogério pensava no futuro com o dinheiro do sogro, Ernesto, entrando na sala, perguntou:

– Então, meu jovem? Acertou os detalhes do casamento com minha filha?

– Desculpe, senhor, não o tinha visto, eu estava pensando. É, conversei com a Júlia, está tudo bem.

– E onde está ela?

– Saiu para o jardim.

– Ela está muito estranha, o que será que está acontecendo?

– Não sei, mas ela está bem, só está feliz, esse é o jeito dela – mentiu.

– É, pode ser.

– Senhor, eu vou indo. Tenho algo para fazer.

– Não, vamos jantar primeiro.

– Hoje não. Estou com pressa. Se der, eu volto amanhã.

– Está bem, faça o que achar melhor. – Virando-se para a esposa que entrava na sala, avisou: – Rogério está de saída, não vai ficar para o jantar.

– Até mais, senhora. Senhor, passem bem.

– Que pena, achei que iríamos comemorar, mas fica para outra vez. Até mais, meu rapaz, vou chamar minha filha para se despedir.

– Não precisa, senhora, deixe a Júlia. Não a perturbe. Eu falo com ela quando sair. Ela está na frente do jardim. Até mais ver.

Júlia admirava toda aquela beleza. Ela adorava o jardim, mas seu pensamento continuava no seu amado.

– Júlia, até logo.

– Ai! Você me assustou.

– Desculpe, não foi minha intenção.

– Você já vai embora?

– Vou sim, por quê?

– Espero que seja para sempre – ela chegou perto do rapaz e disse:

– Escute, eu amo o Marcos mais que a minha própria vida, entendeu? Sabe do que sou capaz, não sabe? Lembra do que aconteceu comigo semanas atrás? Então! Lembre-se disso.

O rapaz estava nervoso e tinha vontade de estrangulá-la, mas se conteve, pensando: "Eu vou domá-la; apressarei o casamento e depois você me paga."

– Ah, Rogério, estava me esquecendo, vou escrever uma carta e entregá-la para uma pessoa de confiança, deixando escrito que você e o papai são culpados por minha morte, certo? Nem pense em vingança, está avisado!

Rogério foi embora nervoso, e Júlia não estava só ameaçando. Depois do jantar entrou em seu quarto, escreveu a carta comprometedora e guardou para levar à capela no dia seguinte.

Alguns amigos espirituais designados para auxiliá-la tudo faziam com o propósito de demovê-la de suas intenções de tirar a própria vida. Mas ela só dava ouvidos para as forças infelizes que a incentivavam.

O INÍCIO DA LIBERTAÇÃO

Após a saída de Júlia, Marcos e Júlio conversaram a respeito do amor que sentiam os dois jovens um pelo outro. Júlio sabia que aquele amor era verdadeiro, mas algo o avisava que a motivação, a força que incentivava a jovem a enfrentar os seus pais, mesmo por alguns momentos, não vinha do amor que ela sentia por Marcos. Havia mais alguma coisa que Júlio não conseguira captar.

Estavam jantando, quando ouviram o barulho de um carro. Era o táxi trazendo Clara, que foi recebida com muita alegria.

– Clara, minha irmã, há quanto tempo!

Os irmãos se abraçaram contentes. Em seguida foi a vez da mãe. Todos estavam felizes com o reencontro.

– Meu Deus, que surpresa! Como vai, Júlio?

– Bem, obrigado, e você?

– Estou bem.

– Beto, esta aqui é a senhorita, aliás, doutora Clara, lembra dela?

– Claro, ela estava no hospital o tempo todo em que você ficou internado. Prazer em revê-la, doutora.

– Não, nada disso! Para os amigos é só Clara, certo, Beto?

– Certo, obrigado pelo amigo, fico lisonjeado.

– Vamos entrando filha, o jantar está à mesa.

— Sei, mamãe, mas primeiro preciso de um banho, estou muito cansada.

— Pode deixar. Eu espero pela Clara — falou Marcos.

— Eu também — falou Júlio.

— Então esperamos todos. Vá, minha filha, darei ordens para recolherem o jantar.

— Enquanto isso, conversamos mais um pouco. Vamos falar da reunião de logo mais — adiantou-se Júlio, entusiasmado.

— Pois é, Júlio, eu tenho certo receio! Essas coisas são muito perigosas, não sabemos quem está oculto e isso me assusta — confidenciou Marcos.

— Eu também tenho um pouco de receio — concordou Beto. — Andam acontecendo coisas estranhas que não sabemos explicar.

— Não se preocupem. Confiem em Deus que os amigos protetores nos ajudarão. Não podemos vacilar. Vamos com fé que tudo dará certo.

— É, temos que acreditar. Vamos seguir adiante..

— Do que estão falando? — perguntou Clara, já de volta à sala.

— Nossa, Clarinha, como você está bonita.

— São seus olhos, mano.

— Realmente está muito bela — falou Júlio.

— Concordo com eles, com todo o respeito, a senhorita está encantadora — completou Beto, vencendo a timidez.

— Assim vocês me deixam sem graça.

— Mas você tomou banho muito rápido! É um banho relâmpago? — perguntou Marcos, como sempre brincalhão.

— Não queria deixá-los esperando. Mas me contem. Do que falavam com tanto interesse que nem perceberam o tempo passar.

— Falávamos de uma reunião que vamos fazer hoje. Que tal jantarmos primeiro? Depois explicamos melhor!

— Tudo bem. Estou morrendo de fome — falou Clara — e o jantar da mamãe dá um apetite danado.

— Então vamos, doutora, ha, ha ha... — brincou Marcos.

— Bobo. Só sabe brincar? Agora vamos falar sério, como está o papai?

– Está mau, não fala coisa com coisa. Conversa sozinho o tempo todo, briga, xinga e às vezes fica agressivo.

– Temos que fazer algo para ajudá-lo.

– E vamos fazer, maninha.

Saíram abraçados. Júlio observava a beleza da moça. "Bela moça, quem me dera poder me aproximar! Mas fica na sua, Júlio, você é pobre, jamais poderá chegar perto dessa bela mulher". Distraído nem percebeu que estava sendo observado pelo amigo.

– O que foi, Júlio? Que cara é essa? Está sonhando de olhos abertos? E olha que o sonho parece estar muito interessante.

– Como você é exagerado. Não é nada, é bobagem sua, eu estou normal.

– Já sei, Júlio, você estava encantado com a beleza da doutora Clara – brincou Beto, entrando na brincadeira.

– Para com isso. Parecem dois bobos, não gosto disso – falou Júlio já corado pela brincadeira dos amigos.

– Desculpe o meu irmão, Júlio, ele fica falando o que não deve. Parece bobo mesmo.

– Mas em parte ele tem razão, você é encantadora.

Clara ficou vermelha, quase não tinha tempo para ouvir elogios; estudava muito, passava o tempo nos hospitais fazendo estágio. Chegava em casa tão cansada, deitava e dormia. Nem via o tempo passar.

– Vamos jantar que está esfriando – chamou dona Ruth, que até então só observava a conversa dos jovens, ficando muito feliz ao ver os filhos juntos e alegres.

Todos à mesa, Clara sentiu falta do pai, que passava o tempo todo no quarto, dormindo, agitado.

– É muito difícil esta situação! Papai, apesar do seu jeito carrancudo, faz falta! A casa fica vazia.

– Também acho, filha, mas temos que ter paciência. Não sei se seu irmão falou com você, eles estão pensando em fazer uma reunião hoje para ajudar o seu pai.

– Eles me falaram, mas eu não entendi. Deixaram para explicar depois do jantar.

– Nós vamos explicar; vamos jantar, depois falaremos.

Após o jantar todos estavam na sala de música. Clara tocou um pouco de piano, ajudando na descontração e na preparação do ambiente. Júlio observava aquela jovem bonita, simpática, estudada, tinha tudo que um homem precisava para ser feliz, mas sabia que ela estava longe de suas mãos. No final da música, quebrando o silêncio, Clara falou:

– Agora vamos ao que interessa, contem-me o que vão fazer esta noite.

– Senta aqui, Clarinha, vamos conversar; ouça com atenção. O Júlio é uma pessoa que conhece coisas que nós não conhecemos. Ele tem analisado a situação do papai e falou comigo para fazermos uma reunião, um tipo de trabalho espiritual.

– Como trabalho? Eu não estou entendendo nada.

– Espere, eu vou explicar – falou o Júlio. – Eu sou espírita, como dizemos, atuante.

Clara olhou assustada.

– Você fala com os espíritos?

– Sim e não! – respondeu o rapaz que, vendo a curiosidade nos olhos de todos, continuou: Eu sou médium. E minha mediunidade é de psicografia, ou seja, os espíritos enviam suas mensagens utilizando-se da minha mediunidade em reunião específica da qual participo. Não fiquem surpresos e não se preocupem, todos nós somos médiuns.

– E o que é isso? – perguntou a jovem ainda assustada.

– Médium é a pessoa que por sua sensibilidade trabalha como um instrumento, intermediando o mundo espiritual e o mundo material.

– Credo! Que horror!

– Não, Clara, isto é natural. Claro que precisa se preparar, estudar e trabalhar para o bem.

– Você também, Marcos, conhece essas coisas?

– Agora mais ou menos, mana, eu já fui em algumas dessas sessões para buscar ajuda para o nosso pai.

– E conte-me, o que aconteceu?

– Em uma das vezes, fomos encaminhados para um trabalho de desobsessão. Houve uma manifestação de um homem que se chama Justino, o que era dono da fazenda ligada à nossa, daquela história que a mamãe contou quando o papai ficou internado, que ele ficava falando sozinho e mandando o tal homem embora.

– É aquele que falou que queria acabar com todos da nossa família, que nosso pai tinha que pagar caro pelo que deve a ele?

– Ele mesmo.

– Meu Deus, e o que faremos para acabar com isso?

– Faremos essa reunião. O Paulo também vai nos ajudar.

– Então vamos logo fazer esta tal reunião, eu não entendo nada, mas se for para ajudar o papai eu faço o que vocês quiserem.

– Calma, mana, precisamos descansar um pouco. Jantamos agora, enquanto isso, vamos preparar a sala.

Júlio levantou-se.

– Vocês me dão licença, eu vou ver o senhor Genésio e deixar alguém de confiança para cuidar dele, enquanto estivermos em oração.

– Deixe o Beto.

– Não, Marcos, o Beto é um bom médium e eu vou precisar dele.

– Então fale com o Juvenal, peça também para Tiana, ela é de confiança e corajosa.

– Farei isso.

– Espere, Júlio, como devemos preparar a sala?

– Podemos trazer água, papel e também lápis. Mas o principal preparo cabe a todos nós. Com pensamento desde já de confiança e vontade de ajudar, acima de tudo!

– Então tá, logo estará pronta.

– Volto logo. Ah, estava me esquecendo, o livro que vamos ler está na cômoda do meu quarto, por favor, Marcos, pegue-o para mim.

– Certo, Júlio, pode ir sossegado que providenciaremos tudo.

Ao entrar no quarto, o senhor Genésio estava agitado. Uma

das empregadas foi servir o jantar, mas ele não conseguiu comer; falava muito, até assustou a moça.

– Ai, senhor Júlio, o patrão não quis comer, ele está estranho, com os olhos vermelhos. Até parece outra pessoa, cruz credo, eu tenho medo dessas coisas.

– Fique calma, Ana, é assim mesmo. Logo ele vai ficar bom.

– Tomara. Dá pena de ver o patrão sofrendo assim. Ele é ruim para nós, mas mesmo assim eu tenho pena dele.

– Deixe que eu cuido, por favor, chame a Tiana para mim.

– Vou já, senhor, logo ela vem.

Tiana chegou logo em seguida.

– O senhor mandou me chamar?

– Mandei sim, é para você ficar com o senhor Genésio esta noite. Vou deixar este sino, se precisar de alguma coisa, é só tocar que o Juvenal vem ver o que está acontecendo.

– Tudo bem, senhor, pode ficar sossegado. Eu não tenho medo dessas coisas do outro mundo.

– É mesmo?

– É, e sei como é. Já atendi muita gente envolvida por perseguição espiritual. Olha, senhor, eu tive até vontade de fazer alguma coisa para ajudar o senhor Genésio. Mas aqui, como a gente não pode fazer nada sem permissão, eu nem falei nada.

– Então faça hoje, Tiana.

– Como assim, senhor?

– Reze e pense em Deus. Nós vamos estar em oração! Vamos fazer uma prece todos juntos para ajudar os envolvidos nisso tudo que anda acontecendo junto com seu patrão.

– Até que enfim Deus ouviu as minhas preces. Vou ajudar, senhor, vou ficar rezando bastante, pedindo para o neguinho Zé.

– Quem é esse, Tiana?

– É uma entidade que me protege.

– Está bem, qualquer ajuda é bem-vinda.

Rindo, Júlio saiu mais confiante. Marcos tinha razão. Havia chamado a pessoa certa para cuidar do enfermo. Ao chegar à sala, todos já estavam esperando.

– O senhor vai precisar de mim? – perguntou Juvenal.

– Fique por perto e preste atenção, se tocar o sino, vá até o quarto do senhor Genésio ver o que a Tiana quer, combinado?

– Pode ficar sossegado, vou ficar alerta.

Tudo pronto. Júlio preparou a mesa com algumas cadeiras formando um círculo e já estavam todos presentes: Clara, dona Ruth, Paulo, Beto, Júlio e Marcos.

Júlio organizou a mesa deixando Clara e Ruth fora dela. Todos, em silêncio, oravam.

– Vamos iniciar esta nossa prece, lembrando do nosso objetivo maior, que é nos ligar a Deus, aos emissários do bem, nos elevando em pensamento. Também estamos aqui reunidos por uma necessidade, e confiantes no plano maior, afinal, sabemos que estamos acompanhados dos amigos espirituais, que também estão trabalhando para o equilíbrio desta família. Devemos todos permanecer em oração, acreditando que os protetores e os mensageiros de Jesus nos auxiliarão nesta tarefa de amor.

Júlio respirou fundo. Como a buscar forças, abriu *O evangelho segundo o espiritismo* e a mensagem sugerida pelos amigos espirituais foi o capítulo treze: "Fazer o bem sem ostentação". Acompanhado por seu protetor, Júlio fez uma oração com poucas palavras, agradecendo a participação dos amigos espirituais e pedindo proteção para todos os presentes. Em seguida, fez a leitura dos itens um ao três, procurando interiorizar e fazer com que todos sentissem cada palavra, fazendo, ao final, uma reflexão:

– Meus irmãos, aqui estamos para unirmos as nossas forças para auxiliarmos o nosso irmão, chefe desta família, atormentado por sentimentos de vingança. Não nos cabe julgar. Jesus, nessa leitura do Evangelho, assim como a dissertação feita em seguida por Allan Kardec, nos mostra o quanto devemos amar ao próximo como a nós mesmos e disso não esperarmos recompensa. Fazer caridade é o dever de todos. Fazer o bem sem ostentação é fazer com que a mão esquerda não saiba o que faz a direita.

Quando nos unimos em oração, o coração deve estar puro, sem mágoas, sem ressentimentos. O perdão nos ajuda em nossa elevação e os benefícios feitos a outros nos trazem a paz e nos faz sentirmos mais próximos de Deus. Precisamos ficar mais atentos com a nossa vaidade, nosso egoísmo, a inveja e os melindres, tudo o que nos afasta de Deus, nos impede de sermos caridosos. É preciso doarmos o que temos, de coração, por mínimo que seja. Esta é a verdadeira caridade. Com amor alcançaremos o nosso objetivo, ajudando os que sofrem, os que precisam de amparo e de nossas orações. Juntos venceremos. O Pai espera o nosso esforço, nossa dedicação e principalmente o nosso amor.

Muitas coisas poderão ser feitas, se deixarmos o apego pelas coisas materiais, nos ligando às verdadeiras riquezas do espírito. São elas que sempre nos garantirão a paz na alma e a nossa libertação.

Em alguns momentos de silêncio, Júlio, concentrado, com o pensamento em Deus, sentiu a presença de amigos benfeitores. Beto começou a se agitar e seu corpo tremia. Ao seu lado Justino se posicionava com seus comparsas, que agiam do mesmo jeito. Eram muitos os que faziam parte daquele grupo.

Antevendo a movimentação para o trabalho, Justino fora buscar ajuda, com a intenção de se vingar de todos. Dois deles ficaram com Genésio, que com a presença dos espíritos infelizes, ficou muito agressivo, mas Tiana orava com muita fé e assim os mantinha afastados.

Na mesa, outros tentavam tumultuar a reunião, mas os amigos reunidos, com pensamento no bem, permaneciam fortemente ligados à espiritualidade maior. Beto, trêmulo, começou a gritar:

– Vocês vão me pagar pelo que estão me fazendo.

– Calma, irmão, estamos aqui para conversar e para ajudá-lo.

– Não quero ajuda. Não pedi nada. Não adianta!Não vou sair. Tenho algo a fazer para que todos me paguem.

– Pense um pouco, irmão. Você está jogando fora uma grande oportunidade de conseguir sua libertação e ser verdadeiramente feliz.

– Para quê? Não preciso mais de nada, vocês tiraram tudo de mim, o que me restou foi a vingança.

– Pense nos seus filhos que estão sofrendo, caindo no mesmo abismo em que você está.

– Não fale nos meus filhos, eu não quero ouvir.

– Eles estão aqui, chorando e pedindo ajuda.

Logo ouviram alguém chorando, a se manifestar através da mediunidade de Paulo:

– Pai, não faça isso, nós todos estamos sofrendo pelo que está fazendo, precisamos de paz.

– Não pode ser meu filho, vocês estão mentindo.

– Pai, olhe para mim, eu estou na sua frente. Por favor, pai, desista desta vingança.

Tudo ficou num silêncio profundo. Os espíritos se afastaram dos médiuns e todos continuaram em oração.

No quarto, senhor Genésio dormira. Júlio, emocionado, avaliava com muita emoção:

– Precisamos continuar confiantes, porém vigilantes, esperando os acontecimentos.

Beto tentou falar. De repente seu corpo começou a balançar como se outra pessoa o estivesse chacoalhando. Júlio sentou-se ao seu lado, segurando em suas mãos e pedindo:

– Calma, irmão, não faça isso.

– Saia, não me toque, eu não gosto de você e não vou sair. Agora eu vou mostrar para vocês quem é Justino, vocês vão aprender a não brincar comigo.

– Nós não estamos brincando, queremos ajudá-lo. Quando tudo parece perdido, a bondade de Deus se faz presente para erguer-nos, e nos ajudar a encontrar a nossa paz.

– Chega! Não quero mais ouvir essa conversa mole.

Movido por uma força muito grande, Júlio começou a falar:

– Somos todos espíritos endinidados, em busca de conhecimento para a nossa elevação e daqui desta Terra só levamos o que fazemos de bom. Somos responsáveis pelos nossos atos, somos juízes da nossa própria causa. Por isso, devemos pensar no que fazemos antes que seja tarde demais e se escasseie a oportunidade de recuperar o tempo perdido. Vamos deixar que o irmão resolva se quer ser ajudado. Veja quem está à sua frente.

Justino, que já havia deixado o pobre Beto em paz, comentou com os seus comparsas:

– Não podemos deixar esse aí falar o que bem entende e não vamos aceitar qualquer ameaça ou choradeira.

Um dos companheiros que estava ao seu lado, chamado Gervásio, falou:

– Eu vou dar o fora, este aí, como você falou, é poderoso e olha só quantos estão ao lado dele.

– Não tenho medo, você quer fugir, fuja, eu vou continuar, vou procurar outros que não sejam covardes – Justino vociferou.

– Pense como quiser, eu estou indo, não quero confusão.

– Vá, saia, não quero mais ver a sua cara!

Um silêncio se fez presente. Todos permaneciam em oração. Beto soltou a mão de Júlio e torcia os dedos como se estivesse nervoso.

– Fale, irmão – Júlio orientou calmamente.

– Não me chame de irmão, não quero nada com você, se intrometeu onde não foi chamado. Agora não venha dar uma de bonzinho, não pense que você me convenceu com suas palavras.

– Não, meu irmão, eu só quero que você aceite ajuda, acreditando que somos todos filhos de Deus.

– Eu só acredito em mim e no que eu faço, só isso. Vocês são uns fracassados que não sabem o que querem, ficam como beatos, só rezando.

– Um dia, meu irmão, você vai tirar esse ódio do seu coração e vai encontrar sua paz, ficar perto dos seus filhos que estão sofrendo como você.

Uma luz envolveu Júlio que ofuscava os olhos do Justino.

– Não quero ver essa luz, apague. – Colocou as mãos no rosto e foi se afastando do médium.

Beto abriu os olhos e assustado perguntou:

– O que aconteceu? Onde estou?

– Calma, Beto – falou Júlio. – Estamos aqui reunidos e houve uma manifestação do espírito que está obsediando o senhor Genésio.

– Como? Eu nunca fiz isso!

– Fez sim, em outra vez, no meu apartamento, se lembra? – perguntou Marcos.

– É, tenho uma vaga lembrança.

– Graças a Deus você nos ajudou muito hoje. Agora vamos agradecer ao Pai por ter nos dado esta oportunidade de ajudar as pessoas. Espero que o senhor Genésio tenha ficado bem. Vamos orar e esperar o resultado.

– Senhor, mais uma vez lhe agradecemos por estarmos reunidos para servir de instrumentos para nossos amigos que nos ajudam a conduzir os irmãos sofredores, para que aprendam e conheçam o amor, para chegarem mais perto de sua paz.

Agradecemos pela dádiva da vida e pelos conhecimentos adquiridos para entendermos o que nos acontece. Obrigado, Senhor.

No quarto, o senhor Genésio dormia tranquilo, após uma agitação que quase chegou à agressividade. As orações de Tiana e as boas vibrações da reunião acalmaram-no.

– Agora vou ver o que aconteceu com nosso paciente.

Entrou no quarto e Tiana falou:

– Pois não, doutor?

– Não sou doutor, sou apenas um enfermeiro.

– Desculpe, senhor.

– Como está ele?

– Está melhor, até dormiu, mas antes me deu um trabalho danado. Quase chamei o senhor. Falava tanto, andava por todo lado com este chicote na mão, xingando e dizendo que ia bater no safado do Genésio. Só vendo, senhor, que coisa mais estranha, se eu não entendesse dessas coisas eu tinha fugido.

– Você é engraçada, fugir para onde?

– Para qualquer lugar, sei lá, só na hora eu ia saber.

– Você é forte e não sabe.

– Eu, forte? Sou nada, é que eu sou ajudada pelo 'neguinho'.

– Eu sei, Tiana, e já o vi.

– É mesmo, senhor?

– É, vi do seu lado e do lado do senhor Genésio.

– O senhor é mesmo muito forte e poderoso, eu senti isso logo que vi o senhor chegar.

– É mesmo? Você só pode estar brincando. A força que diz ser minha é dos meus mentores espirituais, amigos que me acompanham sempre.

– Pode ter certeza, tinha uma luz na sua frente mostrando a sua força.

– Fique mais um pouco com seu patrão que eu preciso conversar com o Marcos e a dona Ruth.

– Vá, pode ficar sossegado.

E de volta à sala:

– Olá, amigos, como estão se sentindo?

– Nossa, Júlio, como você não tem medo de fazer este trabalho? – perguntou Clara ainda um pouco assustada.

– Quando se trabalha com amor e confiança em Jesus, não devemos temer.

– Tá certo, você tem razão. Deixe eu lhe falar uma coisa que me deixou muito assustada.

– O quê?

– Quando você estava fazendo a prece, eu vi uma mulher vestida de vermelho com uma caixa nas mãos. Ela queria passar para mim, mas eu fiquei com muito medo e me deu muito frio. Fiquei estranha, meu corpo está doendo como se eu tivesse apanhado.

– É assim mesmo, Clara, a sua mediunidade está aflorada.

– Como assim?

– Os espíritos se aproximam de você com facilidade, olha que vai ser bom. Já pensou, médica e médium vidente?

– Para com isso e me explica direito que eu não estou entendendo nada.

– A maninha vai ser curandeira – brincou o Marcos.

– Não achei graça nenhuma.

– Não fique zangada, Clara, não é nada do que o Marcos falou. Não existe essa de curandeiros. O que o Marcos está brincando é com a possibilidade de você ser uma excelente médium.

– O que é ser médium?

– A mediunidade é uma faculdade humana que permite aos espíritos se comunicarem conosco, ou seja, nós que somos também espíritos, mas temos um corpo físico e estamos encarnados. Faculdade mediúnica é a ferramenta que possibilita chegar até nós belíssimos ensinamentos do Alto. É também importante instrumento de caridade. Não acabamos de assistir a um exemplo vivo disso esta noite?

– Vou ficar feliz se Deus me permitir este trabalho – disse Clara, abrindo um sorriso encantador.

– Mas e aqueles 'trabalhos' que encontramos nas ruas, o que tem a ver com espiritismo? – perguntou, curioso, Marcos.

– São chamados de despachos, são oferendas, materiais para o santo, como eles chamam os espíritos.

– Que tipo de oferendas, Júlio?

– Alimentos, bebidas, cigarros e até animais.

– Que horror! É mesmo? – escandalizou-se Clara.

– Então o que você faz é diferente? – quis entender Marcos.

– Sim, muitas pessoas ainda confundem o espiritismo com qualquer outra prática espiritualista. Nossas atividades na doutrina espírita estão apoiadas na codificação de Allan Kardec, que contempla o Evangelho de Jesus e nos ensina que não precisamos de nenhum ritual, mas de exercitar a nossa fé raciocinada, nos esforçar para melhorarmos, nos ligarmos a Deus e acima de tudo nos esforçarmos para o bem e para o amor.

– Fico feliz e mais tranquila com o que acabei de ouvir.

– Bem, Clara, você viu o que fizemos hoje. É diferente, não é?

– É verdade, ainda bem. Marcos me deixou assustada, ele é muito engraçadinho.

– Eu só quis brincar com você, mana.

– Eu sei, eu acho até que gosto de falar com os espíritos.

– É, mas é só para quem tem sabedoria e preparação.

– Aí é que você se engana, Marcos, têm pessoas que não conhecem nada, não têm estudo e falam com os espíritos e recebem mensagens belíssimas.

– É mesmo? Como pode? Eu achava que tinha que estudar para ser médium.

– Claro que precisa estudar para lidar com o invisível, para não ser enganado! Corremos riscos de espíritos enganadores e perversos mistificarem, dizendo que são de luz e nos fazerem acreditar em suas mensagens.

– Como assim, Júlio?

– Um espírito pode se apresentar com outra aparência, fazendo-se passar por outra pessoa para nos enganar.

– Então aquela mulher que eu vi pode ser má?

– Pode, Clara, pode ser até um homem tentando envolvê-la.

– Meu Deus! Então Marcos tem razão. Pode ser perigoso ter contato com espíritos sem conhecimento?

– Sim. Para tudo há que ter preparo e seriedade. Hoje mesmo, fizemos esta reunião como uma extensão da que participo, com aval do meu dirigente, que entendeu ser necessária neste momento. Entretanto sem essa ajuda do Paulo, do Beto, de você, dos amigos espirituais não seria possível realizá-la.

– Eu gostaria de conhecer melhor essa doutrina – comentou Clara.

– Eu também, minha irmã – falou Marcos. – Acho que temos muito a aprender.

– Me ajude, Júlio, eu também tenho interesse.

– Eu sei, Beto, e vocês precisam.

– Como fazemos isso?

– Estudem. Vou providenciar os livros da codificação para vocês, e outros também importantes, como a coleção de André Luiz, e tantos outros psicografados por Francisco Cândido Xavier. Vou trazer também alguns romances que contam a vida, mostram como pensam e reagem aqueles que já estão do outro lado. Há ainda a possibilidade de vocês fazerem um curso de médiuns, disponíveis em quase todos os centros espíritas. Lá na nossa casa temos um bom curso de orientação mediúnica. Ah! o estudo do Evangelho nem preciso falar que é fundamental.

– Quando eu voltar para cidade, vou procurar um para aprender.

– É bom, Clara, isso vai ajudar muito em seu trabalho profissional também. Intuitivamente, você poderá receber muito apoio da equipe espiritual que também trabalha, como os médicos da Terra, para aliviar a dor e despertar para o bem os que passam pelo sofrimento.

– Ótimo, e você vai continuar fazendo essas reuniões?

– Vou conversar com o dirigente da nossa casa espírita, e aí sim, decidiremos os próximos passos.

– E se ele disser que sim, quando você vai fazer?

– Quando você vai embora?

– No domingo à noite.

– Se for permitido, faremos amanhã nesse mesmo horário.

– Posso ler este livro? – perguntou Clara, com *O evangelho segundo o espiritismo* na mão.

– Pode sim, Clara, fique à vontade.

– Vou ficar mais um pouco lendo. Quero aprender tudo o que ocorreu esta noite e a nossa conversa me deixou fascinada. Eu não pensava que um dia pudesse ver espíritos, quero saber mais sobre o assunto.

Júlio olhava para Clara com certa admiração e até interesse, quando pensou: "Aqui estou eu, de novo pensando em me aproximar da filha do fazendeiro mais rico da região... Preciso colocar-me em meu lugar e tomar mais cuidado com meus pensamentos", disfarçou e foi falar com Tiana. Entrando no quarto, a moça falou:

– Não se preocupe, senhor, ela também tem uma admiração muito grande pelo senhor.

– Do que você está falando, Tiana?

– Da doutora Clara, ela não tem namorado e é muito bonita, não é, senhor?

– É uma linda moça, mas como você sabe o que eu estava pensando?

– Alguém me falou.

– Ah, é? Quem anda falando de mim por aí?

– Calma, senhor, ele não quer nada de mal para o senhor. Só

quer ajudar.

– Tá bom, dessa vez eu perdoo, mas não gosto de ser vigiado – brincou, tentando disfarçar diante da situação.

– Só uma coisinha, senhor, ela bem que vai gostar de saber das suas intenções.

Rindo, Júlio falou em tom de brincadeira:

– Saia daqui, sua bruxa.

– Credo, não fale assim, senhor.

"Não acredito, essa mulher tem uma excelente mediunidade! Como descobriu o que eu estava pensando e por que será que ela falou que a Clara vai gostar? Será, meu Deus? Seria muito bom, eu iria adorar, ela é maravilhosa. Tudo está indo tão bem! Pena que ela vai embora logo. Como fazer para vê-la novamente?"

Ficou pensativo por muito tempo. Ali mesmo adormeceu, encostado na poltrona, não percebendo que alguém entrara no quarto. Clara abriu a porta e viu Júlio dormindo. Chegou perto dele e o tocou levemente, mas ele não acordou. Olhando-o mais atentamente concluiu: "Que homem maravilhoso, dedicado."

– Parece um anjo! Durma, querido! – disse ao abaixar e dar um beijo em seu rosto, saindo em seguida, depois de ver que seu pai também dormia.

"Meu Deus, não acredito, ela me beijou."

Ele tinha acordado e ela não percebeu. O coração do moço parecia sair pela boca. Deu um tempo e levantou para procurar Marcos. Seus olhos brilhavam.

– O que aconteceu? Por que está com este olhar, viu passarinho verde?

– Mais que isso, eu vi tudo que pode fazer um homem feliz.

– O quê? Fale.

– Não, Marcos, é segredo. Um dia você vai saber.

– Estou ficando curioso.

– Pois pode ficar. Ah! Vim falar com você sobre seu pai, dorme como um anjo.

– Graças a Deus, Júlio.

– Será que ele vai melhorar?

Marcos baixou a cabeça pensativo.

– O que foi, falei alguma coisa que você não gostou?

– Não, Júlio, não é nada com você, é comigo mesmo. Estou pensando, se meu pai melhorar, como vai ser a minha vida? Ele não vai querer que eu fique aqui, vai me expulsar de novo.

– Não pense assim, confia em Deus e espere, tudo pode mudar. Deve ser o espírito que estava com seu pai que provocava toda essa ira. Uma vez se afastando, será diferente e não fará nada mais contra você.

– Espero, não quero voltar para aquela vida que eu estava vivendo.

– Ore, amigo, a oração nos fortalece e Deus nos ajuda para vencermos o inimigo. Coragem, amanhã será outro dia. Agora vamos descansar, há muitas coisas para serem feitas.Não vamos perder tempo.

– Boa noite, amigo, obrigado por tudo. Você tem nos ajudado muito, até amanhã.

Enfrentando seus medos

Júlia acordou cedo e pediu para o Roque levá-la à capela. Chegando lá entregou, no confessionário, a carta para o padre, dizendo:

— O senhor é um representante de Deus. Ouviu-me em confissão. Então não pode me trair. Fique com esta carta e se alguma coisa me acontecer, o senhor entregue esta carta para Marcos, o filho do senhor Genésio da Fazenda do Pomar. Promete? Se o meu pai me obrigar a me casar com Rogério, no mesmo dia entregue para ele, promete?

— Apesar de não concordar com a sua atitude, prometo filha, fazer o que me pede.

— Posso ficar sossegada?

— Pode. Só não conte com o meu aval para as suas loucuras. Vou fazer o possível para ajudá-la a resolver a sua situação com o seu pai. Não se esqueça, filha, que o bem e o amor a Deus é sempre o melhor caminho.

Júlia voltou para casa, chamou um serviçal e pediu:

— Quero que você me faça um favor.

— Pode falar, senhorita, estou às suas ordens.

— Então aproveite que meu pai saiu e vá à Fazenda do Pomar e entregue esta carta para o senhor Marcos.

212 | LOURDES MARCONATO

– Mas é perigoso, e se o seu pai descobrir? Ele me mata...
– É só você tomar cuidado e ir bem rápido, meu pai vai demorar.
– Está bem.
– Vá no meu cavalo, se ele chegar eu digo que pedi para você dar uma volta.
– Então vou indo, logo estarei de volta.

Júlia não conseguia controlar seu nervosismo. Seu pai queria obrigá-la a se casar com Rogério. Estava mais tranquila por ter escrito a carta, mas pensava: "Como me livrar desse homem que tanto odeio? Meu Deus, ajude-me! Tudo parece noite em minha vida, como posso me casar com uma pessoa amando outra?"

A emoção tocava-lhe o coração em só lamento. "Minha vida não tem mais sentido!"

Saiu andando pelo jardim, observando as flores e pensando em Marcos. Passou um tempo nesta luta consigo mesma. "Estou perdida, tenho vontade de fugir, mas para onde? Não tenho dinheiro."

* * *

JUVENAL TRABALHAVA TRANQUILAMENTE, quando viu uma pessoa se aproximar a cavalo. Chegando mais perto, ele perguntou:
– Quem é você e o que quer aqui?
– Trabalho na Fazenda Danúbio. Preciso falar com o senhor Marcos.
– Espere um pouco, vou chamá-lo.

Entrando na casa:
– Com licença, Marcos, tem um serviçal da Fazenda Danúbio querendo falar com você.
– Já estou indo. Espere um pouco, Júlio, vou ver o que ele quer e volto logo.
– Vá tranquilo, Marcos.

Marcos recebeu do enviado de Júlia um envelope. Assim que o empregado se despediu, com o coração aos saltos, abriu a carta. Era apenas um bilhete que dizia:

"Marcos, deixei com o senhor padre, uma carta. Se algo me acontecer ele vai mandar lhe entregar. Confio em você. Eu o amo e farei tudo por você. Beijos, Júlia."

Marcos ficou preocupado. "O que será que acontecera com Ju? Por que este bilhete? O que terá nessa carta?"

Foi falar com Júlio.

— Não se preocupe, vamos orar e pedir a Deus que a ajude.

Depois da prece, Marcos ficou mais calmo, conversando com o Júlio. Marcaram a reunião para aquela mesma noite. Aproveitariam para pedir pela Júlia.

Marcos passou o dia inquieto. Pensava na sua amada, mas sentia doer seu coração, como se fosse um aviso. Ele mostrava nos olhos o que trazia no coração.

Enquanto Marcos andava pelo jardim pensativo, Clara, Beto e Júlio conversavam a respeito de sua tristeza. Estavam preocupados!

— Faça isto, Clara, converse com ele. Eu vou me preparar para a reunião, de logo mais à noite. Precisamos pedir muito a Deus e trabalhar. Tem coisas que não são fáceis.

— Por que, Júlio?

— Há muitas coisas para serem feitas e não são pequenas.

— Assim você me assusta.

— Não se preocupe, Clara, não é nada que não possa ser feito. Confie em Deus e faremos a nossa parte – refletiu Júlio, lembrando-se da extensão do processo obsessivo na família.

Indo ao encontro do irmão, Clara perguntou:

— Que foi, mano? Que tristeza é essa?

— Não sei. É uma dor no peito, uma sensação de perda, é horrível, tenho vontade de correr e não sei para onde.

—Faça uma prece. Peça a Deus para ajudá-lo.

— Eu já fiz, mas não me tranquilizei. Tenho a sensação de que alguém precisa me dizer alguma coisa e está esperando a hora.

— Sente-se aqui ao meu lado, deixe-me fazer algo por você, está bem?

— Será que é alguma coisa que vai acontecer com o nosso pai?

– Penso que não, Marcos. Papai está melhor. Júlio marcou para hoje outra reunião. Vamos nos preparar e pedir o auxílio também para você!

– Espero, senão eu vou morrer de tanta angústia.

– Não fale assim, fique quieto. Vamos fazer uma prece! – Falando assim, Clara colocou a mão na cabeça do irmão e pediu a Deus que o ajudasse.

Marcos adormeceu e sonhou:

Justino estava em cima de uma ponte olhando para ele e dizendo:

– Você não desiste, não é? Acho bom parar com essas coisas que estão fazendo, porque eu não vou me afastar. Agora eu vou conseguir o que eu quero. Você vai sofrer muito, tudo está sendo preparado para o golpe final.

– Do que você está falando?

– Das coisas que mexem com o coração.

– Você está falando de Júlia?

– Ele riu muito e desapareceu.

– Meu Deus, o que será que ele fez com a Ju. Alguma coisa ruim aconteceu com ela, não, não!

– Marcos, o que foi? Acorde!

Clara balançava o irmão, procurando acordá-lo.

– Não, não pode ser. Ele está prejudicando a Júlia.

– Ele quem? Do que você está falando?

– Daquele homem, o Justino.

– De novo? Não acredito.

– É, ele me apareceu em sonho, agora enquanto cochilava em seu colo, e falou que estava conseguindo o que queria e que eu iria sofrer muito. Quando perguntei se era com a Júlia, ele riu e saiu com cara de deboche.

Marcos sentia a aflição da Júlia. Tinha vontade de sair correndo ao seu encontro, mas sabia que não o deixariam entrar naquela casa, que Júlia devia estar sendo vigiada. Senão ela já teria vindo ao bosque, onde ele sempre ia para ver se a reencontrava.

Estava ansioso à espera da reunião daquela noite. Parecia que as horas não passavam, até que chegara o momento de todos se reunirem. Como na noite anterior, Tiana ficou cuidando do senhor Genésio.

A reunião ia começar. Júlio à cabeceira da mesa, Marcos a seu lado, Clara e Beto do outro lado, e Paulo na outra ponta da mesa. A senhora Ruth preferiu ficar em seu quarto. Estava um pouco assustada com tudo que estava acontecendo.

Mentalmente Marcos já procurava se ligar a Deus e aos seus mensageiros, buscando auxílio para o caso da sua amada, rogando ao Pai que lheo inspirasse.

Sintonizado com o centro espírita, que à distância dava sustentação espiritual àquela reunião, Júlio iniciou a sessão com uma belíssima prece. Em seguida, ao fazer a leitura do Evangelho, assistido pelos mentores, iniciou:

– Meus irmãos, agradeçamos a Deus por esta oportunidade de estarmos aqui reunidos em seu nome e em busca do caminho do aprendizado e de nossa evolução, neste verdadeiro exercício de amor. Quando optamos pelo bem, nenhum obstáculo é capaz de nos deter, porque o amor supera. Com a fé no nosso Pai e com muito amor ao trabalho ultrapassamos as dificuldades e seguimos firmes em nossos propósitos.

O sentimento de doação amorosa de cada um superava os limites da preocupação inicial de intercederem pelos núcleos familiares. O amor que espargia dos corações ali reunidos iluminava todo o ambiente e um bem-estar generalizado envolvia a todos.

Júlio fez uma breve pausa, como se estivesse escutando alguém. O rapaz, após respirar fundo, como se estivesse buscando forças, continuou:

– Amigos, confiemos no Pai. Em sua lei de amor. Se Deus é soberanamente bom e justo, não pode agir por capricho nem parcialidade. As dificuldades da vida têm uma causa e como Deus é justo, essa causa também deve ser justa.

– O que fazer agora? Meu Deus! – concluía Marcos, ao entender que Júlia se casaria mesmo com outra pessoa que não ele. Alguém que ela não amava.

– Calma, mano, não fique assim. Confie, entregue a Deus, só Ele pode resolver esta situação!

– Mas o que eu faço, Clara? Tenho vontade de ir lá e trazê-la para cá, contra a vontade de todos.

A reunião continuou em paz, até que, mais uma vez, Justino, revoltado com todos, se pronunciou, pelo intermédio de Paulo:

– Não vou sair, vocês vão me pagar! Estão devendo muito e ainda não me pagaram nem a metade.

Júlio estava acostumado com aquele tipo de ameaça de espíritos revoltados que eram socorridos nas reuniões do centro. Rebeldes, não aceitavam a condição em que se encontravam de perseguidores culpados. Com Justino não era diferente. Procurando dar à voz uma entonação tranquila, calma que realmente sentia, iniciou o diálogo:

– Irmão Justino, não pense desta maneira. Caminhe em direção à verdadeira paz, a que refrigera a nossa alma. Tudo o mais não lhe fará feliz! Atenda ao chamado de irmãos que te amam tanto e o aguardam tão saudosos! Asserene a sua alma, Justino! Você não percebe que tanto tempo já passou?

– Eu não fiz nada, foram eles que fizeram comigo.

– É verdade. Não posso refutar a sua indignação. Mas eles já estão arrependidos. E você? Fez e não se arrepende.

– Você é mentiroso, está querendo me enrolar com essa voz macia. Eu não fiz nada.

Seguindo instruções dos amigos espirituais, perguntou:

– Justino, em nome de Jesus, se você estiver disposto a enxergar, entenderá o que se passou em uma vida pretérita!

– Você não tem o que me mostrar, eu nada fiz; tenho a consciência tranquila. Mas se quer perder tempo, fique à vontade. Eu tenho todo o tempo do mundo. – Sua gargalhada ecoou pela sala.

Imediatamente, o grupo de resgate presente àquela reunião plasmou uma tela à frente do conturbado espírito. Justino viu um navio pirata e em seu tombadilho vários tripulantes presos, amarrados, sem receber alimentação já há alguns dias, sendo exaustivamente castigados.

– Está vendo o capitão? – perguntou Júlio.

– Estou e daí?

– Quer saber quem ele era?

Justino se viu nas roupas de capitão do navio pirata.

– Eu? Não pode ser!

– Sim, meu amigo, pois foi. E agora veja quem são os tripulantes que estão sendo massacrados sem piedade, pela maldade do então capitão, o todo- poderoso dos mares!

Um a um, Genésio, Ruth, Marcos, Júlia, Ernesto, Beto e Clara foram aparecendo!

– Não pode ser, eu não os conhecia, não podia ter feito isso! Esta é mais uma tramoia contra mim. Vocês, que gostam de posar de bonzinhos, são iguais a todo mundo, querem me prejudicar!

– Nada disso! E olhe. Depois de tê-los maltratado, você ancorou o navio, retirou a sua tripulação e colocou fogo no navio, matando todos os que estavam amarrados sem direito a qualquer tipo de defesa.

– Eu não fiz isso, por que iria fazer? O que eles me fizeram?

– Foi para tomar suas terras. Hoje você os acusa dos mesmos erros que cometeu. Perante a justiça divina, Justino, o que eles fizeram a você não têm justificativas, porque um erro não justifica o outro. Mas infelizmente o ser humano, encarnado ou não, é juiz de si mesmo e mais cedo ou mais tarde vai se ver diante de sua consciência.

Justino abaixa a cabeça, com os olhos marejados de lágrimas. Soluça desesperado, entendendo a realidade dos fatos expostos caridosamente pelo grupo de apoio, presente àquela reunião:

– Então eu fiz pior do que eles. Pelo menos, estávamos soltos, podíamos correr ou gritar e eles nada podiam fazer, pois estavam amarrados.

– Pois é, irmão, está na hora de perdoar, seguir o seu caminho e pedir a Deus forças nesta sua jornada, rumo à perfeição!Justino, em prantos, pedia:

– Por favor, ajudem meus filhos, eles estão revoltados como eu.

– Eles também participaram com você desta ação. E todo mal

é desequilíbrio e todo desequilíbrio necessita de reajuste.

– Obrigado por haver me mostrado as falhas que cometi, mas como vou limpar meu coração de todo esse ódio?

– Confie em Deus, você conseguirá. O Pai ama a cada um de seus filhos e jamais desampara. Ao reconhecer as suas faltas, você já está no caminho. Vamos orar por você e por seus filhos. Pedimos aos mensageiros, ao grupo de resgate, que o encaminhe a um lugar onde irá receber o tratamento necessário à sua recuperação.

– E meus filhos? O que será deles?

– Fique tranquilo, tudo a seu tempo. Os amigos que estão aqui irão encaminhá-lo para a direção que necessita. Em seguida também auxiliarão os seus filhos. Tenha fé, você está acolhido e amparado com os mensageiros de Jesus, nosso irmão maior.

Justino se afastou. Paulo bebeu um gole de água. Sentia-se um pouco tonto, mas uma felicidade inenarrável tomava posse de seu coração de homem simples, mas de profundo amor pela humanidade. Sorriu ao receber os agradecimentos de Júlio. Não se sentia orgulhoso, mas feliz.

Júlio fez a oração de encerramento:

– Agradecemos, Senhor, por esta reunião e pela presença de todos os amigos que aqui estiveram. Agradecemos por tudo que nós e nossos amigos recebemos na noite de hoje. Pedimos que nos ajudem a fazer bom uso das instruções que nos foram dadas. Que estas lições sirvam-nos de exemplos para as nossas vidas. Que saibamos aproveitá-las em benefício dos nossos irmãos encarnados. Pedimos licença para encerrarmos esta reunião, voltando em outra oportunidade, se Deus assim o permitir. Assim seja!

A sala estava tomada por um silêncio. Todos se sentiam emocionados. Marcos não sabia que decisão tomar em relação à Júlia. Mas sentia que era preciso confiar.

A noite, para Marcos, foi agitada e longa.

Júlio foi ao quarto de Genésio, que dormia tranquilo. Conversou com Tiana, que permanecera todo o tempo ao lado dele. Ela confirmou o que Júlio já sabia. Genésio ficara calmo, falou pouco, chorou escondido, mas logo dormiu.

– Bem, vou dormir, você pode descansar, obrigado Tiana.

– Não por isso, senhor. Para mim é sempre uma satisfação ajudar o próximo.

Preparativos para o casamento

Júlia passou a tarde toda no jardim pensando no seu destino e na saudade que sentia de seu amado, nem percebendo que já era noite. Seu pai, como sempre, estava à sua procura. Ela estava distraída quando ouviu:

– Senhorita, o patrão está chamando. Está na hora do jantar.

A passos lentos, sem pressa, caminhou na direção da casa grande, encontrando seu pai, em pé na varanda, com cara de poucos amigos.

– Posso saber onde você estava que não me ouviu chamar?

– Estava no jardim.

– Neste escuro? Não perde a mania de ausentar-se sem dizer nada. Vamos jantar. Precisamos conversar.

Seu coração disparou. "O que será que ele vai falar?" Já estava acostumada com aquelas conversas. Sentou-se à mesa, sem fome. Parecia adivinhar o que estava para acontecer. Estava cabisbaixa, distraída.

– Júlia!

Ela nem ouviu seu pai falar.

– Júlia!

– Sim, papai?

– O que está acontecendo com você. Nem me ouve quando falo.

– Desculpe-me, pai, não ouvi mesmo.

– Você anda muito estranha. Quero acabar logo com isso. Vou marcar seu casamento para o mês que vem. Sua mãe vai providenciar o enxoval.

O choque foi tão grande que ela nada respondeu.

– Estou falando com você, filha desnaturada.

As lágrimas rolaram pelo seu rosto.

– Eu não vou me casar com Rogério, já falei! Não vou me casar.

– O quê? Quem você pensa que é para falar assim com seu pai?

– Sou sua filha e por sinal uma pessoa muito infeliz.

– Nunca mais repita isso. Vai se casar, sim senhora, e não se fala mais nisso. Aqui eu dou as ordens e você obedece.

Júlia ia responder, mas achou melhor se calar. "Preciso pensar em alguma coisa, mas o quê? Acho que só a morte me livrará desse homem... Se eu pudesse sair, iria ver Marcos e pediria para fugir com ele. Mas como? Sem recursos, seria impossível! Acho melhor ir dormir. Amanhã pensarei no que fazer."

Júlia não conseguiu pregar os olhos. A noite foi uma tortura. Levantou logo ao amanhecer. Estava com os olhos inchados de tanto chorar. Foi procurar sua mãe, que se assustou com o estado da filha.

– Júlia, o que é isso, que aconteceu com você? Não deixe seu pai ver você assim.

– Que me importa? Eu não vou me casar com aquele homem.

– O que você quer, filha? Ele é um bom rapaz, pelo que sabemos é rico.

– Vocês só pensam nisso, dinheiro, posição e nome. E a minha felicidade, não conta?

– Filha, mulher é só para servir, não podemos exigir nada, devemos ficar caladas.

– Para que, mãe? Para ser infeliz como a senhora? Nunca, eu não vou ficar calada. E tem mais, eu acabo com a minha vida.

– Júlia! Não fale assim, filha.

– Falo e faço, já fiz uma vez, não custa nada fazer de novo. Só que desta vez farei direito.

– Acho bom que não deixe seu pai ouvir isto.

– Vou sair, não sei que hora volto.

– Não vai não. Seu pai mandou o Roque vigiá-la.

– Mas ele não pode fazer isso comigo.

– Ele fez e é capaz de fazer pior. É melhor você obedecer. Eu precisava mesmo falar com você; hoje após o almoço vamos sair para comprar o seu enxoval.

– Não quero nada. Não vou a lugar nenhum. Não acredito! Além de infeliz sou prisioneira – desabafou a jovem.

Correu para seu quarto e fechou a porta. Ficou andando de um lado para o outro, pensando: "Me dá vontade de acabar com tudo", mas naquele mesmo momento lembrou-se do que Marcos falou quando ela estava no hospital: que a vida é a coisa mais importante que temos, e que prestaremos contas do que fizermos dela, do que venha prejudicá-la.

"Meu Deus, ajude-me a vencer estas dificuldades que estou enfrentando."

Caiu em prantos e, adormecendo, não demorou muito a ver cenas de um sonho com um velhinho que lhe dava as mãos e com ela caminhava, falando:

– Filha, a vida é um caminho que devemos seguir e não há tempo para parar. Passamos por várias existências. Em muitas colocamos pedras e espinhos difíceis de serem removidos e muitas vezes nossa imprudência é a mãe dos maiores tropeços. Atente à coragem e à paciência nesta caminhada que pode ser mais amena. Só depende de você! A fuga muitas vezes só nos faz protelar o aprendizado, e deixar para depois a verdadeira felicidade.

– Mas, senhor, eu não gosto deste rapaz.

– Aceite, filha, os caminhos que a vida por hora lhe reserva, sem fugir à sua responsabilidade.

– Não consigo aceitar esta união, este homem é prepotente.

– Dê tempo ao tempo e tudo se resolverá. Se quer ficar ao lado de quem ama, asserene o seu coração e trabalhe a aceitação neste momento.

– Ajude-me senhor, por favor, não tenho forças.

O velhinho beijou-lhe as mãos e desapareceu!

"Quem será este bondoso senhor? Deus atendeu ao meu pedido."

Dormiu um sono tranquilo e ao acordar estava bem mais descansada. Sentiu fome, lembrou-se de que não tomara o café ao levantar.

Sua mãe, percebendo que ela acordara mais disposta, chamou-a para o café.

– Já estou indo!

Sentando-se à mesa, mais amistosa foi logo dizendo: – Sua bênção, minha mãe. Quero pedir-lhe desculpas pela atitude de algumas horas atrás.

– Deus a abençoe, minha filha, e a ajude a encontrar a paz. Eu entendo o que se passa em sua cabeça e sinto nada poder fazer para ajudá-la. Seu pai, também, só quer a sua felicidade, na verdade, ele acredita que tudo o que está fazendo é para o seu bem. Vamos fazer a vontade dele. Acreditemos em Deus e tudo se arranjará. Vamos sair hoje à tarde para comprar o seu enxoval?

– A senhora é quem sabe.

Adélia estranhou a atitude da filha.

– Você está bem?

– Estou mãe, fazer o quê? Não posso fazer mais nada, já me condenaram mesmo.

– Não fale assim, filha. Rogério é um ótimo rapaz.

– Já sei, mãe. Não quero ouvir nada. Se temos que ir, que seja logo, antes que eu mude de ideia. Vou andar um pouco.

– Vai, filha, vai lhe fazer bem.

Júlia estava passada. Seu mundo tinha desmoronado.

"O que aquele bom velhinho quis dizer ao falar para eu não fugir da minha responsabilidade? Eu não fiz alguma coisa para o Rogério, e tenho que pagar? O pior é que agora eu não tenho coragem de fazer nada para mudar esta situação, terei que enfrentar este casamento."

Com esse pensamento, encontrou Marta, a esposa do Roque.

– Bom dia, senhorita Júlia.

– Bom dia, Marta, estava tão pensativa que nem percebi você chegar.

– Está tudo bem?

– Mais ou menos, Marta, estava pensando em um sonho que tive esta manhã.

– Foi bom, senhorita?

– Acho que sim, creio que me ajudará a não fazer bobagem.

– Como assim?

– Vou contar para você, promete não falar nada para ninguém?

– Prometo, pode ficar sossegada.

– Marta, eu não quero me casar com Rogério e pensei até em acabar com minha vida, como tentei fazer daquela vez.

– Credo, senhorita! A vida da gente pertence a Deus. E não podemos brincar com ela.

– Agora eu entendo, um velhinho me falou no sonho.

– Quem é esse velhinho?

– Não sei, ele falou em não fugir da minha responsabilidade!

– Não precisa ter medo. Você está sendo ajudada. Faz sentido! Assuma os compromissos que a vida lhe impõe, senhorita Júlia, deve haver um motivo! Converse com o homem que a senhorita viu no sonho, fale por pensamento que ele responderá!

– Não, eu tenho medo dos mortos.

– Estamos falando de espíritos iluminados. Ele não lhe fará mal, confie, senhorita Júlia, confie que ele vai lhe ajudar.

– Vou pensar, se me der coragem eu converso com ele. Obrigada, Marta, sinto-me mais calma.

– Quando precisar é só me chamar.

Júlia foi para seu quarto. Estava entristecida. Não via sentido para a vida. Não aguentando segurar as lágrimas, soluçava tão alto que sua mãe subiu correndo para ver o que se passava:

Júlia abraçou a mãe – eu sou muito infeliz, mãe. Por que Deus não me leva?

– Filha, não fale assim. Só a Deus cabe nos dar ou tirar a nossa vida!, que é um bem maior que ele nos dá.

– Não me importo mais com nada, eu só quero paz.

— Não fique assim, não chore. Não deixe seu pai ver você chorando.

— Meu pai, a senhora só se preocupa com ele, eu posso sofrer?

— Não é isso, filha, você sabe como ele é enérgico. Você não sabe o que já sofri, filha. Tome cuidado! Eu tenho medo que ele faça com você o que fez comigo, principalmente porque você não nasceu homem, o varão que ele queria.

— O que a senhora falou?

— Nada, filha, nada. Faz de conta que você não ouviu. Se ele souber que eu falei para você ele me mata.

— Não é possível! Ele não pode fazer o que faz. Não é dono de nossas vidas!

— Eu sei, querida, mas o que fazer, se não temos dinheiro para sobreviver! Eu quero que você se case para ficar livre deste homem, apesar de ser seu pai.

— Do que adianta mãe, eu acho que o Rogério é igual a ele ou pior. Meu Deus, o que vamos fazer?

— Vamos rezar muito para Deus nos ajudar, só nos resta confiar. Vamos, filha! Lave o rosto, seu pai está chegando. Procure manter-se calma.

— Tá certo, mãe, perdoe-me! Não sabia o que a senhora já tinha passado e o que ainda está passando. A senhora é um anjo, Deus vai ajudar-nos um dia.

— Vou mandar servir o almoço e depois sairemos juntas.

No almoço, Júlia estava calada, pensativa.

— Que foi, menina, o que você tem?

— Nada, pai, só não estou bem.

— Quer que eu chame o médico?

— Não, não precisa, já vai passar!

Após o almoço ele determinou a Roque que preparasse o carro e levasse a esposa e a filha para as compras, no que foi prontamente atendido pelo capataz.

Júlia parecia que estava indo para a forca. Seus olhos estavam tristes, sua vida não tinha mais sentido! Seu mundo havia desmoronado! "Marcos, onde você está? Preciso tanto de você. Ajude-me, por favor" – desabafava em silêncio!

Na cidade, Adélia tudo fazia para chamar a atenção de sua filha, mas sabia o que passava pelo coração da jovem.

– Fiquem à vontade e, senhorita, temos muitas coisas bonitas, quando escolherem é só me chamar.

– Obrigada.

Nada tinha graça para Júlia. "Como seria diferente se fosse me casar com Marcos!" Mais uma vez as lágrimas caíram.

– Filha, estão vendo você chorar, controle-se.

Júlia foi pegando as roupas de cama, banho e mesa automaticamente, como se fosse um robô. Não escolhia cores nem artigos.

– Tem certeza que vai levar estas peças, senhorita?

– Tenho.

O atendente olhou para a senhora Adélia com olhar de espanto. As roupas de dormir eram todas de tons escuros, e as de cama de cores bem berrantes.

– Filha, precisamos ver o vestido, você precisa escolher, ou quer que o seu noivo esteja presente?

– Para quê? Por mim nem me casaria de noiva, ou então me casaria de preto!

– Que é isso, Júlia? Preto é luto e não morreu ninguém.

– Morreu sim, mãe.

– Quem, menina?

– Eu morri!

– Meu Deus, esta menina perdeu a razão.

Foram em algumas lojas de noiva.

– Mãe, eu não gostei de nada.

– Como, filha? Olhe quantos vestidos lindos.

– Para mim não servem. Quero uma costureira para fazer o meu. Será surpresa para todos.

– Então está bom. Perto de casa tem uma costureira muito boa. Depois vamos até lá.

– Então daqui vamos direto. Falaremos com ela e assim escolho o vestido já.

Chegando na casa da costureira, após as apresentações, Júlia perguntou:

– Posso escolher o tecido?

– Pode sim, minha jovem – respondeu madame Djanira.

– Mãe, me dá licença, quero escolher sozinha. É segredo, meu vestido de noiva vai ser deslumbrante.

– Veja lá, hein, Júlia. Olhe bem o que você vai fazer!

– Fique sossegada, mãe, a senhora vai gostar.

Entrou no quarto com a madame, escolheu um vestido que parecia uma mortalha.

– Agora a cor.

– Mas, senhorita, a cor é branco.

– Espere, tive uma ideia, qual é a cor que combina com a morte? É preto, com o sofrimento é roxo e com o desespero é vermelho, ou marrom.

– Do que a moça está falando?

– Eu estou passando por tudo isso, o que a madame me aconselha?

– Olha, senhorita, casamento é coisa muito séria, deve ser bem pensado.

– E quando somos obrigados a casar sem chance de escolha?

– Deve pensar melhor! Não use roupa escura! Para Deus esta ocasião é sagrada.

– Talvez por este motivo eu não use preto, mas eu quero que faça do jeito que eu pedir. Longo com um véu cobrindo meu rosto, que é para ninguém ver os meus olhos e minha tristeza.

– Estou com muita pena de você! Gostaria de poder fazer alguma coisa para lhe ajudar.

– Não se preocupe, só Deus pode fazer algo por mim. Então, senhora, faça este vestido que estou pedindo.

– Mas você é tão linda, vai estragar sua beleza.

– Mas é isso mesmo que eu quero. Por favor, não fale nada para minha mãe. É um segredo só nosso. Será surpresa para todos!

– Prometo, senhorita, que guardarei segredo. Na próxima semana, venha provar o vestido.

– Está bem, voltarei.

Júlia saiu! A senhora Adélia queria saber o que ela havia encomendado, como seria o vestido.

— É surpresa, no dia a senhora verá. Vou ficar linda! Vocês vão se orgulhar de mim.

Dona Adélia estava preocupada. Júlia estava estranha. Tentou conversar com a madame, mas ela disse que a moça pediu segredo. Voltaram para casa com muitas compras.

— Mãe, vou para o meu quarto, estou exausta.

— Vá, filha, eu também me cansei muito. Descanse e depois guardaremos o seu enxoval.

Júlia subiu para o quarto, caiu na cama e deu vazão aos seus pensamentos. Lágrimas rolavam dos seus olhos. Parecia um pesadelo o que ela estava passando e não tinha jeito, não sabia mais o que pensar. Pediu a Deus, orou e adormeceu, tendo os mesmos sonhos que já se tornavam comuns para ela:

De novo estava à sua frente aquele bondoso velhinho.

— Filha, não sofra desta maneira. Dê uma chance para você mesma.

— Como, senhor? Minha vida acabou. Não tenho motivo para viver.

— Não diga isso. Você tem saúde para continuar lutando e só se consegue paz com muita luta e, no seu caso, renúncia. Não deixe apagar o brilho dos seus olhos. Tenha fé em Deus e um dia vencerá.

— Tarde demais, senhor.

— Você ainda vai ser feliz. É uma questão de tempo. Mas é você quem vai fazer com que isso aconteça.

— Como eu, se nada posso fazer? Não tenho vontade própria!

— Pense que as pessoas não são eternas, só o espírito é imortal.

— Sei. Mas o que o senhor quer dizer com isso?

— Espere e verá.

— Posso saber seu nome?

— Sim, meu nome é Euclides. Mas me chame de vovô, eu vou gostar muito.

— Está bem, vovô.

Sorridente, ele se despediu.

Júlia dormiu o resto da tarde; parecia que estava fugindo da realidade. Acordou com o barulho do carro que chegava trazendo Rogério.

"Meu Deus, o que farei agora? Meu pai vai marcar a data do casamento e não posso fugir, ajude-me, meu Pai."

Levantou-se e se preparou para receber aquele homem que ela tanto odiava. "Por que ele teve que aparecer em minha vida?"

Desceu a escada pálida, desanimada e triste. Rogério assustou-se quando a viu.

– Como vai, Júlia?

– Tudo bem.

– Você está abatida.

– Não é nada. Só estou cansada.

– Seu pai chamou-me aqui. Depois você vai ficar sabendo, espere ele chegar. Como vai, senhora Adélia?

– Tudo bem. Fique à vontade. Meu marido chegará logo. Enquanto isso, aceita um chá?

– Obrigado, aceito sim.

– Vou mandar servir.

Dona Adélia mandou servir o chá. Júlia não dava uma palavra, permanecia triste e distante. Rogério, observando-a, comentou:

– Eu daria tudo para saber o que você tem.

– Logo você vai saber e, antes de conversar com meu pai, deixe-me lembrá-lo de que eu não mudei o meu modo de pensar a seu respeito.

– Depois do nosso casamento você vai mudar, eu prometo.

– Não tenha tanta certeza!

Os dois ficaram calados e pensativos. Rogério, apesar do sorriso estampado no rosto, pensava: "Eu não vou perder a oportunidade de ficar rico. Isso nunca! Depois domarei essa ferinha." Ouviram um barulho. Era o senhor Ernesto que estava chegando.

– Boa noite, meu rapaz.

– Boa noite, senhor, estava à sua espera.

– Espere um pouco, vou tomar um banho e volto logo para conversarmos.

– Fique à vontade, senhor. Júlia me fará companhia.

A moça olhou para ele com raiva: "Como você é prepotente. Eu vou aceitar esse casamento, mas vou acabar com esse seu olhar de prazer. É só esperar" – remoía.

Por volta das oito horas, foi servido o jantar, todos à mesa. Pareciam felizes. Menos Júlia que estava muito nervosa, derrubava os talheres e não parava sentada.

– O que você tem menina, que não para?

– Nada, pai.

– Nada o quê? Todos estamos vendo o seu nervosismo. O que aconteceu com esta menina, Adélia?

– Não sei, ela está assim, já tentei saber mais, mas ela disse que não tem nada.

– Então vamos falar o que interessa. Eu chamei você aqui, Rogério, para falar do seu casamento com minha filha.

– Ótimo, senhor, estou ansioso.

– Pois bem, vamos marcar para o dia dez do mês que vem, está bom para você?

– Sim, senhor, para mim está ótimo.

– E para você, Júlia?

– Eu? Mas, pai, não falta nem um mês, está muito perto.

– Não se preocupe, preparamos tudo.

Júlia calou-se. "Falar o quê, se tudo estava resolvido?"

– Vocês me dão licença, eu vou sair da mesa, estou com dor de cabeça.

– Chame Marta e mande preparar um chá para sua filha, senhora.

– Espere, Júlia, aí você já toma seu chá.

– Não precisa, mãe, vai passar logo.

– Fique mais um pouco à mesa que o chá chega já. Vamos aproveitar para falar dos preparativos. Amanhã mesmo vou ao cartório e à igreja para mandar correr os papéis e Adélia irá providenciar a festa, os convidados e o resto do enxoval – exterioriza o pai.

Tudo aquilo parecia um pesadelo. Júlia tinha vontade de gritar. Seu coração estava disparado. Tal era sua tensão que ela foi ficando pálida; suava frio.

– Mãe, estou mal, ajude-me.

Tombou desmaiada. Foi uma correria. Chamaram o médico e aos poucos a moça foi voltando.

– O que foi, filha?

– Não sei, mãe. Eu senti tontura, um mal-estar, estou me sentindo tão fraca!

– Você não tem se alimentado direito. Vou cuidar de você para ficar forte até o dia do seu casamento.

– Por favor, não quero falar nisto! Ainda estou cansada.

– Então durma. Amanhã conversaremos, e você, Rogério, desculpe pelo acontecido.

– Não se preocupe, senhora, eu entendo. Teremos tempo para ficarmos juntos, boa noite.

Todos saíram. A moça caiu em prantos. Já não tinha mais lágrimas. Dormiu um sono pesado.

Rogério e o senhor Ernesto, na sala, falavam dos preparativos.

– Faremos a festa aqui no jardim. Um altar com flores seguirá todo o corredor e vocês depois receberão os convidados no salão de festas.

– Preciso convidar meus familiares de longe.

– Convide quem você quiser. Quero que seja uma festança. Vamos trazer músicos da cidade e cantor lírico, que eu gosto muito. Amanhã mesmo Júlia e Adélia vão providenciar tudo o que falta e fazer a lista dos convidados.

Precisamos falar sobre a casa que vocês vão morar. Talvez queiram morar com seus pais, mas eu gostaria de dar de presente uma bela casa na cidade ou uma fazenda.

– O senhor é quem sabe. Eu não sei se a Júlia vai querer morar com meus pais. Pode ser que ela queira ser a dona da casa, coordenar tudo. O senhor vê com ela. Do jeito que ela quiser eu ficarei contente.

Rogério estava preocupado. Não queria que o sogro insistisse para morarem com os pais, pois a casa que eles moravam estava hipotecada. Seu pai, jogador inveterado, tinha perdido muito dinheiro e fora preciso pedir empréstimo no banco.

– Então, meu rapaz, combinamos assim. Amanhã sairemos e faremos uma surpresa para minha filha. Tudo que eu tenho é dela. Só tenho ela de filha. Então, que sejam felizes. Sei que a Júlia vai gostar. Espero que você também goste e não fique sentido por não morar com seus pais.

– Não se preocupe, senhor, meus pais pensam em ir para o exterior.

– É mesmo? O que seu pai faz?

– Ele... – gaguejou – ele tinha uma firma de couro, mas estava um pouco adoentado e achou melhor vender.

– Que pena, meu rapaz, e ele vive do quê?

– Só de rendas.

– Muito bem, traga-o aqui. Precisamos conversar sobre o casamento. Quero saber se eles estão de acordo. Combinado?

Rogério ficou pálido; demorou para responder.

– E então, meu rapaz, o que fez você ficar calado?

– Nada, senhor, eu estava pensando. Meus pais viajam muito. Quase não param em casa. Agora mesmo foram para a Europa. Quando eles chegarem, os trarei para falar com o senhor.

– Então vamos amanhã ver a casa.

Tudo corria como ele queria. Rogério estava radiante. Prestes a pôr as mãos na fortuna do sogro. Mas ao mesmo tempo estava preocupado. Como faria para apresentar seus pais para o senhor Ernesto, exigente como ele era. Seus pais não tinham a mesma cultura daquela família. Precisava encontrar um jeito para afastálos antes da festa do casamento.

A alegria de Júlio e Clara

Marcos se levantou. Estava bem fisicamente, mas o coração estava triste. Foi falar com o velho amigo:

— Bom dia, Beto.

— Bom dia, Marcos, sente-se melhor? Você precisa se animar um pouco.

— Sinto a tristeza invadindo meu coração cada dia mais. Vim pedir-lhe um favor. Você poderia ficar um pouco com meu pai. Eu queria dar uma volta e conversar com Júlio.

— Claro, Marcos. Você sabe que pode sempre contar comigo. Estou aqui para ajudá-lo.

— Muito obrigado, Beto. Você é um grande amigo.

Marcos gostava muito do Beto, mas para essas conversas que envolviam o coração e principalmente com esta história de espíritos e outras vidas, ele preferia conversar com Júlio.

— Júlio, vamos dar uma volta, preciso conversar um pouco. Já falei com Beto, ele vai fazer companhia para meu pai.

— Claro, amigo, vamos lá.

Arriaram os cavalos e saíram em direção ao bosque. Júlio conversava com o amigo tentando distraí-lo um pouco. Marcos recordava os encontros que tivera com Júlia. Em seu coração, a certeza de que não mais veria sua amada. "Como viver sem ela?"

– Marcos, não fique assim! Tudo tem uma razão de ser. Nada acontece por acaso!Tenho certeza de que tudo caminha para melhor. Mas nós sempre temos pressa. Deus é Pai! Pense positivo e você vencerá! Agora, dedique seu tempo ao trabalho, administrando a fazenda, pois seu pai ainda não está em condições de fazer nada. O trabalho é o melhor recurso para preencher o vazio que às vezes fica dentro de nós.

– Obrigado, Júlio, você tem me ajudado bastante.

– Faço o que é preciso para ajudar os amigos e fico feliz por consegui-lo.

– Vamos voltar, Júlio, não posso ficar aqui recordando. Não é bom e me deixa mais triste. À tarde vou à cidade levar a Clarinha, quer ir comigo?

– Gostaria, se não for atrapalhar.

– Claro que não, é um prazer.

– Então, vou pedir ao Beto que fique com seu pai novamente.

– Papai está bem. Foi até uma surpresa! Ele me reconheceu e, melhor ainda, não estava bravo comigo.

– Mas o que o fazia ficar nervoso era a influência dos irmãos que o acompanhavam. Daqui para frente só tende a melhorar.

– Graças a Deus, eu tinha muito medo de ele não me aceitar.

– Agora tudo está bem, fique sossegado.

Chegaram em casa, já estava na hora do almoço. Todos reunidos à mesa e felizes, Clara falou:

– Eu tive um sonho muito estranho. Estava com Marcos em um hospital. Fomos visitar a Júlia, que estava machucada, com o rosto inchado. Perguntei o que tinha acontecido e ela ficou calada. Eu disse que ela podia falar, que eu era médica e precisava saber do acontecido. Ela contou que o marido havia chegado bêbado em casa e batido muito nela. Os empregados haviam chamado o médico e trouxeram-na desmaiada para o hospital, mas dizendo que ela havia caído do cavalo. Não é estranho, Júlio?

– Que eu saiba, Júlia não é casada.

Os dois se olharam e Marcos falou:

– Penso que seja um aviso. Será que ela corre risco? O que faço para ajudá-la?

– Nada, mano, você não pode fazer nada. E se existem ajustes nossos a serem feitos nesta vida, eu não tenho dúvidas de que você e Júlia estão bem no meio deles. Aliás todos nós estamos. O melhor é passar por tudo isso, mas aceitar e fazer o melhor. Se lembra da mensagem?

Chegou a hora de Clara ir embora; ela estava no jardim quando Júlio chegou sem que ela percebesse.

– Ai, que susto, Júlio.

– Desculpe, doutora.

– Quer parar de me chamar de doutora! Já disse que para os amigos eu sou Clara.

– Só, e para os apaixonados?

Clara olhou-o assustada.

– O que você falou?

– Isso mesmo que você ouviu.

– Você está brincando?

– Não, Clara, nunca falei tão sério.

– Verdade?

– Verdade!

Clara não conseguiu segurar, ficou olhando para o moço e confessou:

– Eu também, Júlio, não estava mais aguentando o que estava sentindo.

– Estava, não está mais?

– Claro, agora mais ainda.

Júlio pegou nas mãos da moça e os dois se abraçaram e num longo beijo sentiram o quanto se amavam, o quanto estavam apaixonados.

– Não acredito que você me aceita, Clara. Eu sou o homem mais feliz do mundo.

– E eu uma mulher de muita sorte, por ser amada por alguém tão belo e bom como você!

– Obrigado, querida, agora eu vou falar com sua mãe e com

seu irmão.

Entraram na sala onde estavam a dona Ruth e Marcos.

– Bom dia, senhora.

– Bom dia, meu rapaz.

– Sua bênção, mamãe.

– Deus a abençoe, minha filha.

– Mãe, o Júlio tem uma coisa para falar com a senhora e com Marcos.

– Senhora, como o senhor Genésio ainda está se recuperando e não pode se emocionar, eu tomo a liberdade de falar com a senhora e com o Marcos. Quero o consentimento de ambos para namorar Clara; nós nos amamos.

Marcos, radiante de alegria pela irmã e pelo amigo, confessou:

– Isso é bom demais para ser verdade; bem que eu estava desconfiado.

– É verdade, desde o primeiro momento em que eu vi a Clara, meu coração bateu forte.

– Posso falar agora? – perguntou dona Ruth.

– Claro, senhora, desculpe, não ouvi sua resposta e já fui falando.

– Eu fico muito feliz, filha. Gostei muito do moço Júlio e faço bom gosto. Espero que seu pai também goste.

– Obrigada, mãe, estou muito feliz.

– Eu também, querida.

Mãe e filha se abraçaram emocionadas.

– Mãe, agora preciso ir, logo estarei de volta. Sempre que puder virei vê-los.

Abraçou a mãe novamente, com muito carinho, depois foi se despedir do pai, que já estava bastante lúcido, ficando feliz com sua melhora.

– Vim pedir sua bênção, preciso ir embora.

– Quando você volta?

– Logo, sempre que tiver uma folga! Agora vou indo.

Saiu. Júlio e Marcos já estavam à sua espera.

– Vamos levá-la até a cidade.

– Que bom!

Na hora da despedida, o coração do Júlio estava triste. Não podia ficar com ela na cidade. Tinha prometido ao Marcos ficar um mês e não podia deixá-los agora. Clara teria que esperar. Conversaram, trocaram carícias e despediram-se com um longo beijo.

– Volto para vê-la na próxima semana.

– Volta mesmo? Vou morrer de saudade.

– Eu estou pensando em trocar de emprego. Recebi uma proposta para trabalhar no hospital municipal e vou tentar. Ganharei mais e posso pensar no futuro.

– Depois você decide com calma, vou esperá-lo ansiosa, adeus.

Voltaram para a fazenda sentindo muita falta da Clarinha.

Tudo corria bem. Marcos estava ansioso. Pensava muito em Júlia. Não tinha notícias dela, pois tudo naquela região era feito em sigilo absoluto. Os serviçais não comentavam nada sobre o casamento da Júlia.

O golpe de Rogério

Rogério levantou todo eufórico: "Vou procurar a fazenda mais bonita e cara dessa redondeza. Na verdade, eu prefiro uma bela fazenda de gado."

E chegando à fazenda, o sogro veio ao seu encontro:
– Bom dia, jovem, está preparado?
– Estou, senhor.

E saíram animados à procura de uma fazenda digna de um presente do senhor Ernesto.

Algum tempo depois, Júlia desceu para o café:
– Bom dia, mãe, a sua bênção.
– Deus a abençoe filha, dormiu bem?
– Dormi bastante, mas minha cabeça continua doendo.
– Vamos tomar café, você não se alimentou direito.
– E o pai e o Rogério?
– Saíram, não sei onde foram, estavam aí cheios de segredos.
– Onde será que foram?
– Não sei, não me falaram nada.
– Mãe, eu estou com medo.
– Do que, filha?
– Desse homem. Ele está preparando alguma coisa com o papai.
– Como assim, Júlia? Ele me parece um rapaz honesto, de família.

— Pois eu tenho minhas dúvidas. Eu não confio nele. A senhora viu que até hoje ele não nos apresentou seus pais.

— Talvez eles sejam muito ocupados.

— Isto não justifica, nem eu sei como são.

— É um pouco estranho, mas no casamento eles vão estar aqui.

— Nem sabemos se eles estão de acordo.

— De certo, Júlia, onde eles iriam encontrar uma moça melhor do que você para casar o filho?

— Melhor ou mais rica? A senhora sabe, papai é conhecido em todos os lugares, então é fácil ele ter se aproveitado disto.

— Não, filha, não pense nestas coisas. Tudo vai dar certo.

— Espero.

— Hoje precisamos fazer a lista das pessoas que vamos convidar para o seu casamento.

— Chame quem a senhora quiser.

— Júlia, a festa é sua, é você quem tem que saber quem quer que convide.

— Tanto faz.

— Meu Deus, nunca vi uma pessoa casar como você, parece que está sendo torturada.

— E não estou? Estão me obrigando a casar.

— Mas, filha, nós mulheres temos que aceitar o que os nossos pais e o marido determinam.

— Isso é um absurdo, mãe, isso tem que acabar. Somos todas infelizes e não é certo. Deus não quer essas coisas, acho que deveríamos ser todos iguais.

— Não, filha, mulher não pode decidir nada.

— Nós somos culpadas dessa situação. Tínhamos que nos recusar.

— Se fizermos isso podemos ser expulsas das nossas casas e vamos morar onde?

— Não sei, mas acho que em qualquer lugar é melhor do que casar com quem não gosto.

— Agora é tarde, filha, não pode mudar nada, senão seu pai vai lhe matar.

— Seria bom, assim ficaria livre.

As lágrimas caíram pelo rosto.

– Filha, não fique assim, dói muito vê-la neste estado.

– Mãe, me abraça. Deixe-me chorar em seu ombro como fazia quando eu era criança? E ouça o que vou lhe falar, o dia do meu casamento vai ser o dia mais triste da minha vida, lembre-se sempre disso.

– Meu Deus, filha, não fale assim, não me deixe amargurada.

– Eu estou com essa amargura e sou sua filha. Vocês estão me jogando no abismo.

Mãe e filha, abraçadas, choraram muito.

– Eu só não acabo com minha vida porque eu sonhei com um homem que me dizia para não fazer isso, que eu iria sofrer muito.

– Mas quem é este homem, Júlia?

– Um velhinho de barba branca.

– Então, filha, não faça besteira.

Júlia pensou em mandar um bilhete para Marcos, contando o que estava acontecendo. Saiu à porta e viu o Roque, quem o seu pai havia determinado para vigiar os seus passos.

"O que eu faço? Já sei, vou ver o padre!"

– Roque, leve-me à igreja, eu quero falar com o padre.

– Impossível, senhorita, o padre está viajando.

– Como? Não é ele quem vai fazer meu casamento?

– Acho que é, mas ele só volta na véspera do seu casamento.

– Não acredito.

– Se a senhorita quiser eu a levo à igreja e vai ver que é verdade.

– Não precisa.

Júlia foi para o quarto desanimada; nada mais podia fazer para mudar aquela situação.

"Deus ajude-me, alivie esse tormento." Lembrou-se do velho que pediu para ela ter paciência. "O que será que Deus está me reservando? Só me resta esperar, está tudo perdido."

Júlia estava agitada, ouviu a chegada do seu pai e do noivo. "Onde será que eles foram? Parecem tão alegres!"

– Acho que fizemos uma boa compra – avalia Ernesto.

– Também acho, senhor, depois vamos levar Júlia para ver. Temos que contratar alguns trabalhadores.

– Não vamos precisar de muitos, já temos bastante lá, Rogério.

– Precisamos de alguns de confiança.

Dona Adélia foi chamar a filha para o jantar:

– Vamos jantar, filha.

– Estou mal, mãe, tenho muita dor, acho que estou com febre.

–O que aconteceu?

– Não sei, mãe, dormi e acordei mal.

– Vou falar com seu pai.

– Não, mãe, não precisa!

– Não, vou falar com Ernesto e com seu noivo.

Ela saiu do quarto apressada.

– Senhor, a nossa filha não está bem. Está com febre e dor de cabeça.

– Vou mandar buscar o médico.

Alguns minutos depois o médico chegou. Examinou a moça e perguntou:

– Ela ficou nervosa com alguma coisa?

– Não, doutor, ela deve estar feliz, marcamos o seu casamento.

– E ela está de acordo?

– Por que o senhor faz esta pergunta? Ela não tem que estar de acordo com nada.

– Pois eu acho, senhor, que ela não está querendo viver. Ela está se entregando à morte.

– O que o senhor quer dizer com isso?

– O que eu quero dizer é que o senhor e a sua senhora precisam tomar cuidado. Ela está muito fraca e pode piorar. Desgosto ou aborrecimento pode provocar trauma ou colapso nervoso e trazer sérias consequências.

– Isso não vai acontecer, Júlia é uma moça sadia.

– Ela está muito frágil. Bom, eu já falei, o senhor é quem sabe o que fazer com ela. A responsabilidade é sua. Eu vou indo; cuide dela, senhora. Se precisar me chame.

Saiu pensativo: "Como pode um pai obrigar a filha a se casar com quem não gosta só para satisfazer os seus desejos? Deus me livre."

A moça desiludida só rezava e chorava.

– Como está, filha, melhorou?

– Estou melhor, pai.

– Melhor assim, temos coisas para resolver; seu noivo precisa ir embora, mas antes quer conversar com você.

– Estou indo.

Momentos depois, desceu a escada muito abatida, seus olhos estavam inchados.

– Por que está assim, Júlia?

– Não sei, pai, estou com mal-estar e não dormi direito.

– Vamos conversar! Faltam poucos dias para seu casamento. Eu e Rogério fomos à procura de uma casa para comprarmos e encontramos uma fazenda muito bonita. Queríamos que você fosse ver se gosta.

– Estará tudo certo, não preciso ir ver.

– Você está muito desanimada. Pensamos que ia ficar feliz. Seu pai vai nos presentear.

Júlia não perdeu a oportunidade para responder.

– Quem deve estar feliz é você, era isso que você queria, não era? E já está conseguindo, mas sei que esse ainda não é o meu preço, não é Rogério? Com certeza você vai querer muito mais.

– Assim você está me ofendendo.

– Júlia, o que é isso? Que maneira é esta de falar com seu noivo? – dispara seu pai.

– Só estou falando a verdade, e prepare-se, meu pai, isso é só o começo. O pior vem depois e o senhor vai se lembrar do que estou falando.

– Chega! Não quero ouvir nem mais uma palavra. Você não tem o direito de falar assim.

– Eu sei, pai, eu só tenho direito de sofrer, então não me cobre nada. Nem sorriso e muito menos alegria. Se vocês me dão licença, vou para o meu quarto, não estou bem.

– Não terminei ainda e você vai ficar aí e me ouvir.

As lágrimas caíam. Calada e ao mesmo tempo revoltada, Júlia sabia que aquele homem só queria o dinheiro dela e não podia fazer nada. Lembrou-se das palavras do velho que apareceu em seu sonho pedindo que tivesse paciência. "Não sei até quando vou aguentar, Deus me ajude."

Rogério olhava para a moça com ódio e pensava: "Você me paga. A hora que você cair no meu laço eu vou fazer você calar. Quero ver você falar dessa maneira. Vou fazer você engolir as palavras."

— Estamos combinados, rapaz?

— Sim senhor.

— Comece a preparação para a festa e dos móveis que vamos levar para a fazenda.

— Fique tranquilo, providenciarei tudo.

— Esta semana vou para a cidade, nos encontraremos lá para fazermos as compras.

— Ficarei à sua espera. Agora preciso ir, tenho que fazer muitas coisas.

"Mentiroso, pensa que eu não sei que você vive de jogo? Quero só ver o meu pai, quando souber que o querido genro é um jogador e boêmio. Mas se ele gosta mais dele do que de mim, vai ter o que merece."

Terminaram a conversa e Júlia estava pálida, não conseguia se conter. Trêmula, sua voz quase não saía. Sua mãe, ao seu lado, falou:

— Filha, estou preocupada com seu estado, você está muito abatida.

— Eu quero morrer, mãe, minha vida não tem mais sentido. Este homem que vocês querem para meu marido é um jogador e boêmio. Não trabalha, tudo que ele fala é mentira.

— Filha, isso é muito sério, não deixa seu pai saber que você falou essas coisas. Não pode falar de um rapaz de família ilustre, isso é calúnia.

— Mãe, é verdade, eu morava na cidade e vi muitas vezes ele bêbado. Ele até já me levou em salão de jogos!

— Júlia, não repita isso, nunca mais, ouviu?

— Eu pensei que a senhora estivesse do meu lado. Não se

preocupe, não falarei nunca mais, com licença, vou para o meu quarto.

Passou a noite chorando. Tinha muito ódio no coração. Dormiu já era muito tarde.

Em sua frente estava o senhor que sempre lhe aparecia e, com o olhar sereno, aconselhou:

"– Filha, não se amargure tanto, seja forte! Sei que não vai ser fácil ficar ao lado desse homem, mas precisa ser forte para suportar. Lembre-se de que a experiência do sofrimento para o espírito, quando aceita com paciência, é uma dádiva do céu! Para Deus, tudo é possível. Quem sabe ainda não ficará ao lado do seu amado! Lembre-se disso! Isso vai lhe dar forças para continuar a sua luta. Fique com Deus e tenha muita paciência."

Desaparecendo, deixou a moça mais calma.

Pela manhã, ao acordar, estava melhor. Lembrou-se de mais um encontro com o bom velhinho e do que lhe dissera: "Que bom seria se ficasse mesmo ao lado do amado! Se for verdade, vai valer a pena o meu sofrimento."

Conseguiu comer um pouco, mas não estava disposta a conversar. Sua mãe ficou um pouco ao seu lado, deixando-a só com seus pensamentos.

* * *

O DIA DO casamento estava se aproximando. Júlia foi com os pais e o noivo ver a fazenda comprada para eles. Tinha de tudo, pomar, gados, todo tipo de criação, um belo lago, jardim, mas toda aquela beleza não era capaz de alegrar o seu coração.

– Pai, eu quero pedir duas coisas. Quero a Marta e o Roque trabalhando aqui e quero o meu cavalo.

– Está bem, filha.

– Senhor, é melhor arrumarmos serviçais novos.

– Não, Rogério, é só isso que eu quero, nada mais – arrematou Júlia, que já tinha preparado uma surpresa para os pais e principalmente para o noivo.

– Agora, filha, quero saber dos preparativos, do seu vestido e o enxoval.

– Não se preocupe, está tudo pronto e por sinal muito bonito, digno da filha do senhor Ernesto.

– É assim que se fala, quero minha filha como uma princesa, todos vão ficar admirados. A propósito, Rogério, seus pais já estão se preparando para o casamento?

Meio preocupado, tentando disfarçar, Rogério falou:

– Senhor, não sei como me desculpar, papai e mamãe vão fazer uma viagem justamente na véspera do casamento.

– Mas eles não estavam viajando?

– Estavam, mas voltaram apressados e vão viajar de novo amanhã.

– Ha, ha, ha... – Júlia deu uma gargalhada.

– O que é isso, filha? Que modos são esses?

– Ah, papai, viajando? Conta outra história que esta não deu certo.

Rogério queria morrer.

– Do que você está falando, Júlia? Está duvidando do seu noivo, pensa que ele está mentindo?

– É só o que ele faz, pai, já estou acostumada.

– Pare com isso, não quero mais ouvir você falando assim! Não dá para adiar a viagem?

Sem jeito, Rogério tentava justificar:

– Sinto muito, mas não vai ter jeito.

– Como? – Falou o senhor Ernesto. – Tanto tempo para viajar e vão logo agora?

– Não, senhor, eu explico, eles viajam sempre. Agora mesmo estão indo para Paris.

Júlia riu que assustou o noivo.

– Que é isso? Comporte-se, já falei.

– Desculpe, mas não deu para segurar.

– Moça de família precisa saber se comportar.

– É que eu achei engraçado; os pais do Rogério são muito importantes, estão sempre viajando, devem ser muito ricos, eles que deveriam nos dar a fazenda ou uma bela casa na Europa.

– Júlia! O que é isso? Você me envergonha! Fica cobrando do rapaz coisas que eu tenho obrigação de dar.

– Por que então o senhor não coloca a fazenda em meu nome?

Rogério arregalou os olhos e o senhor Ernesto falou:

– O que você está dizendo, menina? Onde já se viu colocar bens em nome de mulher? Não fale mais nisso.

– Eu só queria ver se o Rogério ainda queria casar comigo se fosse assim.

O coração do rapaz parecia querer sair pela boca. "Essa louca vai pôr tudo a perder."

O senhor Ernesto chegou perto da filha e determinou:

– Não quero ouvir nem mais uma palavra!

– Está bem, meu pai, como queira. Deixemos o tempo falar por mim. Agora vamos voltar para casa, estou cansada.

Chegando em casa, assim que ficou a sós com o noivo, ele agarrou-a pelo braço.

– Solte-me, está me machucando.

– Meu desejo era matá-la, mas você não perde por esperar.

– Esperar, ah, é? Não se esqueça da carta, nela eu conto tudo. Que seus pais não têm nada, quem é você e o que você faz. Meu pai vai gostar muito de saber que tem um genro jogador e caloteiro.

Irritado, Rogério levantou a mão para bater nela.

– Vai, bate, depois se explique.

Ele baixou a mão, mas estava muito nervoso. Foi despedir-se do sogro.

– O que foi, meu rapaz? Júlia fez alguma coisa?

– Não, senhor, ela é encantadora.

– Conta, querido, o que lhe contei. Eles vão gostar muito de saber.

O rapaz, atrapalhado, não sabia o que falar.

– Não é nada, senhor, é brincadeira da Júlia. Que é isso, querida? Assim você me deixa sem graça.

– Você fica bem assim, vermelho, até parece uma criança assustada. Boa noite. Sua bênção, pai.

Júlia deitou-se, mas não conseguiu dormir. "O tempo está passando e está chegando a hora do meu casamento! Meu Deus, ajude-me, eu não posso me casar com esse homem. O que será de mim nas mãos desse monstro?"

As lágrimas rolavam pelo rosto da jovem que passou quase toda a noite em claro, adormecendo só em alta madrugada. Adormeceu e novamente sonhou com o velho amigo de sempre:

Desta vez ele falou:

– Filha, trago-lhe algo que vai dar forças para você. – Assim falando, entregou-lhe uma pasta.

– O que é isto?

– Abra e leia.

Estava escrito:

"Em um tempo passado, uma grande tragédia aconteceu numa pequena cidade do interior de São Paulo com um casal chamado Dora e Luiz, filhos de fazendeiros da região.

Dora, moça fina, bonita, admirada por todos, gostava de pisar em todos que atravessassem seu caminho. Luiz, rapaz simples, apaixonado pela donzela, implorava por seu amor, mas não era correspondido. Seu amor era tão grande que estava deixando-o desorientado.

Percebendo aquela paixão, ela resolveu enganá-lo com juras de amor e, assim, ele, cada vez mais apaixonado, fazia tudo pela sua amada. Ela se aproveitava da situação, namorando outros e dele fazendo pouco caso.

Quando ele percebeu que ela o estava enganando, começou a beber e a jogar, perdendo tudo que tinha. Não ligava para o trabalho e nem para a fazenda.

Seu pai, já velho, não dava conta de tudo. Assim, foi perdendo a lavoura, gados, etc. Um dia eles foram à casa da moça para falar sobre o casamento e Dora riu do rapaz.

– Eu, casar com você? Está brincando! Nunca!

O rapaz baixou a cabeça, as lágrimas caíam pelo seu rosto e Dora, dando-lhes as costas, deixou-os a sós.

– Filho, vamos embora, você não tem que passar por isso.

– Eu gosto dela, pai, o que eu vou fazer?

– Seja forte, um dia você vai encontrar alguém que gostará de você. Vamos!

Em casa, o rapaz não quis comer e foi se afastando de todos. Bebendo muito, acabou na sarjeta. Dora nem queria saber como ele estava, não tomava conhecimento da situação do rapaz.

Um dia, seu pai havia saído para fazer compras e, ao passar em uma rua, viu uma multidão. Parando para olhar, lá no chão estava um corpo inerte. Era Luiz. Estava irreconhecível. 'Meu Deus, como pode uma pessoa decair desse jeito?'

Ao voltar para casa, comentou com a filha Dora:

– Filha, sabe aquele rapaz que era seu noivo, o Luiz?

– Não quero nem saber – disse.

– Como, filha? Você não pode ser assim, ele é um ser humano.

– Não interessa.

– Pois fique sabendo que o encontrei hoje na cidade, estendido no chão, morto como um indigente.

– Morto?

– É, Dora, morto, como um trapo.

Ela sentou-se pensativa: 'Será que foi por minha causa? É, mas agora já foi, não posso fazer nada.'

– Foi isso, filha, que aconteceu com você no passado. Luiz é o Rogério de hoje. Agora você sabe o motivo de sua situação atual. Faça a sua parte, não erre novamente. Talvez agora você tenha mais força para aceitar os fatos! Só vai depender de você!

– E Marcos, o que ele tem a ver com isso?

– Ele também participou. Mas não se preocupe com ele agora.

– Por favor, senhor, fale agora, isso vai me ajudar, tenho certeza.

– Ele era quem a aconselhava, ou seja, aconselhava Dora, dizendo que ela merecia coisa melhor, tirando-a do Luiz. Muitas vezes eles passavam juntos em frente do pobre rapaz, rindo, o que o fazia se entregar totalmente à bebida. Além das coisas que inventava para tirar proveito da situação.

– Meu Deus, nós que somos pessoas de bem, como podemos fazer essas coisas no passado? Coitado, e hoje achamos que somos santos! Eu pedindo tanto a Deus! Ele deve estar é decepcionado comigo! Obrigada, vovô, por ter me ajudado."

Júlia acordou pensativa; ainda lembrava-se do sonho e meditava sobre o que tinha ouvido. Ficou triste, mas logo depois, pela influência de alguns espíritos que acompanhavam Rogério, ela se esqueceu de tudo.

Era só ela ver o Rogério que não se controlava. Queria agredi-lo. Ele, por sua vez, só pensava em vingança.

Véspera do casamento, e Júlia estava muito nervosa e chorosa. Rogério preparou a fazenda com os melhores móveis, contratou empregados de sua confiança, não aceitando a transferência de Roque, alegando que ele já estava acostumado com o senhor Ernesto, o que acabou convencendo o sogro.

Tudo estava preparado para a festa. Júlia precisava falar com Marcos, mas não conseguia sair. Vigiada, pediu para ir à igreja falar com o padre, mas foi-lhe dito que ele não havia voltado, que só chegaria no dia do casamento. "Alguma coisa deve ter acontecido! Antes ele ia voltar na véspera do casamento e agora dizem que só voltará no dia, será que meu pai descobriu sobre a carta?"

Mais uma decepção; não sabia o que fazer! "Se eu pudesse mandar uma carta para o Marcos, mas estou proibida. Vou tentar fugir."

Triste notícia

Em sua casa, Marcos estava aflito. Duas semanas haviam se passado sem notícias da amada.

Reunidos, os três amigos estavam preocupados com o seu estado.

– O que foi? Não consegue esquecer Júlia, não é amigo?

– Não mesmo, Beto, sei que algo está acontecendo com ela e não tenho como saber o quê.

– Por que você acha isso? – perguntou Júlio.

– É alguma coisa aqui dentro do meu peito que me avisa.

– A melhor coisa para quando estamos com angústia, Marcos, é fazer uma prece, pedir ajuda ao Alto. Nossos amigos sempre nos ajudam. Pode estar certo!

– Queria muito fazer uma prece com todos vocês! Me sinto tão melhor, mais apoiado com isso!

– Claro, vamos fazer sim, com todo prazer.

– Você também, Beto?

– Claro, Marcos.

A noite chegou e reuniram-se Júlio, Beto, Marcos, dona Ruth, e Paulo. O senhor Genésio, ainda em recuperação, dormia cedo. Para a abertura, fora feita a prece 'Pai nosso'. Júlio, auxiliado por seu protetor, fez uma bela explanação sobre o tema "fora da caridade não há salvação".

– Irmãos, não podemos nos esquecer da caridade. Para sermos caridosos, primeiramente temos que ser compreensivos com os que estão mais próximos! A verdadeira caridade começa no lar, procurando compreender os que estão a caminho conosco, lado a lado, nesta caminhada de aprendizado e de crescimento. Todos nós estamos ligados, uns aos outros e precisamos nos apoiar para crescer!

Finalizada a explanação, após um breve silêncio e com todos concentrados, Beto diz sentir a presença de um espírito que dizia chamar-se Américo, e conhecido de Marcos em uma vida anterior. Américo era pai do Luiz. Ressentido ainda com o passado, dizia estar presente. Havia uma dívida e ele não concordava em ver seu filho ligado à Julia, que deveria pagar caro pelo que fez no passado e Marcos também.

Marcos ficou arrepiado. Sentiu que era muito séria a sua situação! "Meu Deus, eu também tenho débitos com esse espírito! O que fazer para me acertar com tudo isso? Tenho que fazer o possível para que ele me perdoe."

– Irmão, não guarde ódio, isso faz mal para você e para todos nós!

– Não quero saber, eu quero justiça, vocês têm que me pagar! Meu filho agora vai ser feliz com a riqueza do sogro e a moça, depois de se casar com ele, vai pagar pelo que fez.

– Não, irmão, procure se acalmar! Vamos pensar juntos. Quem de nós já não errou? Que seria de nós se não fosse o amor infinito do Pai para conosco! Importa que hoje nos esforçamos para sermos melhores! O caminho da justiça com as próprias mãos nos torna prisioneiros de nós mesmos! Liberte-se libertando também os que você tanto ama! Esqueça o passado!

– Ela precisa pagar o que está devendo; vai ter que passar o mesmo que o meu filho passou.

– Perdoa, irmão! Ela é uma boa amiga e não faria nada para prejudicar ninguém.

– Não sei, não! Eu não posso deixar as coisas assim.

– É só você refletir um pouco e mudar o seu coração – falou

Júlio serenamente. – Pense bem. Você não ganha nada com o sofrimento dessa irmã. Pode até se sentir vingado, mas não se sentirá bem, não estará em paz consigo mesmo.

Depois de uma breve pausa, certificando-se de que o espírito estava assimilando suas palavras, continuou:

– Cada um de nós, meu amigo, carregamos em nós a cobrança infalível de nossa consciência, que mais cedo ou mais tarde pede para nos redimir diante de tudo aquilo que tenhamos feito em desacordo com a lei do amor.

– Mas tanto tempo já se passou e não vi ninguém pagar pelo que fez.

– Não se preocupe, meu amigo! É da lei a busca de cada um estar em paz com sua consciência. Deixe que o tempo se encarregará dos ajustes entre todos. Liberte-se. Enquanto você clama por justiça, fica estacionado no tempo, preocupando-se com os outros e esquecendo-se da sua própria evolução.

– Suas palavras parecem estar me fazendo sair de um pesadelo. Sinto-me como se estivesse adormecido por muito tempo.

– É assim mesmo, irmão. Aproveite esse despertar e aceite a ajuda que está sendo oferecida.

Marcos queria aproveitar a presença daquele irmão para ter notícias de Júlia, mas debruçou-se na mesa, pensando: "Meu Deus, ajude-me! Gostaria tanto de poder fazer alguma coisa por Júlia, ela não pode casar com aquele homem". Enquanto isso, Américo fora envolvido em luzes pelos mensageiros e encaminhado para receber tratamento na espiritualidade. Todos, em silêncio, escutavam alguém chorar. Marcos, que sentiu que havia perdido sua amada, chorava como criança.

– Calma, amigo – falou o Júlio. – Não sofra antecipadamente.

– Sei que não há mais nada que eu possa fazer.

– Vamos confiar e pedir a Deus que fortaleça a todos os envolvidos nesse passado. Que nossa irmã Júlia tenha força, paciência e fé, com a certeza de que estará amparada.

Fizeram um grande silêncio, que foi quebrado em seguida por uma voz meiga:

– Meus irmãos, estou feliz por poder estar aqui oferecendo-lhes a paz, tão importante e que está faltando em seus corações. Não percam a fé e a confiança em nosso Pai criador, que tanto tem lhes auxiliado. Não se entreguem às aflições. Lembrem-se de que as experiências são como um cadinho para a evolução do espírito! O que é uma existência para a nossa caminhada de espíritos imortais que somos!

Aflições são grandes oportunidades de aprimoramento, que muitas vezes jogamos fora por nossa revolta ou imprudência. Esperem com calma, confiem em Deus, que não desampara seus filhos.

Marcos, no fundo, sentia vontade de perguntar àquela entidade quando terminaria aquela verdadeira provação, quando poderia definitivamente estar com sua amada! Tinha medo de imaginar que não pudesse ficar com ela. E de mais a mais – pensava consigo –, se fizera mal no passado, hoje já se sentia muito diferente. Seria necessário passar por aquela punição?

"– Meu amigo – dirigindo-se a ele, como que a adivinhar o seu pensamento, a entidade presente explanou: – As provas da vida são lições de crescimento e aprendizado. Nada tem a ver com punição da lei divina. A experiência do sofrimento para a evolução do espírito é bem mais importante do que simplesmente o pagamento de dívidas. Não cabe a Deus punir. É na consciência que o espírito arrependido tem a força maior para analisar e julgar a si mesmo. Confie em Deus. Trabalhe em prol dos que necessitam! No momento certo você estará feliz. Estaremos sempre auxiliando, em nome de Jesus!

Meu nome é Estela. Muita paz a todos!"

Após estas palavras de consolo, o ambiente ficou calmo e o silêncio reinou por alguns minutos, até que o Júlio se pronunciou para encerrar a reunião.

– Agradecemos, Senhor, a presença dos amigos que aqui estiveram nos dando tanto apoio e luz! Que eles nos perdoem por nossas falhas, nos deem forças para continuarmos a nossa caminhada, sempre juntos, com muita paz.

Muito obrigado, Senhor, por mais esta oportunidade e assim encerramos esta reunião, pedindo que deixe a paz em nossos corações.

Houve alguns comentários sobre o que aconteceu, e Marcos comentou:

— Gostaria de entender o que a nossa irmã Estela quis dizer.

— Marcos, como ela disse, vamos esperar. Só o tempo nos dirá o que a vida nos reserva. Tenha paciência. Só com luta é que venceremos as dificuldades e venceremos a nós mesmos!

— A ideia de poder ter programado uma vida de sacrifício, que incluía ficar longe de sua amada, enchia Marcos de dúvidas.

— Marcos, é preciso que você amplie seu entendimento sobre o que é a vida. A cada nova existência nós, espíritos que somos, damos um passo para diante em nossa caminhada rumo ao progresso. Como escolhi? Eu iria escolher ficar longe de quem amo? Preparamos um roteiro que nos dará oportunidade de acertarmos os nossos enganos. E se é grande muitas vezes a luta, também é imenso o auxílio que vamos recebendo, quando nosso desejo é melhorar.

Ore bastante e terá força. Conte comigo, Marcos. Quem sabe Deus não me colocou em seu caminho para ajudá-lo.

— Disso eu tenho certeza, Júlio. Sem sua ajuda eu já teria enlouquecido.

— Então vamos, amigo, continuar a caminhada!

Ruth, que ouvira o que o filho falara, sem nada dizer, perguntou:

— Então, Júlio, pelo que vejo, eu também tenho muita coisa para superar dentro de mim! Pelo que você já falou, nós fazemos uma programação antes de reencarnar. Será que escolhi tudo que eu passei? Até me casar com o Genésio?

— Penso que sim. Mas não podemos esquecer que temos o nosso livre-arbítrio, tanto para escolher pontos importantes da nossa encarnação como aceitar ou recusar a prova. Mas não fugimos à lei divina que a cada um é dado segundo as suas obras.

A AGONIA DE MARCOS E JÚLIA

Na casa de Júlia tudo estava sendo preparado para a grande festa. Filha única de um homem rico, seria uma festa inesquecível, com centenas de pessoas convidadas. Júlia estava indisposta, nada tinha graça. "Como enfrentar um casamento deste jeito, abatida como estava?"

– Senhorita Júlia, não pode ficar assim, com esta cara de sofrimento.

– Não me importa, Marta, eu queria morrer a ter que me casar!

– Pois é, mas seu pai está muito feliz.

– Ele não sabe o que trago aqui dentro do peito. Por isso que ele está alegre, mas um dia ele vai saber, tenho certeza de que o tempo mostrará o que ele fez da minha vida! Eu pedi para levar você comigo, mas ele disse a meu pai que não queria tirar vocês daqui, que meus pais já estavam acostumados com vocês! Acredita?

– É mentira, senhorita Júlia, sabe aquele dia em que ele veio com um homem estranho e foi com ele para sua fazenda? Eu estava vindo de casa e os dois estavam conversando e não me viram, eu ouvi.

– Ouviu o quê, Marta? Fale!

– Eu não sei se devo.

– Fale logo, eu preciso saber.

– O senhor Rogério disse para aquele tal de Severo que ele ia tomar conta da senhorita, que era para vigiá-la, que não podia deixar a senhorita pisar nem na porta de saída para rua, e nem no jardim da fazenda.

– Você tem certeza?

– Tenho sim. Eu fiquei com medo quando ouvi Severo perguntar o que deveria fazer se a senhorita desobedecesse e quisesse sair na marra. Ele disse que era para prendê-la no porão, que o resto deixasse com ele. Que era assim que ele iria domar a fera.

– Meu Deus, eu tenho que fugir.

– A senhorita não pode.

– Posso sim, você pede para o Roque deixar.

– Não, o seu pai mata meu marido, não peça isso. Eu queria lhe ajudar, mas assim não. Por favor, acalme-se, não fique assim. Peça para Deus que ele vai ajudá-la.

– Acho que Deus já se cansou das minhas lamentações.

– Ele não se cansa de ninguém. Não fale essas coisas que só vão piorar sua situação.

– Como pode piorar? Pior do que isso não pode ser. Eu estou me sentindo como alguém que está indo para a forca.

– Meu Deus, que horror senhorita!

– É isso mesmo, Marta; eu sou a pessoa mais infeliz deste mundo.

– Eu vou fazer um chá para a senhorita.

– Não precisa, não quero nada.

Marta saiu apressada. Mesmo Júlia recusando, foi à cozinha pedir o chá para a cozinheira.

– A senhorita Júlia está mal e precisa de um chá, Antônia.

– A patroa já sabe?

– Não, eu não falei nada.

– O que está acontecendo com a 'patroinha'?

– Não sei e isso não diz respeito a nós. Leve o chá e não faça perguntas. Eu vou falar com dona Adélia.

Passando pelo corredor encontrou Adélia, que já tinha escutado a filha chorando, e foi correndo ao seu quarto.

– O que aconteceu, Júlia?

– Nada, mãe, deixe-me só.

– Não, Júlia, eu não vou sair enquanto não souber o que está acontecendo.

– Não adianta, a senhora não pode fazer nada – assim falando, abraçou a mãe. – Eu quero que Deus tenha piedade e me leve deste mundo.

– Que horror. Não fale assim!

– É verdade mãe, eu não quero mais viver, tudo acabou.

– Júlia, se seu pai descobrir essas coisas que você fala, não sei do que ele é capaz.

– Era melhor que ele me mandasse para qualquer lugar, menos me casar com este monstro.

– Não quero mais ouvir você falar assim do seu noivo.

– Então saia daqui, eu estou cansada.

– Júlia! Não fale assim comigo.

– Me leve na costureira para buscar o vestido!

– Mas não está pronto.

– Mas eu quero mudar umas coisas.

– Está bem, iremos à tarde.

E assim foram. Ao chegar, Júlia foi logo tratando:

– Madame, eu preciso da sua ajuda.

– Entre, por favor, o que a senhorita deseja?

– Eu quero mudar o vestido.

– Como assim? Eu achei que estava estranho para a filha de um homem rico, mas era o seu gosto, fazer o quê?

– Agora, senhora, eu quero um vestido roxo.

– Credo, senhorita, roxo é coisa de morto.

– É por isso mesmo. Este vai ser o dia da minha morte.

– Cruz credo! Que conversa é essa, moça?

– Isso mesmo, a senhora vai ou não vai me ajudar?

– Mas seu pai vai achar ruim comigo.

– Fique sossegada que eu me responsabilizo.

– Eu tenho um aqui. Está pronto. Eu tinha feito para uma senhora da cidade. Está muito perto a data e não sei se vai dar tempo fazer outro.

— Mostre-me.

— Aqui está.

— É esse mesmo que eu quero.

— Tem certeza?

— Tenho, este vestido vai dar certinho para essa ocasião e eles vão ficar muito felizes.

— Cuidado, senhorita Júlia, seu pai pode não gostar e se irritar!

— Eu vou fazer o que não quero e tenho que ficar calada. Mas agora será a vez deles.

— Espero que eles não me culpem.

— Não vão fazer nada contra a madame; deixe comigo. Posso levar hoje?

— Pode, já está pronto. Se tiver que fazer alguma coisa, mande-me chamar que eu irei na sua casa.

— Está bem, até mais senhora; muito obrigada.

Mãe e filha saíram da casa da costureira. E a mãe estava muito curiosa:

— Filha, eu quero saber por que não me deixou ver o vestido.

— Não se preocupe, é que eu quero fazer uma surpresa para vocês. A senhora não quer me ver bonita?

— Claro, filha.

— Então, mamãe, logo verá sua filha como uma deusa.

— Que bom ver você um pouco animada; eu quero muito que você seja feliz.

— Vai ser difícil, mãe, posso até dizer impossível. Esse vai ser o dia mais triste da minha vida.

— Não pense assim para não atrair o mal. Seu pai está preparando uma festa muito bonita! Nós só temos você. Queremos uma festa com tudo que você tem direito.

— Deixa para lá, mãe, não vamos falar nisso. Vamos embora que estou cansada.

Ao chegar em casa, seu pai estava na sala e foi logo perguntando:

— O que fizeram? De onde estão vindo?

— Nós fomos buscar o vestido da Júlia.

— Posso ver, filha?

– Não, pai, não é bom que vejam o vestido antes do casamento. Não dá sorte! Na hora o senhor vai gostar.

– Ainda bem que você está feliz! Espero que tenha escolhido um vestido digno da filha do senhor Ernesto.

– Claro, é o vestido mais bonito e caro que dona Djanira já fez.

– Fico feliz por você.

– Com licença, vou para o meu quarto; estou cansada.

– Vai filha, quero vê-la muito bonita no dia do casamento.

Júlia passou aquele dia nervosa e triste. Não conseguia mais dormir direito. Parecia que estava caminhando direto para o abismo.

* * *

MARCOS TENTAVA DISFARÇAR seu nervosismo. Júlio procurava acalmá-lo, mas nada lhe dava alegria, tinha uma sensação estranha de perda, mesmo não sabendo o que acontecia com a Júlia!

– Marcos, seu pai quer falar com você.

– O que será?

Preocupado, foi ao seu encontro.

– Pai, o senhor queria falar comigo?

– Sente-se, eu tenho muitas coisas para falar!

– Estou ouvindo.

– Marcos, não sei o que me aconteceu, mas sinto que estou mudado, arrependido de tudo que fiz! Estou achando você muito triste e preciso fazer algo por você, ajudá-lo no que estiver precisando.

– Não tenho nada, pai, estou um pouco cansado. Talvez não tenha prática de cuidar de tudo sozinho e por isso tenha ficado assim.

– Não, filho, eu sei que você não consegue esquecer o que aconteceu, sei que não é fácil, mas eu quero ajudá-lo.

– Esqueça, pai, já passou! Vamos tocar a vida para frente. Temos muitas coisas para fazer. Não se preocupe comigo, estou bem.

O senhor Genésio ficou olhando o filho e pensou: "Como pude

fazer o que fiz com o Marcos, tirei o brilho dos seus olhos. Hoje está aí um rapaz triste, sem alegria! O que fazer para mudar esta situação?"

— Queria pedir para você me perdoar pelo que fiz.

— Já falei, pai, estou bem.

— Não, filho, não está. Seus olhos mostram seu sofrimento, por que você foi se engraçar com aquela moça, filha daquele homem?

— Por favor, não me lembre dessas coisas que eu quero esquecer.

— Está bem, não falaremos mais disso, desculpe. Ah, estava esquecendo, eu preciso ir à cidade hoje e quero que vá comigo.

— Que horas o senhor quer sair?

— Logo após o almoço.

Marcos saiu pensativo: "O que está acontecendo? Esta ansiedade... Como eu gostaria de estar bem! Essa sensação! Ao entrar em seu quarto, Marcos orou, pedindo a Deus forças.

Todos na mesa, Júlio já estava preparado para sair.

— Se o senhor permitir, irei com vocês. Não tenho mais nada a fazer aqui, as minhas férias estão terminando e tenho algumas coisas para resolver, antes de voltar ao trabalho.

Na segunda vez que foram ao centro espírita, Júlio e Marcos foram em dois carros, pois Marcos fez questão de que o amigo guardasse o carro em sua casa para que o da fazenda ficasse à sua disposição. Afinal, o amigo já estava fazendo muito por ele e sua família! Ficar usando seu carro já era abusar demais!

Assim, haviam combinado que quando acabassem as férias de Júlio, Marcos o levaria, coincidindo tal necessidade com a ida do senhor Genésio naquele dia à cidade.

— Fique mais um pouco, meu rapaz, faça companhia ao Marcos.

— Não posso, senhor Genésio, volto quando tiver folga.

— Então arrume suas coisas.

— Já estão prontas.

— Eu quero agradecer tudo que fez por minha família e pagar por seu trabalho.

— Não se preocupe com isso, foi um prazer. Quanto ao pagamento, não precisa.

– Não, isso não é justo.

Júlio pensou: "O senhor já me pagou, e muito bem, dando-me sua filha". Queria falar com o sogro, mas achou que Clara é quem deveria falar.

– Marcos, e eu, faço o quê? – perguntou Beto.

– Você vai ficar comigo. Preciso de você para me ajudar na fazenda. Quando eu voltar, vamos conversar sobre isso, tudo bem?

Saíram os três conversando. O senhor Genésio tinha se curado. Agora era outro homem. Era o exemplo vivo do que a dor é capaz de oferecer a nós, objetivando nossa transformação para melhor! A conversa descontraída fez com que nem sentissem a viagem. Quando já estavam chegando, o senhor Genésio contou:

– Marcos, vamos ao cartório primeiro, depois faremos as outras coisas.

– Cartório, pai? O que o senhor vai fazer lá?

– Você vai saber na hora que chegarmos.

– O senhor é quem sabe; como quiser.

Despediram-se de Júlio, agradecendo por tudo que ele fez.

– Não seja por isso, seu Genésio! Eu só fiz a minha obrigação e fiquei muito feliz em conhecê-los. Até breve, senhor, e você, Marcos, força! Quando precisar é só me procurar.

– Até mais, Júlio, obrigado por tudo!

Ao chegar no cartório, Marcos ficou surpreso. O seu pai falou para o escrivão:

– Quero que faça um documento de doação. Vou passar os meus bens para os meus filhos.

– Pois não, senhor!

– Eu tenho duas casas aqui na cidade. Quero passá-la para o Antônio e à Clara, e a fazenda passar para o Marcos.

– Como, senhor? Não são diferentes os valores?

– As casas são grandes e o valor é igual ao da fazenda ou se não for, é pouca a diferença. Os animais vou dividir para os três.

– Pai, onde o senhor tem casa que eu não sei?

– Uma é numa avenida muito bem localizada. Está alugada

para uma clínica e a outra é onde mora seu irmão; é grande, com vários cômodos.

— Por que o senhor está fazendo isso?

— Para ficar em paz com a minha consciência.

— Senhor, vai demorar um pouco para ficar pronto. Vai aguardar?

— Não, tenho outras coisas para fazer; volto mais tarde.

— Então, preciso dos dados de todos.

— Estão aqui todos os documentos, meus e dos meus filhos.

— Umas cinco horas ficará pronto.

— Está certo, voltaremos às cinco.

Saíram.

— Marcos, faz tempo que não vejo meus netos. Antônio não os leva para a fazenda! Quando os papéis estiverem prontos vamos levar e fazemos uma visita para eles.

— Está bem, pai!

— Então vamos fazer umas compras de sementes e ração, depois voltaremos para pegar os papéis. Se sobrar tempo, quero ver a Clarinha.

— Então vamos correr; senão, não iremos em lugar nenhum.

Após as compras, voltaram ao cartório. Assinaram os papéis e foram à casa do Toni.

— Vovô! Não acredito. Pai! O vovô está aqui com o tio Marcos — gritou Carlos.

— Pai, que surpresa! Como está de saúde?

— Bem, sou outra pessoa agora, estou vivendo.

— Que bom ouvir o senhor falar assim!

— O papai mudou muito, daquele tempo para cá.

— Estou vendo, está até mais bonito.

— Não brinque que posso acreditar.

— É verdade!

— E você, Ana, como está?

— Bem, correndo muito para cuidar dos seus netos.

— E a Marinha que não a vejo?

— Já está chegando, está na escola.

Mal terminou de falar, ouviram:

– Mãe, cheguei!

– Oi, filha, venha ver quem está aqui.

– Tio Marcos, que bom ver você.

– Tudo bem, querida? Como está bela, parece uma princesa!

– Não fale assim que fico sem jeito.

– É verdade, você está uma boneca.

– Vovô, que saudade!

– Venha aqui dar um abraço.

Mara, sem jeito, se aproximou do avô. Era a primeira vez que ele a tratava assim.

– Venha aqui, me dê um abraço!

Ela ficou feliz com a maneira com que o avô a estava tratando.

– Agora vamos jantar, já está à mesa.

– Não queremos dar trabalho.

– Nada disso, meu sogro, é um prazer tê-los em nossa casa.

– Por falar em casa, tenho algo para lhe dar, Toni. Aqui está a escritura dessa casa. Eu passei para seu nome.

– Não pode ser, pai, eu não fiz nada para ganhar isso.

– É sua, dos meus netos e da Ana.

– Obrigado, pai!

– Não me agradeça, tudo que eu faço é para vocês, eu já estou velho e não tenho muito o que fazer.

– Velho o quê? O senhor está muito bem e tem muita vida pela frente!

– Sabe, filho, o tempo que fiquei doente me ajudou a pensar melhor. Eu não estava vivendo! Agora é que vou fazer tudo o que eu quero. Fiz uma divisão, esta casa para você, a outra ficou para Clara e a fazenda para o Marcos, já que ele se formou em agronomia, mas os animais dividi igualmente para todos.

– Pai, eu não me formei!

– Mas sabe trabalhar muito bem.

– Não diga isso, eu fico sem jeito.

– Como dividir seus bens, e o senhor e a mamãe? – perguntou Toni, que até aquele momento ainda estava estranhando a decisão do pai.

– Enquanto eu e sua mãe estivermos vivos, usufruiremos da fazenda. As casas nós não usamos, para vocês têm mais serventia. Toni, eu passei algumas cabeças de gado para os meus netos, mas só vão receber quando forem maiores de idade. Enquanto isso, vão aumentando.

– Obrigado mais uma vez.

– Não falemos mais nisso.

– Agora vamos jantar.

– Quero aproveitar para ficar perto dos meus netos e de vocês, saber como estão!

– Tivemos algumas dificuldades no trabalho, mas agora tudo melhorou. As crianças estão bem nos estudos e assim vamos levando a vida, lutando sempre.

– Filho, estava esquecendo, vocês precisam passar no cartório para assinarem os papéis, e leve a escritura.

– Sim, senhor, iremos assim que possível.

Tudo era só alegria para a família e as horas passaram rápidas.

– Temos que ir, Marcos. Vamos passar na casa de Clara para vê-la.

– Como ela está? Faz tempo que não a vejo. Ela não vem nos visitar, qualquer hora iremos vê-la! Dê um abraço nela por nós, pai.

– Darei, filho! Dá um beijo no vovô, Carlos e você, querida, deixe-me abraçá-la.

Mara ainda sem jeito abraçou o avô e os dois saíram felizes para encontrarem com a Clara.

Chegaram e, ao baterem na porta, ela estranhou:

– Quem será? Não estou esperando ninguém. Meus Deus, a casa está tão bagunçada.

Tentou colocar algumas coisas no lugar.

– Já vai! – Abriu a porta e surpresa gritou:

– Pai! Marquito! Que bom vê-los, aconteceu alguma coisa?

– Viemos vê-la e trazer algo para você!

– O quê? Estou curiosa!

– Calma, me deixe descansar.

– Tá certo! Quer tomar alguma coisa?

– Não, acabamos de jantar na casa de seu irmão.

– É mesmo? Como está o Toni? E as crianças?

– Estão bem, as crianças estão crescidas. Mara já é uma mocinha!

– Meu Deus, nem vi o tempo passar, com os estudos, tudo passou sem eu ver nada.

– E agora, filha, como vai ser?

– Sou médica residente no hospital municipal; meu professor arrumou para mim.

– Ótimo, eu tenho isso para você.

– O que é isso, pai?

– Olhe aqui, vai saber.

– Uma escritura?

– É sua.

– Minha? Como?

– Eu passei para você uma casa que tenho alugada para uma clínica, agora é sua para você montar a sua.

– Isso não pode ser verdade!

– Mas é, filha, você só precisa passar neste cartório para assinar os papéis. Dividi meus bens com vocês. Dei a casa que o Toni mora para ele. Essa para você e a fazenda é do Marcos, minha e de sua mãe, que depois que partirmos ficará para ele. As criações também dividi entre vocês!

Clara correu em direção ao pai e o abraçou, jogando-se em cima dele.

Sem graça, senhor Genésio falou:

– O que é isso, filha?

– Eu o amo muito, obrigada, pai. Mas o senhor não falou que a casa está alugada?

– Eu já pedi a casa. Doutor Augusto está montando outra clínica e logo me entrega a chave. Assim que ele mudar eu venho para montarmos a sua. Tem que ser muito bonita.

– Pai, o senhor é muito bom, não sei o que dizer. Você viu, Marcos?

– Pois é, mana, eu também estou surpreso.

– Obrigada, papai.

– Filha, precisamos ir embora, já está tarde!

– Que pena.

– Mas vamos voltar.

– Está bem, vou esperar. Mandem um beijão para mamãe.

Acabaram de sair e Clara ouviu novamente uma batida na porta. "Será que voltaram?" – pensou. Abriu a porta e era o Júlio. Deram-se um forte abraço e assim ficaram por algum tempo.

– Ai Júlio, até esqueci que estamos na porta! Estava com muita saudade. Como você veio? Que dia você chegou?

– Hoje. Vim com seu pai e seu irmão.

– Ah é? Eles acabaram de sair e não me disseram nada. Você nem sabe o que aconteceu.

– Se você me falar, eu saberei.

– Veja isso.

– O que é esta pasta?

– Veja, é a escritura de uma casa que meu pai me deu.

– Tá brincando!

– Não, é verdade, ele disse que é para montar minha clínica.

– É grande a casa?

– Não sei, eu não conheço. Um dia iremos ver, você vai comigo?

– Claro, quando é a sua folga?

– Amanhã.

– Então vamos amanhã, ainda estou de férias!

– Então está combinado, amanhã às oito horas.

– Sete e meia estarei aqui.

Clara ficou pensativa depois falou:

– Por que não dorme aqui? Assim não precisa acordar tão cedo.

– Posso?

– Claro, só que vai dormir no outro quarto.

– Ah, não, quero dormir com você.

– Nada disso, seja bonzinho.

Os dois riram bastante.

– Seu bobo.

– Bobo não, eu sou é esperto!

– Muito esperto para o meu gosto.

– Estou brincando, durmo onde você mandar.

– É mesmo? Já estou mandando, é?

– Faz tempo, desde que te vi que você manda no meu coração.

– Não sabia.

– Não?

Em um longo beijo ele mostrou o quanto a amava.

– Júlio, eu o amo muito, muito.

– Eu também, Clara.

– Vamos sair para jantar e comemorar o nosso encontro e o que ganhamos.

– Você disse ganhamos?

– Disse, por quê?

– Que eu saiba, quem ganhou foi você.

– Ganhamos! O que é meu é seu, ou não é?

– É bom demais saber que você está disposta a dividir sua vida comigo. Então levante que eu quero falar com você.

– Já estou de pé, diga.

– Quer ser minha esposa, doutora Clara?

Clara ficou surpresa. Seus olhos encheram de lágrimas.

– Claro que eu quero.

– Então me dê sua mão! – Entregando a ela um lindo solitário, disse: – Aqui está seu anel de compromisso.

– Lindo! Júlio, adorei!

– Deixe eu colocá-lo em seu dedo. Agora, feche os olhos! – E sussurrando no ouvido da moça disse: – Eu a amo, a amo muito, querida.

Antes de abrir os olhos, ela sentiu os lábios do Júlio. Abraçou-o e chorou de emoção.

– Estou muito feliz. Você é tudo que eu precisava! Agora posso dizer que sou a mulher mais feliz do mundo.

– Eu também, sou o homem que tem mais sorte. Obrigado, querida, por você existir. Agradeço a Deus por tê-la colocado no meu caminho.

– Não precisa agradecer, nós precisávamos estar juntos.

– É verdade.

Saíram para jantar. Tinham tantas coisas para comemorar! Foi uma noite superagradável. Retornaram para casa felizes. Foram dormir, pois acordariam cedo no dia seguinte para irem conhecer a clínica.

Júlia e Marcos se despedem

Enquanto isso, na casa de Júlia, ela estava desesperada. Já era véspera do casamento. Os convidados já estavam chegando de viagem e ela continuava desanimada; só pensava em tudo o que acontecida em sua vida, sem ter meios de fugir. Mas ainda tinha esperanças de que alguma coisa mudasse.

Sentou-se na cama e fez uma sentida prece:

– Deus, ajude-me na indecisão em que me encontro.

As lágrimas rolavam sem que ela conseguisse segurá-las, e sua oração foi interrompida:

– Júlia! Júlia! Onde você está que não me responde? Preciso falar com você. Choro! Quem chora? – exclamou o senhor Ernesto. – É a Júlia! Filha, o que aconteceu? Por que está chorando?

Júlia atirou-se nos braços do pai e chorava desesperadamente.

– O que aconteceu? Fale, você está quente e pálida, o que foi, filha? Fale.

Sem responder, a moça desmaiou no colo do pai, que assustado tentou acordá-la. Não conseguiu; colocou-a na cama e saiu apressado para pedir que chamassem o médico.

– Roque demorou um pouco e retornou trazendo o médico. Os pais da moça estavam desesperados. Júlia estava desacordada, pálida, fria; parecia morta.

274 | LOURDES MARCONATO

– Ela tem se alimentado? – questiona o médico.

– Pouco, doutor.

– É por isso. Ela está muito fraca. Creio que está com uma queda de açúcar no sangue. Precisamos levá-la ao hospital.

– Como, doutor? Se está tão ruim, como levá-la?

– Vamos levá-la no meu carro. Não podemos perder tempo.

Providenciaram a remoção de Júlia para o hospital.

O senhor Ernesto e a esposa estavam assustados.

– O que será que está acontecendo com Júlia? Só vive doente! Uma moça que era cheia de saúde, hoje está aí, desse jeito.

– Pois eu acho, Ernesto, que depois que ela começou a namorar esse rapaz é que ela não está bem.

– Não pode ser. Ele é um rapaz muito bom.

– Não sei não. Eu acho que a nossa filha sabe de coisas que nós não sabemos.

– Do que você está falando?

– Eu? Nada.

Ernesto andava de um lado para o outro sem sossego. Na sala em que estavam logo apareceu um médico idoso perguntando pelos pais.

– Precisamos conversar, sentem-se.

– Fala, doutor, por favor, estamos aflitos.

– Prestem atenção; a senhorita Júlia está com um problema delicado.

– Como assim?

– Não sei se os senhores vão me entender, a moça está muito fraca! Parece que se recusa a viver!

– Como? De novo não! Minha filha tem tudo para ser feliz. Vai se casar com um bom rapaz. Estamos preparando uma grande festa!

– Ela gosta mesmo desse rapaz, ou vocês estão forçando-a se casar?

O senhor Ernesto gaguejou e falou:

– Do que o senhor está falando? O que o senhor tem a ver com isso? Quem tem que saber quem é a pessoa certa para casar com ela somos nós, seus pais.

– Então, senhor, vão ser responsáveis pelo que venha a acontecer com ela. Pelo que vejo, esta não é a primeira vez que esta jovem fica internada neste hospital. Já fiz o que tinha que fazer; mediquei-a, mas ela não está reagindo, o que torna o quadro complicado!

O médico estava preocupado com a situação da moça. Ele, mais do que ninguém, sabia que Júlia estava se entregando porque queria morrer, por estar desgostosa por alguma coisa, mas nada poderia fazer se não tivesse a colaboração dos pais.

Júlia acordou muito fraca ainda. Quase não dava para ouvir sua voz, falava baixinho:

– Marcos, meu amor, não me deixa morrer sem vê-lo. Eu vou embora, querido. Não posso viver sem você, a minha vida não tem mais sentido!

O médico, doutor Guilherme, e a enfermeira não aguentaram o que ouviram, percebendo que em seus olhos, as lágrimas brotavam.

Pegando nas mãos de Júlia,o médico orientou:

– Minha filha, você precisa viver, lutar por este amor tão forte e lindo. Ele tem que ser mais forte do que tudo; lute, minha jovem, lute.

– Não posso, meus pais não permitem o nosso amor. Estou na véspera do casamento com um homem que odeio. Ajude-me, doutor. Deixe-me morrer, é o único jeito de me livrar de Rogério.

– Rogério? Você falou Rogério?

– É, doutor, isso mesmo.

– Onde mora esse rapaz?

– Aqui na cidade.

– Você conhece os pais dele?

– Não, nem eu nem meus pais.

– Como seus pais vão casar você com um rapaz que mal sabem quem é?

– Ele conta um monte de mentiras, diz que sua família é ilustre e rica, e nunca nos apresentou os pais, dizendo que eles estão sempre viajando.

– E seus pais aceitaram?

– Acho que no início meu pai se empolgou com as histórias dele, e como ele queria me afastar do rapaz por quem me apaixonei, aproveitou a oportunidade e oficializou o casamento.

– Está bem, agora descanse, pois você está muito fraca, qualquer coisa é só chamar.

O médico e a enfermeira saíram do quarto, estavam intrigados:

– Que história mais esquisita, doutor.

– Sim, Gilda, mas não é só esquisita, não. Eu já ouvi falar nesse rapaz e em sua família. Há boatos sobre a riqueza e sobre a nobreza deles. Ouvi também que estão muito endividados. Pai e filho são viciados em jogo, e normalmente perdem muito. Ele deve estar atrás da fortuna do pai desta moça.

– Mas, doutor, e agora, o que o senhor pretende fazer?

– Eu? Nada, o pai da moça não acreditaria em nada que eu falasse. Ficou nervoso só porque perguntei se a moça estava de acordo com o casamento.

– Estou com meu coração apertado! Coitada da moça... Gostaria de ajudá-la.

– Não podemos fazer nada!

– Será que nada amolece o coração desse homem?

– Para Deus nada é impossível, e você sabe que não devemos nos envolver com questões particulares dos pacientes. Mas vou tentar. Vou lá falar com o pai da moça.

– Vai, doutor, seja o que Deus quiser!

Doutor Guilherme em nenhum momento falou sobre a índole do rapaz, não queria arrumar confusão. Tentou de todas as maneiras convencer o senhor Ernesto de que ela não iria aguentar o casamento. Mas seu coração era endurecido. Não admitia que alguém dissesse o que tinha ou não de fazer.

Doutor Guilherme saiu para atender a outros pacientes, mas não conseguia esquecer a situação de Júlia. "Aquela moça está morrendo de tristeza! Como um pai pode fazer isso com uma filha? Que loucura, e eu não posso fazer nada!" Visitou os pacientes e retornou ao quarto onde estava Júlia.

— Como está, minha jovem?

— Mais ou menos, doutor. Tenho muita dor de cabeça e um aperto muito forte no peito, e medo, muito medo.

— Medo, você disse?

— Sim, eu estou apavorada.

— Medo do quê?

— Do futuro, do casamento e do Rogério. Eu sei que ele vai transformar a minha vida em um caos maior do que esse que estou vivendo. Ele já falou que depois do casamento vai me amansar! Ajude-me, por favor!

— Como, filha? Como médico, não poderia me envolver nesta questão! Além do que, seu pai não aceita opinião nem conselho.

— Eu sei. Mas, posso pedir uma coisa para o senhor?

— Claro que pode.

— Preste atenção... Eu deixei uma carta com o padre da nossa igreja para entregar ao Marcos, mas meu pai mandou o padre para a cidade e eu não sei onde ele está!Gostaria que o senhor procurasse por Marcos e contasse que eu vou me casar. Diga para ele vir me buscar, que eu vou embora com ele para onde ele quiser.

— Filha, isto é muito perigoso! Eu não posso me envolver. E já pensou se seu pai descobre?

— Já pensei! Então só fale para o Marcos sobre o casamento. Ele vai saber o que fazer.

— Vou ver até onde posso lhe ajudar!Onde ele mora?

— Na Fazenda do Pomar, perto da nossa.

— Sim. Agora descanse e cuide-se, que eu preciso ir.

— Obrigada, doutor.

* * *

— MARCOS, EU preciso falar com você.

Pensativo e nervoso, o rapaz demonstrava estar preocupado.

— Sente-se filho, vamos conversar! O seu pai foi ver os gados com o Juvenal e eu quis aproveitar para falar com você. Eu tenho achado você muito estranho, triste.

– Não tenho nada, dona Ruth,. É impressão sua, coisa de mãe! Sempre preocupada com os filhos.

– Você está trabalhando muito e pode ficar doente! E esta tristeza nos seus olhos me deixa aflita!

– Eu trabalho para esquecer e a senhora sabe, agora eu sou dono disto tudo.

– Esquecer o quê?

– Meu amor, a pessoa que eu adoro, já que não posso tê-la! Preciso ocupar meu tempo para não pensar muito, se não eu enlouqueço.

– Coitado do meu filho – alisando os cabelos do Marcos e fazendo carinho, percebeu que algumas lágrimas rolavam pelo rosto do filho. Isto me corta o coração! O que quer que eu faça para te alegrar?

– A senhora não pode fazer nada. Este caso não tem solução, eu nem sei onde ela está agora! – Marcos deitou no colo da mãe, que percebia que de seus olhos escorriam algumas lágrimas.

– Meu Deus, o que fazer para ajudá-lo? – Imediatamente, dona Ruth levou o pensamento a Jesus e fez uma prece, pedindo a ele que acalmasse aquele coração, permanecendo ali muito tempo acariciando o filho. – Vamos, querido, está na hora de se preparar para o almoço, seu pai já vai chegar.

Levantando-se, Marcos foi para o seu quarto, pensando muito no que fazer da vida.

No dia seguinte precisava viajar para resolver negócios da fazenda e talvez fosse bom! Isso o ajudaria a esquecer um pouco a sua amada.

Todos reunidos para o almoço, o senhor Genésio perguntou:

– Marcos, você está bem? Alguma coisa o preocupa? Pensei que tinha gostado do presente!

– Não se preocupe, pai, eu gostei muito! Só estou indisposto, logo passa.

– De uns dias para cá tenho notado que você está muito apagado, parece outra pessoa! Onde está aquele rapaz brincalhão que não deixava ninguém sossegado?

Marcos deu um sorriso sem graça.

– A gente muda, não é pai? O tempo passa e as coisas vão se modificando. Não se preocupe. Vou ficar bem. Vou subir, mas antes vou ao jardim um pouco!

Distraído, pensando, Marcos nem viu que alguém estava chegando.

– Boa tarde, senhor.

– Boa tarde, pois não?

– É o senhor Marcos?

– Sim.

– Trago esta carta a mando do doutor Guilherme.

– Doutor Guilherme, quem é? Não conheço.

– Leia e o senhor vai entender.

Abriu a carta e estava escrito:

"Senhor Marcos, saudações. Venho por meio desta passar algo que me fez pensar se deveria falar com você, por saber que não é do meu feitio nem de minha função atitude como esta. Porém, tenho aqui no hospital uma jovem internada, com um quadro delicado de saúde. Contou-me sua história, deixando em minhas mãos a responsabilidade de transmitir um aviso.

A moça da qual estou falando é a senhorita Júlia. Encontra-se com sua saúde comprometida e não consegue se equilibrar, por estar sendo forçada a se casar com quem não gosta. Pediu-me para avisá-lo. Penalizado com o quadro, tomo essa iniciativa, não podendo fazer nada mais além disso. Peço não vir ao hospital por enquanto, uma vez que o estado da paciente inspira cuidados.

Sem mais, desejo-lhe paz.

Guilherme"

As lágrimas caíam pelo rosto do Marcos, que não conseguia controlar as emoções.

– Calma, moço, desculpe. Só fui portador da notícia.

– Não se preocupe. Obrigado! Agradeça ao doutor Guilherme por mim.

– Até logo, senhor.

– Até logo, diga ao doutor que tomarei providências.

– Sim, senhor.

Com as mãos apoiando o rosto chorou desesperadamente. Sua vontade era correr para o hospital, mas não queria prejudicar o médico, que já se expunha em pedir para avisá-lo. Só restava esperar.

Dona Ruth saiu na sacada da casa e, vendo o filho cabisbaixo, correu em sua direção:

– Filho, aconteceu alguma coisa?

– Nada, mãe, só preciso ficar sozinho um pouco. Não se preocupe.

Marcos desceu em direção ao bosque e, como de costume, procurou o lugar onde costumava sentar-se com sua amada, ali permanecendo envolto nas lembranças dos momentos felizes que passaram juntos.

"Meu Deus, ajude-me! Tenho medo de tentar fazer algo e prejudicá-la" – pensava Marcos, enquanto buscava por alguma solução.

Já tarde chegara em casa, encontrando dona Ruth aguardando ansiosa:

– Marcos, o que aconteceu que o deixou assim tão atormentado?

– A Júlia, mãe, ela está no hospital e vai se casar amanhã! Eu perdi meu amor!

– Não fique assim, meu querido. Vamos rezar e pedir a Deus para ajudar vocês!

– Eu nem sei mais rezar! Tudo acontece comigo, já estou cansado!

– Alguma coisa eu preciso fazer... Mãe, deixe eu pensar um pouco! Vou subir. Estou cansado.

Marcos caiu na cama e pensando adormeceu.

Não demorou muito, já despertara com uma decisão: iria ao

hospital. Saiu apressado sem dizer nada para os pais, onde ao chegar, já foi procurando pelo médico:

– Desculpe ter vindo, doutor. Não aguentei! Preciso falar com Júlia. Ah! Obrigado pelo que fez!

Entraram no quarto e percebendo a movimentação, Júlia abriu os olhos e levantou-se rapidamente.

– É você, Marcos! Meu Deus, que bom. O doutor cumpriu o que prometeu.

Abraçaram-se e ficaram assim por muito tempo.

Sentindo que as lágrimas rolavam dos olhos da amada, Marcos também deu vazão aos sentimentos:

– Ju, estou tão confuso quanto você, mas o que vamos fazer?

– Leve-me contigo, amor.

– Não posso, Júlia. Essa não é a maneira mais correta de solucionarmos este nosso problema! Seus pais iriam atrás de nós. Não viveríamos felizes fugidos! Aquele velho dos seus sonhos também conversou comigo! Eu sinto que o melhor a fazer é esperar. Tudo deve ter um sentido! Quem sabe é por pouco tempo essa nossa separação! Eu vou ficar esperando por você o tempo que for preciso!

Marcos tinha razão. Não poderiam ir embora e nem lutar contra os pais dela. Talvez o tempo fosse mesmo o melhor aliado dos dois.

– Eu preciso ir, Ju.

Os dois se abraçaram e com lágrimas nos olhos, Marcos falou:

– Amanhã vai ser o dia mais triste da minha vida.

– Da nossa, Marcos. Espere por mim, promete?

– Prometo, tenha paciência e até o dia que Deus permitir.

Júlia caiu em prantos, mas estava tranquila por ter visto Marcos por alguns minutos. Em seguida, era o doutor Guilherme quem entrava no quarto.

– Como está, senhorita?

– Mais ou menos, dói um pouco a cabeça, mas acho que foi por que chorei.

– Já sei, Marcos veio vê-la.

– Sim, obrigada doutor, o senhor o avisou, eu agradeço de coração!

– Eu fiz o que meu coração pediu. Vou examiná-la e dar alta para a senhorita.

– Obrigada mais uma vez por tudo.

– Vá, filha, siga o seu caminho. Deus ajude que encontre a sua paz. Mas não se esqueça de que você precisa se alimentar.

Em lágrimas, Júlia beijou as mãos daquele que havia se mostrado mais do que um médico, quase um amigo!

– Você pode ir para casa e qualquer coisa que acontecer me avise ou me procure.

– Obrigada!Por favor, peça para avisar meus pais. Boa tarde.

Júlia ficou sentada na cama, pensando no vazio que seria viver sem Marcos! Recostada no leito, enquanto aguardava o seu retorno para casa, adormeceu vendo logo em seguida cenas num sonho agitado:

Andava pelo corredor de um casarão, com uma mulher falando-lhe aos brados:

– Você me deve obediência!

– Eu estou cansada de ser mandada, não tenho vontade própria – dizia ela.

– Pois aceite. Não poderá fazer nada para mudar isso.

– Isso o quê?

– Não interessa saber. Aceite o que estou falando.

– O que quer que eu faça?

– Que pague pelo que fez.

– Eu não fiz nada.

– Sabe que sim, ou já esqueceu? Tem que sofrer muito para acertarmos essa conta!

– Por que você fala assim comigo, se eu não lhe conheço?

– Não precisa, com o tempo ficará sabendo. Todos os que sofreram por sua causa estão aí para pedir justiça.

– Eu?

– Casará com Rogério e pagará o que nos deve.

– Não pode ser! Não façam isso.

Acordou, a enfermeira estava chamando.

– Senhorita, acorde! Alguma coisa?

– Não foi nada, foi só um sonho.

– Meu Deus!

– O que foi que falou?

– Nada, estava só pensando alto! Seus pais estão chegando.

– Posso ir para casa?

– Sim, mas cuide-se. Você está muito fraca e poderá ter uma recaída.

Júlia pensou: "Era melhor que eu morresse logo" e falou:

– Obrigada, Gilda.

– Por nada, senhorita, boa tarde.

Gilda saiu e no mesmo momento os pais entraram, saindo com Júlia do hospital.

Depois seguiram em direção à fazenda. Júlia estava calada, lembrando-se do sonho. "Agora eu entendo o porquê de muitas coisas. Por que não consigo me livrar este casamento com Rogério! Quanta coisa envolvida com um passado que não lembro!"

* * *

MARCOS PERMANECIA O tempo todo pensativo. "O que eu tenho a fazer é viver, não posso ficar me lamentando." Pegou um papel e escreveu:

"Querida Júlia!

Falei com você hoje, mas parece uma eternidade! Estou com o coração apertado e sinto-me amarrado como um animal, acuado. Falei para você que nada podemos fazer, mas não vou suportar vê-la nos braços de outro sem que eu pense em retirá-la à força para mim! Não sou tão forte quanto pareço!Quero que saiba que farei qualquer coisa para tê-la em meus braços e, esteja onde estiver, eu vou te amar sempre. Isto ninguém poderá impedir.

Um dia ficaremos juntos e viveremos o nosso grande amor.

Do seu sempre amado.

Marcos"

– Marcos!

– Oi.

– Pensei que estivesse dormindo.

– Beto, foi Deus que o mandou aqui.

–E por quê?

– Por que você vai fazer uma coisa por mim.

– E o que eu tenho que fazer?

– Você vai entregar esta carta para Júlia.

– Você ficou louco? Como eu vou fazer isso?

– Não sei, eu preciso que a Júlia receba esta carta ainda hoje.

– Como? Já escureceu! Vou pensar se vou fazer isso.

– Pense, mas eu não aceito um não.

– Depois combinaremos um plano!

Marcos caiu em si! "Meu Deus, acho que estou perdendo a razão! Como o Beto vai entregar esta carta se a fazenda está sempre vigiada? Mas eu preciso fazer alguma coisa. No hospital parecia que eu estava passado, aceitei tudo sem fazer nada. Eu devia ter tirado a Júlia de lá e fugido com ela! Isso sim..."

Beto passou um bom tempo da noite pensando no que fazer: "Como chegar perto da Júlia"?

* * *

NA FAZENDA DANÚBIO, Júlia já tinha retornado do hospital. Sentada em sua cama, sentiu uma vontade incontida de sair como a muito tempo não sentia, quando repentinamente levantou-se, vestiu-se para o desjejum e pediu:

– Pai, eu queria pedir uma coisa, está chegando a hora do meu casamento e eu queria passear um pouco. Só quero me despedir da fazenda. Os empregados irão comigo.

– Vá, mas volte logo.

Júlia estava se arrumando, quando Marta entrou em seu quarto:

– Com licença. Seu pai mandou que eu viesse para ir com a senhorita.

– Ótimo, Marta. Vamos logo! É só uma volta.

– Não se preocupe, não tenho pressa.

– Então não percamos tempo. Hoje eu tenho que fazer muita coisa.

– Por que hoje, senhorita?

– Porque é uma despedida.

– Credo! Não fale assim, é muito triste.

– É isso mesmo, algo morreu aqui dentro.

Não demorou muito tempo, olhando à frente, Júlia comentou com Marta:

– Veja, Marta, alguém está vindo lá na estrada. Será que o Marcos?

– Não, não é ele, Marta, é o amigo dele, o Beto.

– A senhorita o conhece?

– Conheço, será que aconteceu alguma coisa com ele? Espere, Marta.

– Bom dia, Júlia.

– Bom dia, Beto.

– Prazer em revê-la.

– Obrigada.

– Estou surpreso em ver a senhorita assim passeando sem os capangas do seu pai. Tenho algo para você. Tome cuidado para que não descubram.

– Não se preocupe. Marta é de confiança.

– Então está entregue, até mais.

– Até logo, passe bem. Mande minhas recomendações para todos e diga ao Marcos que estou contente pela carta.

– Leia e se puder responda, ele vai ficar muito feliz.

– Farei com certeza, obrigada.

– Passe bem.

Beto saiu em disparada. Júlia, que já estava próxima ao bosque, para lá se dirigiu e sentou-se debaixo de uma árvore. Abriu a carta, e com lágrimas nos olhos começou a ler.

Ficou feliz por saber que era amada por quem ela também tanto amava. Permaneceu ali por algum tempo recordando momentos felizes e depois, dirigindo-se à amiga, falou:

286 | LOURDES MARCONATO

– Marta, você tem que prometer que não vai contar nada do que aconteceu para ninguém.

– Fique tranquila, nem meu marido vai ficar sabendo.

– Ótimo, vamos dar uma volta e retornarmos logo. Tenho um assunto para resolver.

Após uma caminhada pela fazenda, voltaram cansadas e Júlia com esperanças alimentadas de um dia reencontrar seu amado... Isso era o que dava forças para continuar vivendo. Em seu quarto, Júlia meditava na feliz coincidência de sair, encontrar com Beto e poder receber aquela carta que tanta força lhe trazia. Faltavam algumas horas para ir embora para sempre daquela casa... onde tantos momentos felizes e de desilusões foram vividos! Ao começar a arrumar as suas malas, com tudo o que levaria para sua nova casa, Júlia não controlava as lágrimas que desciam fartas pelo seu rosto! Pensando na alegria que sentiria se Marcos fosse o noivo, tratou logo de queimar a carta antes que os pais descobrissem.

Após tudo guardado, desceu para a sala de música e, distraidamente, não percebeu que alguém havia entrado, assustando-se quando sentiu um toque no ombro.

– Ai!! Ah, é você? Que susto me deu.

– Desculpe, não foi minha intenção. Como está?

– Tudo bem, Rogério.

– Bem mesmo?

– Sim, nada muda, entra dia e sai dia, e tudo permanece igual, sem sentido.

– Não diga isso, querida. Hoje é o dia do nosso casamento, é motivo para se alegrar, não acha?

– Só se for para você.

– Que noiva desanimada. Ah, estava me esquecendo, trouxe algo para você.

– Sei, coloque aí, depois eu vejo.

– Depois não, Júlia, agora!

– Está bem – abriu o pacote. – Bonito anel, Rogério, deve ter custado caro.

– Só isso que você fala?

– Obrigada.

Fechou a caixa, já ia guardar, quando Rogério perguntou:

– Não vai colocar no dedo?

– Para quê? Depois eu coloco.

– Dá-me sua mão. Quero colocar agora. Assim que se faz, Júlia. Uma mão tão bonita como a sua tem que usar um anel como este.

Júlia não respondeu e ele continuou:

– Ficou bonito, aliás, tudo em você fica belo.

– Sem galanteio, certo? Com licença.

Júlia pensou: "Ele vai ficar querendo que eu use este anel, mas não vou mesmo! Ele não vai me obrigar a fazer isso."

* * *

– Marcos, você nem acredita o que aconteceu. Eu encontrei a Júlia e uma empregada da fazenda cavalgando e já entreguei a carta.

– Não acredito!

– É verdade, estou falando.

– Alguém 'do lado de lá' me ajudou inspirando-a a sair de casa! Só pode ser!

– Acho que foram os seus amigos espirituais. Você é muito protegido, meu amigo! Pensa e as coisas acontecem.

– Às vezes eu fico assustado com o que acontece comigo. Mas fale, e ela, o que falou quando você entregou a carta?

– Disse que ela um dia vai responder, que você pode esperar.

– Quando, meu Deus? Essa ansiedade vai acabar comigo. Tenho vontade de ir lá e enfrentar o pai dela.

– Você está ficando louco? Nem pense nisso! Aquele homem é perigoso e tentar, contra sua vida! Tenha paciência, tudo acontece no momento certo.

As horas passaram e Marcos estava triste e nervoso. Seu único pensamento era o de não saber se suportaria tudo aquilo!

– Filho, não se aflija deste jeito! Se eu fosse você sairia, iria para a casa do Toni ou da Clara, na cidade! Procure coisas alegres para fazer.

– Vou pensar, mãe, mas agora vou dar uma volta!

O casamento de Júlia

Chegara a hora do casamento. A Fazenda Danúbio estava supermovimentada. Era um vai e vem de pessoas, com os últimos convidados chegando! Estava quase tudo pronto.
– Senhorita, aceita um chá?
– Não, Marta, obrigada.
– Está quente! E os biscoitos que fiz para a senhorita?
– Obrigada.
– Só um chá.
– Não estou com fome.
– Você está nervosa?
– Muito.
– Então o chá vai lhe fazer bem.
– Acho que nada vai me acalmar.
– Só se ele... nada, deixa para lá.
Júlia sorriu. – Pode falar!
– Só se o senhor Marcos chegasse aqui. Está tudo errado nesta vida! Ninguém faz o que quer!
– É verdade, Marta! A gente só sofre, mas nem que seja em outra vida eu vou ficar com ele. Eu juro.
– Isso mesmo, não perca a sua esperança que Deus não abandona seus filhos.
– É nisso que eu me apego, senão já teria morrido ou

enlouquecido.

— Sinto muito, senhorita. Se eu pudesse, faria alguma coisa para ajudá-la.

— Eu sei, Marta. Obrigada por se preocupar comigo.

Marta estava com o coração em pedaços: "Meu Deus, que pena da senhorita Júlia! Coitada, como deve ser triste casar com quem não gostamos."

Júlia deitou-se um pouco. Não aguentava de dor de cabeça e de tristeza. Neste pensamento adormeceu e não demorou a ouviu uma voz:

— Acalme-se, filha, um dia tudo vai passar. Você vai se libertar. Não se aflija tanto.

— Ajude-me, faça alguma coisa, não vou aguentar ficar ao lado do Rogério!

— Filha, todo este aprendizado lhe prepara para a verdadeira felicidade! A caminhada rumo à evolução é conquista do espírito!

— Mas eu já estava prestes a ser eternamente feliz!

— Não, filha, só somos verdadeiramente felizes quando estamos bem com todos os que estão a caminho conosco, quando nada pesa em nossa conta. Júlia despertou mais serena. Já estava na hora de se preparar para o casamento. Adélia entrou, esbaforida, no quarto:

— Júlia, a madame Djanira já chegou para arrumar você.

— Mande-a entrar, mamãe, e eu não quero que mais ninguém entre no meu quarto.

— Está bem. Eu vou me preparar também. Já chegaram quase todos os convidados e quero que você esteja muito bela.

— Vá, então! Não deixe os convidados esperando.

O jardim do casarão estava todo decorado com flores ornamentando o altar e o corredor por onde passarão os noivos.

Já estavam presentes o padre, o escrivão, parentes, amigos da família, todos muito felizes à espera do grande acontecimento.

A música inicia-se. Entre os convidados em pé estavam presentes inúmeros fazendeiros da região com suas respectivas esposas e filhos. Em volta do altar, todos permaneciam na expectativa da entrada da noiva, que logo desceria as escadas que davam acesso ao jardim.

Para espanto geral, surge no topo da escada uma mulher de cabeça coberta, vestida de roxo, fazendo com que os convidados contivessem o ar de espanto! Olhavam assustados para os pais da noiva, que também não sabiam o porquê daquela atitude, olhando furiosos para ela.

Ernesto esbravejou, entre dentes:

– O que deu na sua filha, Adélia?

– Não sei, meu marido. Ela não me falou nada. Disse que queria nos fazer uma surpresa.

– Bela surpresa, ela só me envergonha e vai ter de explicar direitinho por que me faz passar por isso.

O padre deu início à cerimônia. Ninguém se conformava com a tristeza da Júlia, nem parecia a noiva. Terminando a celebração religiosa e civil, todos foram para o salão, dando-se início aos cumprimentos. A moça parecia outra pessoa. Seus olhos traziam uma profunda tristeza que dava pena. Ernesto estava revoltado. Não via a hora de ter uma conversa com a filha sem que os amigos ouvissem.

Rogério quase não se continha de ódio, ao ver a noiva daquele jeito, deixando que todos percebessem que estava sendo obrigada a casar-se com ele. Mas logo pensou: "Em breve você vai me pagar a desfeita." Tratou-a com carinho, fingindo compreender o que ela estava passando.

– Querida, como você está linda, mesmo de roxo você está maravilhosa.

– Poupe seus elogios, não precisa fingir.

– Você quer tomar alguma coisa?

– Não estou com vontade.

– Tem certeza de que não quer um brinde para comemorar nossa união?

– Pensando bem, eu quero.

Ele serviu a moça pensando: "Você não sabe o que lhe espera". Ao seu lado estava um dos obsessores, rindo com olhar feroz e alimentando o ódio de Rogério: "Estamos aqui para fazê-la pagar. Ela vai se ver conosco, não terá para onde fugir!" Nesta vibração, Rogério continuou seu pensamento: "Isso mesmo, beba, e beba muito, querida."

Vendo que ela quase terminara uma taça, já oferecia:

– Quer mais, querida?

– Não, obrigada, já estou um pouco tonta.

– Não tem problema, hoje a festa é nossa.

– Não estou acostumada a beber. Chega, não quero mais nada.

– Então, vamos dançar um pouco, vamos alegrar a festa.

* * *

JÚLIO E CLARA chegaram na Fazenda do Pomar. Marcos estava triste.

– Eu estava observando você, amigo, está muito estranho, o que está acontecendo?

– Hoje é o dia do casamento da Júlia e eu não posso fazer nada.

– Eu entendo, não deve ser fácil.

– Aliás, a esta hora ela já está casada!Não tenho ânimo para nada. Eu me sinto perdido.

– Você não pode ficar assim, meu irmão. Procure valorizar a vida! Lembre-se do que ouviu no centro, na explanação do Evangelho! É preciso ter fé no futuro e fé em Deus, em sua bondade, sua justiça e sua sabedoria. Nada acontece sem sua permissão!

– É difícil, Clarinha! Às vezes eu fico pensando como o destino é injusto conosco, eu perdi tudo que me fazia feliz.

– Que é isso, mano? Lembre-se do que vocês sofreram com aquela obsessão e agora estão livres.

– Você não quer ir novamente ao centro conosco?

– Vou pensar.

– Vou deitar e amanhã conversaremos.

Marcos achou melhor tentar dormir. Recostou nas almofadas da cama e tão logo dormiu, sentiu que cavalgava por um campo seco à procura de água e estranhava que todo o pasto e plantações estavam queimados. Já tinha andado muito, até que encontrou uma pequena casa rodeada de palmeiras. Descendo do cavalo, ele bateu palmas e logo viu sair lá e dentro uma mulher.

– Pois não, o que deseja?

– Estou viajando há bastante tempo e meu cavalo está com sede. Conseguiria-me um pouco de água?

– Claro, senhor, leve o cavalo para a cocheira. Irei em seguida para levar a água.

– Obrigado, moça, como você chama?

– Gina, senhor.

– Obrigado, senhorita Gina.

– Não seja por isso.

Que lugar será esse? Parece que eu já o conheço! Eu já estive aqui antes. Mas não sei quando.

– Aqui está a água e, enquanto o cavalo descansa, o senhor pode lavar-se naquele poço no meio do terreiro. Vou lhe servir algo para comer. Se quiser pernoitar, eu tenho um quarto vazio.

– Sim. Aqui por estes lados é difícil encontrar um local para pouso. Viajar à noite também é perigoso.

– Descanse e amanhã cedo viajará tranquilo.

– Eu vou aceitar a sua gentil oferta.

Logo que ele terminou de comer o alimento trazido pela mulher, ela o conduziu para fora da casa e, apontando, mostrou o local onde ele passaria a noite.

– Suba a escada, é o quarto da direita.

"Que estranho, parece que já passei por isso; até a moça não me é estranha."

Cansado, deitou pensativo, mas levantou-se rápido ao ouvir alguém batendo à sua porta, que abriu, vendo à sua frente um homem que trazia nas mãos uma pasta.

– Marcos?

– Sim.

– Precisamos conversar.

– Quem é o senhor?

– Sou Getúlio e estou aqui para passar isto para suas mãos. – Assim falando, entregou-lhe alguns papéis. – Guarde-os bem. O seu futuro depende deles.

Marcos abriu a pasta e analisando as folhas, viu o que estava escrito: passado, presente e futuro.

Tentou ler mais, mas não teve tempo. O homem despediu-se, dizendo:

– Não chegou o momento de saber o que contém. A hora chegará.

Saiu deixando o Marcos confuso.

Marcos acordou assustado, não estava entendendo nada. Aquele sonho o deixou perturbado. Ficou agitado o resto da noite.

* * *

NA FAZENDA DANÚBIO, a festa tinha se prolongado. Já era início da madrugada. O carro já estava preparado para levar os noivos à fazenda onde morariam. Júlia subiu para o quarto para se arrumar. Estava aflita! Sentou-se na cama e escreveu uma longa carta para os pais:

"Papai e mamãe,

Aqui deixo registrada a minha tristeza da qual não consigo dizer pessoalmente! Deixo neste papel a lembrança dos meus últimos momentos de felicidade.

Lembro-me de tudo que encontrei em minha infância, quando não sabia o que o futuro me reservava. Na escola com meus amigos, em minhas férias e principalmente quando encontrei meu verdadeiro amor, que fora de mim arrancado, levando com ele o meu coração e a minha vida!

Jogando-me nos braços de um aventureiro, que nada significa em minha vida, sinto agora medo, tristeza e desespero.

Mãe, sua filha acaba de morrer para o mundo e agora vai viver só para Deus!

Pai, o preço dos seus caprichos foi muito alto. Jogou-me no abismo, de onde não sei se sobrará algo desta sua filha, que apesar de tudo o ama demais.

Sejam felizes se puderem.

Júlia"

Marta saiu apressada retornando com o chá e alguns biscoitos.

– Eu só quero o chá, eu não devia ter bebido, agora estou enjoada.

– Júlia, está pronta? – perguntou Rogério entrando no quarto.

– Já estou indo. – Estava com o coração disparado. Sentia-se como se estivesse indo para uma prisão. Parou, olhando em direção ao pomar e pensou: "Adeus, minha casa, meu pomar e minha alegria."

Foi quando ouviu uma gargalhada que a assustou.

– Você está rindo do quê, Rogério?

– Eu não estou rindo.

– Eu não estou bem, estou enjoada e tonta. Se você não se importar, podemos ficar aqui hoje, a viagem irá me enjoar ainda mais!

– Vou pensar, vou falar com seu pai. Preciso mesmo conversar com ele. Se ele aceitar essa conversa ainda hoje, ficaremos. Eu volto para confirmar.

– Eu espero.

Rogério foi ao salão à procura do sogro:

– Preciso falar com o senhor, meu sogro.

– Pois não! – respondeu o sogro meio intrigado e até mesmo preocupado. "O que será que este rapaz quer me falar logo após o casamento? Será que Júlia tinha razão no que falava?"

– A Júlia quer dormir aqui hoje. Se o senhor puder conversar ainda hoje, podemos ficar.

– Claro! Vamos só esperar os convidados se retirarem.

Demorou um pouco para ficar livre e Rogério avisou Júlia que deixariam para viajar pela manhã.

– Prepare tudo, mas espere-me para dormir. Hoje é a nossa

noite –, falou rindo, com cara de deboche.

Júlia logo pensou: "Eu preciso fazer algo para não ter que dormir com ele."

Júlia não conseguia esquecer daquele senhor dos sonhos. Suas palavras estavam gravadas em sua mente. Abriu o armário e pegou o vidro de tranquilizantes que o doutor Guilherme havia receitado. Tomou dois comprimidos, vestiu-se para dormir e deitou-se. Minutos depois estava dormindo um sono pesado.

Rogério aguardava o sogro com certa ansiedade.

– Pois não, meu rapaz, pode falar.

– O que eu quero é simples, o senhor já nos deu a fazenda mas como eu viajo muito preciso de uma casa na cidade. Espero que o senhor compreenda. Hoje sou seu genro e é justo que tenha este conforto, de quando viajar não precisar ficar em pensões ou hotéis.

– Mas assim? Na noite do casamento você vem com este assunto? Não poderia ser em outra ocasião?

– Eu sei no que está pensando, mas não sei quando voltarei aqui. Pretendo viajar muito e como vou levar Júlia comigo, não quero que ela fique em hotel.

– Eu entendo, mas estas coisas são para se tratar com tempo e com a cabeça fria.

– Mas eu tenho pressa, senhor. Gostaria que me desse uma resposta! Amanhã mesmo vou procurar a casa.

– Não posso responder agora; preciso pensar.

– Então que seja rápido.

Ernesto estava assustado com a atitude de Rogério. "Mas que rapaz atrevido!" – pensou e respondeu:

– Vou pensar.

– Então, boa noite, meu sogro. Até amanhã! Aguardo com ansiedade a sua decisão.

Subiu a escada e, ao entrar no quarto, viu Júlia deitada. "Ela acha que vai dormir, nem pensar" – mentalmente desabafou.

– Júlia, acorda.

Chacoalhou-a bastante, mas a moça dormia pesado. Chamou-a várias vezes e nada. Ela só respondia sonolenta e voltava a dormir, fazendo com que Rogério ficasse possesso.

– Você me paga por esta noite e por tudo mais.

Andou de um lado para o outro e deitou nervoso! Apertou o braço da Júlia com muita força, fazendo-a gemer e abrir os olhos.

– O que foi? Estou com sono, deixe-me dormir.

– Não! Acorde.

– Ai, você está me machucando. – Júlia virou e dormiu novamente.

– Não tem jeito, o que esta louca fez? Não é possível, ela não pode ter o sono tão pesado.

Rogério não descobriu o que tinha acontecido. Júlia tinha colocado o remédio dentro da mala bem guardado para ele não encontrar.

Mesmo com ódio, o cansaço venceu e Rogério adormeceu.

Enquanto isso, senhor Ernesto conversava com a esposa.

– Estou intrigado com a atitude do nosso genro. Chego a pensar que nossa filha tinha razão.

– O que aconteceu?

– Ele pediu para conversarmos e falou que quer uma casa na cidade, que pretende viajar muito e não quer ficar hospedado em hotel. Disse que amanhã mesmo irá providenciar a casa.

– Como!? Você não comprou uma fazenda? E ele ainda quer uma casa?

– É isto que me preocupa, principalmente pela rapidez que ele quer. E tem a cara de pau de pedir isso no dia do casamento!

– Estranho mesmo! Não entendo, o pai dele não é rico? Você deu a fazenda o pai dá a casa na cidade. Nada mais justo.

– Estou começando a pensar que este rapaz pode ser um caça-dotes, um aventureiro.

– Não é possível. Ele não pode ser mau assim.

– E se for? Entregamos a nossa única filha em suas mãos.

– Meu Deus, Júlia havia me dito que ele era um jogador veterano, que já tinha perdido muitas coisas em jogo e eu não lhe dei atenção. Achei que ela só estava querendo fugir do casamento!

Pois agora eu estou com medo de que seja verdade.

– Adélia, e o que faremos? Temos que ficar com os olhos abertos e não ceder em tudo.

– É verdade, Ernesto, se dermos mais uma casa, ele vai querer outras e não vai parar nunca.

– Temos que segurar um pouco – desabafou Ernesto nervoso e preocupado. – Amanhã vou conversar com ele e sei que vai ser fácil, pois eu já sei o que fazer. Agora vamos dormir, pois temos um dia cheio pela frente!

O dia estava clareando. Ouvia-se o barulho dos animais e os empregados seguirem para a lavoura.

– Vamos rápido, temos que viajar – dizia Rogério apressando a esposa.

– Espere, estou me arrumando.

– Vou descendo, tenho que falar com seu pai.

Rogério estava apressado, queria resolver a situação da casa com o sogro.

– Bom dia, senhores. Senhor meu sogro, preciso lhe falar a sós.

– Pode falar, Rogério, minha senhora já sabe do que se trata.

– Estou com pressa e quero saber se o senhor pensou no que falamos à noite.

– Pensei bastante.

– Ótimo, então resolveu?

– Sim, meu genro, eu pensei bem e não vai ser possível.

– Como?

– É isso mesmo que você ouviu. Não vou poder comprar outra casa. Tive muitos gastos com a fazenda e com o casamento.

– Mas isso não é nada para o senhor, um homem tão rico! Recusa-se a ajudar a única filha?

– Ajudar em quê? Do que você está falando? Eu não preciso de nada – falou a Júlia, que descendo a escada ouviu o final da conversa.

– Seu marido quer uma casa na cidade para quando estiver viajando.

– Eu falei, vocês não acreditaram. Vão fazendo o que ele quer e vão ficar sem nada. Ele é esperto nestas coisas!

— O que você está falando? Não pedi a sua opinião.

— Só falei porque você colocou meu nome nesta história.

— Eu não admito que você venha dar palpite nos meus negócios. Você só tem que me obedecer.

— Desculpe, senhor meu marido. Estou vendo que a minha vida não muda, primeiro meu pai, agora o meu dono.

Ernesto estava assustado com a atitude do genro, mas tentou contemporizar.

— O que é isso, Júlia? Isto é jeito de falar?

— Estou cansada. Façam o que quiser. Estou saindo e espero lá fora. Enquanto isso vocês decidem sem a minha opinião. Ah, só uma coisa, meu pai, agora eu não preciso mais de nada, sabe por quê? Porque eu deixei de viver, minha vida acabou aqui.

Virou e saiu em direção ao jardim.

— O que aconteceu para minha filha estar deste jeito no primeiro dia de casada?

— Não sei, quando cheguei no quarto ela estava dormindo. Só acordou agora há pouco e está estranha! Tentei conversar com ela, mas não me deu atenção.

— Eu preciso conversar com ela antes de vocês viajarem.

— Impossível, senhor, estou com pressa. Quero viajar logo e tenho muitas coisas para resolver.

— O que você vai fazer pode esperar. Júlia é sua esposa mas ainda é minha filha e eu vou falar com ela. Preciso saber o motivo desta atitude.

Rogério ficou preocupado e pensou: "E agora, e se ela falar?" Parecia que as coisas estavam fugindo do seu controle. Esse homem parece mais difícil do que eu esperava! Criou coragem e perguntou:

— E a sua resposta sobre a compra da casa?

— É a mesma, não vai dar.

— Não vai mudar de ideia?

— Não, já falei. Talvez mais tarde, se tudo correr bem.

— O senhor é quem sabe. Mas sua filha não vai gostar.

– Com ela eu me entendo, não se preocupe.

– Estou indo, até mais, senhor.

– Espere, vou falar com minha filha.

– Vou chamá-la.

– Não precisa, falarei com ela no jardim, vou ser breve.

Rogério estava trêmulo, Júlia olhava para o pomar e não continha as lágrimas que rolavam pelo seu rosto. Seu pensamento estava em Marcos.

– Júlia!

– Hã? O senhor me assustou, o que foi, pai?

– Eu fiquei preocupado com o que você falou. O que você quis dizer com sua vida acabou?

– Não quero falar sobre isso, por favor, hoje não.

– Júlia, sou seu pai e quero seu bem, fale.

– Tarde demais, pai, nada mais pode fazer, nada! Deixe como está. Já aconteceu o que não era para acontecer. Vocês me entregaram a este homem. Fiz o que queriam. Agora adeus, pai.

– Júlia, não pode fazer isso comigo.

– Isso o quê? O senhor queria tanto o casamento, com o que se preocupa agora?

– Não sei, só agora sinto que alguma coisa está errada.

– Tudo está errado, pai. Mas não dá para mudar, então adeus. Não sei se nos veremos novamente.

– Filha, não diga isso, você está me assustando.

Júlia olhou para o pai e as lágrimas rolaram descontroladamente. Senhor Ernesto correu e abraçou a filha, que permaneceu imóvel. Só as lágrimas caíam, molhando a roupa dele.

Rogério saiu junto com a sogra. Despediu-se secamente. Senhor Ernesto soltou a filha, que saiu como se fosse uma estátua.

– E agora, Adélia, o que vamos fazer?

– Nada mais tem a ser feito. Já entregamos a nossa Júlia para um homem que nem conhecemos direito, agora só resta esperar.

O senhor Ernesto saiu apressado, mas o carro que levou sua filha já tinha desaparecido na estrada. Sentiu uma sensação muito grande de perda e ficou andando de um lado para o outro.

– Senhor! Senhor!

– Que foi, Roque?

– A senhora Júlia... – e parou.

– O que foi, homem? Fale.

– Não senhor, eu não quero me intrometer.

– Fale logo, homem.

– É que a 'patroinha' saiu chorando muito e o senhor Rogério gritava com ela, eu fiquei com muita pena! Ela era tão feliz e depois que conheceu este homem mudou muito, nunca mais ela sorriu.

– É, Roque, minha filha mudou muito, mas vou dar um jeito nesta situação.

– Desculpe, patrão. Eu não devia estar falando essas coisas.

– Tudo bem, rapaz, não tem problema.

– Com licença, senhor.

Ernesto ficou pensativo: "E eu sou o culpado por tudo isso, obriguei minha filha a se casar com este homem!" Sem sossego, saiu para a lavoura e não conseguia fazer nada.

Voltou no final da tarde. Nem quis almoçar! Encontrou a esposa no quarto da filha toda chorosa! Tentou segurar as emoções, mas não conseguiu.

– Calma, mulher. Vamos esperar uma semana e depois eu vou ao encontro da nossa Júlia.

Oportunidade de Expiação

Depois da conversa com o pai, Júlia sofre todos os tipos de agressões e xingamentos. Calada, agia como se estivesse indo para uma prisão.

Depois de descarregar toda a sua raiva em cima da esposa, Rogério começa a se comportar como se não a houvesse agredido.

– O que foi, querida, não está feliz? Nós estamos indo para o nosso castelo. É hora de sorrir!– Rogério tentava abraçá-la, mas Júlia recuava. – Venha cá, sua bravinha, você agora é minha, só minha!

– Nunca!

– Isso é o que vamos ver.

"Meu Deus, o que vou fazer para aturar este homem asqueroso, eu tenho nojo dele; não consigo aceitar que ele me toque. Prefiro morrer a aceitar que ele me faça um carinho. Ajude-me, Senhor, eu não vou suportar."

– O que você está pensando, é no seu amado? Não adianta. Agora acabou! Nunca mais verá esse homem. Eu vou cuidar disso; você não sairá do meu lado. Quando eu estiver ausente, tenho quem cuidará de você.

Júlia tinha vontade de pular do carro e acabar com toda aquela cena, mas como ele não saía de perto só restava chorar. Ao chegarem na fazenda, vários criados os esperavam. Ao descer do carro, Júlia ficou parada, olhando para o nada, com o olhar vazio, sem vida. Assustou-se quando Rogério pegou em sua mão.

– Querida, chegamos em nosso ninho de amor, vamos.

– Desculpe, nem percebi.

Desceu do carro mas suas pernas não obedeciam.

– O que foi, Júlia?

– Nada, acho que é de ficar muito tempo sentada, senti dor nas pernas.

– Quer que eu a carregue nos braços? – perguntou rindo.

– Não, obrigada.

– Então vamos. – E seguiu apresentando-a para os empregados: – Esta é a senhora Júlia, sua patroa.

– Bom dia, senhora.

– Bom dia.

– Tudo está preparado para minha rainha.

Júlia tinha nojo de ouvir ele falar assim. Deu um sorriso sem graça, mas seus olhos revelavam o que estava sentindo.

– Eu gostaria de tomar um banho e descansar um pouco; a viagem me cansou muito.

– Luzia vai providenciar tudo.

– Vamos, senhora, mostrarei seu aposento.

– Então peça para levarem minhas malas.

– Já estão sendo levadas pelos criados.

– Com licença – falou Júlia educadamente antes de se retirar.

– Fique à vontade, tudo isso é seu, meu amor.

Sem responder à gracinha do marido, Júlia subiu as escadas acompanhada por Luzia.

– A senhora parece triste. Desculpe, senhora, não tenho nada com isso, não tenho que me meter onde não sou chamada.

– Não faz mal, eu só não estou bem. Não se preocupe; logo estarei melhor.

Júlia não sabia se podia confiar na moça, por isso preferiu calar-se. Após o banho encostou na cama e dormiu. Passados alguns minutos, Luzia desceu, sendo interrogada por Rogério:

– Onde está dona Júlia?

– Ela dormiu, senhor.

– Então vai falar para a cozinheira preparar algo para o almoço.

– Sim, senhor.

Absorto em suas ideias, Rogério falava e ria sozinho!

– Deixa ela, não perde por esperar.

Júlia dormiu um sono pesado, só acordou quando Luzia foi chamá-la.

– Senhora, o senhor Rogério está chamando, o almoço está na mesa.

– Que horas são?

– Quase três.

– Meu Deus, dormi muito.

– A senhora estava muito cansada.

– Vou me arrumar e já estou indo.

Descendo as escadas, encontrou Rogério esperando-a.

– Descansou, querida?

– Sim, dormi bastante. Acho que foi a viagem! Não estou acostumada a viajar muito e me canso fácil, respondeu de maneira mais amistosa, na tentativa de que ele a deixasse em paz!

Puxando a cadeira para Júlia sentar, Rogério convidou:

– Agora alimente-se. Você precisa ficar forte. Há muitas coisas à sua espera.

Júlia sentiu um calafrio. Aquelas palavras para ela eram como uma ameaça. Foi servida por Ester, uma das serviçais. Sentia-se com um misto de medo e tristeza.

– No que está pensando, querida?

– Em nada, só estava me lembrando da mamãe.

– É? Então procure se acostumar com a distância, pois vai demorar muito para revê-la.

– Por quê?

– Por que não voltaremos tão cedo à casa dos seus pais. Temos outros afazeres agora que estamos casados.

– Ah! Eu gostaria de saber quem são aqueles homens estranhos que estão lá fora.

– Está preocupada com isso? Eles são meus empregados. Contratei para cuidarem de você, para que nada lhe aconteça.

– Não acredito que você vai colocar aqueles estranhos para seguirem meus passos.

– Claro, querida, quem sabe se o nosso 'amigo' não resolve vir por esses lados.

Júlia estava trêmula imaginando o que a esperava. "Minha vida vai ser um inferno."

– Está chorando, querida? Deixa as lágrimas para quando chegar a hora. Agora, procure comer e chega de tristeza. Sorria, a vida é bela.

Terminaram o almoço.

– Agora vamos conhecer a fazenda que ganhei de seu pai.

– Agora não, Rogério, deixa para depois.

– Não, tem que ser agora.

Sem responder, seguiu em direção ao carro, onde estavam três capangas mal-encarados. Aproximando-se Rogério falou alguma coisa, obtendo resposta de um deles:

– Pois não, senhor, fique tranquilo.

Em seguida Rogério virou-se para a esposa:

– Nós vamos de charrete, Júlia.

Mal se afastaram da casa e Rogério perguntou:

– Está com saudades, Júlia?

– Não.

– Então mude esta cara! Parece que está indo para a forca! – E abraçando-a convidou: – Encoste aqui no ombro do seu maridinho.

– Desculpe, mas estou com dor de cabeça. Já vai passar.

Seguiram pela estrada onde Rogério lhe mostrava a lavoura, os animais, uma paisagem muito linda. Contudo, para Júlia nada tinha graça. Longe da fazenda passaram por uma casa estranha, que acabou tirando Júlia de seu torpor, fazendo-a perguntar:

– O que é isso, Rogério, que casa é esta?

– É para você. Quando estiver cansada poderá vir descansar. Aqui ninguém vai aborrecê-la.

Júlia sentiu uma sensação de ódio e medo ao mesmo tempo, concluindo: "Agora já sei quais são os planos desse monstro. Ele vai me prender aqui, neste lugar horrível!"

– Quer ver lá dentro?

– Não! Por favor, vamos embora. Estou cansada. Outra hora voltaremos.

– Com certeza. Vamos.

Voltaram para casa; já era tarde. Júlia foi para o seu aposento. Ao se recostar em sua cama, depois do banho, refletia: "Meu Deus, este homem é louco e eu estou rendida"! Como sair dessa situação?

Pegou um caderno de recordações e começou a escrever tudo o que estava sentindo. Depois guardou numa bolsa que estava no fundo da mala, onde só ela sabia.

"Será que o padre entregou minha carta ao Marcos?"

Ouviu barulho no corredor. Fechou a mala com cuidado e sentou-se na cama. Suas pernas estavam trêmulas. A porta se abriu e Rogério logo adentrou com cara de deboche:

– Tudo bem, querida? Você está muito linda. Parece uma princesa, ou melhor, uma deusa.

Com sorriso sem graça, Júlia respondeu:

– Obrigada.

– Não precisa ficar vermelha, eu estou falando a verdade.

Dos olhos da moça caíram duas lágrimas que Rogério secou.

– Não chore. Hoje é o nosso grande dia e em meus braços você vai estar segura. Confia em seu marido.

"Se eu pudesse gritar e pôr para fora o que trago no meu coração, mas nem isso eu posso, sou uma infeliz mesmo."

– Querida, está na hora do jantar. Você não pode ficar sem comer. Vai ficar fraca e eu quero você muito forte só para mim.

– Vamos então – foi a resposta de Júlia, tentando mostrar um pouco de ânimo.

Já estavam à mesa quando Rogério pegou a mão de Júlia e beijou-a dizendo:

– Vamos ter muitos filhos. Quero ver esta mesa completa, com uma família grande, concorda?

Ela balançou a cabeça fingindo concordar. Depois do jantar ficaram um pouco na sala de música.

– Venha, Júlia, quero você mais perto, em meus braços, venha!

O chão dos pés de Júlia parecia ter desaparecido. Seu coração acelerou, batendo tão forte que ela de imediato colocou a mão no peito e sentiu tudo escurecer, caindo sem sentido.

Rogério pegou-a nos braços e subiu a escada pensando: "Bobinha, pensa que isso vai me impedir de tê-la só para mim!" Colocando-a na cama, não pensou duas vezes antes de se atirar sobre seu corpo desfalecido. Quando despertou, assustada, Júlia o empurra com toda a força que consegue impor em seus braços, jogando-o para fora da cama.

Percebeu seu estado, Júlia entrou em desespero. Tinha o corpo todo dolorido e com arranhões. Revoltada, começou a gritar, não acreditando na capacidade de Rogério ter sido tão desumano!

– Você é nojento, seu animal. Você nunca terá meu amor! É a pessoa mais desprezível que existe na face da Terra.

Ele só gargalhava.

– Não adianta dar esses chiliques. Eles não me assustam!

Júlia, enrolada no lençol, correu para o banheiro. Soluçava! Lavando-se, sentia-se tonta; olhando-se no espelho, viu seu corpo com várias marcas da brutalidade de Rogério. Seus olhos estavam inchados. Assustada, tinha agora noção de que realmente estava casada com um verdadeiro selvagem. Quando saiu do banho, ele já não estava no quarto. Chamou por Luzia, para que lhe ajudasse.

– Pois não, senhora.

– Arrume a cama e pegue a minha roupa.

– Sim, senhora.

Júlia se vestiu.

– O que foi isto? A senhora está toda machucada, o que aconteceu? Ai, desculpe, senhora, eu não devo ficar perguntando.

– Não se preocupe, foi o animal do meu marido.

A moça ficou horrorizada.

– Meu Deus, que coisa triste, a senhora não merece isto.

– Seu patrão não é gente, é um bicho nojento.

– O que a senhora vai fazer para viver junto dele?

– Não sei, estou apavorada só em pensar. Vou descer, não quero ficar aqui.

Foi até o terraço, sentou-se na cadeira de balanço e rezou muito! Pedia com todo o sentimento para que Deus lhe desse forças para continuar naquela vida. Nem percebeu que o marido estava ao seu lado; quando ela viu, seu corpo estremeceu e tremia muito.

– O que foi, mulher? Eu não sou bicho para você ficar com medo!

– Saia daqui! Saia da minha frente, saia!

– Vamos para o nosso quarto! A festa ainda não acabou.

– Não vou, só se for amarrada.

– Ah, é, então veremos quem vai vencer.

Ele saiu e Júlia levantou-se e foi para o quarto. Sentada na cama, encostou-se nas almofadas e dormiu.

O espírito bondoso, que se apresentava como um velhinho para Júlia logo surgiu em sua frente, aconselhando:

– Filha, tenha forças. Estamos auxiliando-a.

– Eu não posso! Leve-me com você!

Esperava um consolo qualquer, mas repentinamente o bom velhinho desaparecera.

– Não! Não! Volte!

Neste momento uma mão tocou seu ombro.

– O que está falando? Acorde, Júlia!

Júlia abriu os olhos e ali estava o Rogério, à sua frente, sem palavras.

"Bem que eu podia morrer, assim ficava livre deste traste", repetia a frase que já se tornara comum em seu vocabulário.

– Não fique triste, amor, eu gosto mais de você sorrindo.

"Que ódio eu tenho desse homem, ele nunca me verá sorrindo." Júlia passara a aceitar a sua condição de esposa, mas como uma verdadeira estátua. Sem qualquer demonstração de sentimento.

Assim foram várias semanas.

Passados alguns meses, ao despertar certa manhã sentiu-se estranha ao levantar-se.

Já estava na escada quando as vistas escureceram, fazendo-a cair. Ouvindo o barulho, Luzia saiu correndo, encontrando a patroa caída, próxima à escada. Apressada, correu para chamar por ajuda e quando voltou com Juvenço, Júlia já estava retomando os sentidos.

– O que foi isso? Vou chamar o patrão.

– Não precisa, já estou melhor, só estou um pouco tonta!

– Vou fazer um chá para a senhora.

Júlia deitou-se preocupada, imaginando o que seria de sua vida se ficasse doente e dependente do marido. "Prefiro morrer".

À tarde, Rogério chegou da cidade, onde só vivia no jogo, apostando o dinheiro que o sogro havia lhe dado.

– Tudo bem aqui, Luzia?

– Não, senhor, a senhora Júlia desmaiou e está deitada.

– Devem ser os chiliques que ela tem sempre.

– Eu não sei. Só vi *ela* caída. Estava muito abatida, e ainda está.

– Vou vê-la.

Entrou no quarto:

– Que foi que aconteceu?

– Nada, não se preocupe.

– O que você está sentindo?

– Só moleza e tontura.

– Vou buscar o médico.

– Não precisa.

– Quem sabe se precisa ou não sou eu, aqui sou eu quem dá as ordens.

– Sim, senhor, faça o que quiser.

Rogério mandou buscar o doutor Fernando, que a examinou e chamou por Rogério, dizendo:

– Sua esposa está bastante debilitada e o estado dela é delicado. Precisa de repouso absoluto. Além disso, ela está grávida.

– Grávida?

– Sim, parabéns o senhor vai ser pai, mas ela só vai segurar esta criança se não tiver aborrecimentos e fortes emoções.

O médico hesitou um pouco, mas em seguida continuou:

– Desculpe senhor. Percebo a paciente sem vitalidade, pela idade. Ela passou por algum desgosto, perda de algum parente?

"Só isso me faltava, este médico intrometido querer saber sobre minha vida."

– Não, doutor, ela é sempre bem tratada, tem tudo para ser feliz.

– Desculpe-me, mas não é o que parece. Inclusive no exame clínico, onde vi alguns hematomas.

– O que o senhor quer dizer com isso? Está insinuando que eu bati na minha esposa?

– Eu? Não, não disse isso, só queria saber o que aconteceu. Desculpe, isto não me diz respeito.

– Realmente, então faça a sua parte como médico que dela cuido eu.

– Como queira. Ah, estava me esquecendo, a senhora Júlia precisa de alguém ao seu lado o tempo todo. Ela poderá ter outros desmaios e pode ser prejudicial para a criança. Com licença. Agora vou indo.

– Passe bem.

– Vou me despedir da senhora Júlia.

– Fique à vontade.

– Até logo! E parabéns. A senhora está esperando um filho, mas precisa se cuidar, está muito debilitada.

Aquelas palavras caíram como uma bomba nos ouvidos de Júlia. "Não pode ser, estou com uma criança dentro de mim, filha desse monstro? Isso não pode estar acontecendo."

O médico continuou:

– Até mais, passe bem.

– Obrigada, doutor.

"Marcos, onde está você! Me dê forças e esperanças para acreditar que algum dia estarei livre para você!Nem meus pais posso ver mais. Agora também sem poder levantar dessa cama."

Rogério adentra o quarto e com seu olhar sinistro se dirige à esposa:

– Agora fique quietinha para o nosso filho ficar bem. Você só o coloca no mundo. Do resto cuido eu. O doutor disse que terá que ficar de repouso absoluto.

Júlia não respondeu, virou para o lado e deixou-o falando sozinho.

Vários dias se passaram sem que ela se alimentasse direito. Abatida, tentava levantar-se, mas não conseguia; sentia tonturas.

– Luzia, tenho vontade de comer doce. E eu quero me levantar para andar um pouco.

– Sim, senhora, vou providenciar os doces.

– Me traga de figo e abóbora.

– Sim, madame, volto logo.

Júlia ficou pensativa: "Como vou fazer para suportar esta vida em que um dia parece um ano! Como cuidar dessa criança, sem forças e sem alegria?" De imediato, lembrou-se do velho de seus sonhos e pensou: "Por que não me tira desta situação? E Marcos, o que estará fazendo? Já deve ter me esquecido."

– Com licença, senhora.

– Entre, Luzia.

– Aqui está seu doce, espero que goste.

– Está com uma aparência boa, depois você me ajuda, eu quero andar um pouco no jardim e respirar ar puro.

Quem visse a Júlia não acreditaria que era a mesma pessoa.

EM BUSCA DE AJUDA ESPIRITUAL

Pela manhã, Marcos levantou abatido.

— Marcos, o que aconteceu, você está mal, meu irmão, fala, o que foi?

— Eu tive uma noite muito estranha – e contou o que havia acontecido.

— Mano, você precisa se fortalecer, voltar ao centro, assistir a palestras, tomar passe. Você vai se sentir bem melhor! Tenho aprendido que a indignação, a falta de aceitação muitas vezes nos prejudica. Em nada vai adiantar a revolta. Nem sempre sabemos a razão de tanta coisa em nossa vida, mas tenho aprendido que quando dividimos nossas dificuldades com Jesus, os problemas ficam mais leves!

— Pensando bem, eu vou mesmo ao centro.

Vendo Clara preocupada com o irmão, Júlio tentava acalmá-la.

— O que está acontecendo com seu irmão é que a tristeza pela perda da Júlia está deixando-o cair em depressão, dando campo aos espíritos inferiores. A prece e a sintonia com os sentimentos nobres são o melhor escudo para nós, Clara.

— Espero querido, estou preocupada e preciso de paz para cuidar dos meus pacientes.

— Vai ficar tudo bem. Eu estou do seu lado, e temos que pensar no nosso casamento. Assim estarei do seu lado o tempo todo, para não vê-la sofrer.

– Obrigada, Júlio, você me fortalece. Ainda preciso terminar de arrumar a clínica.

– Já disse, estou com você nessa luta.

– Vamos indo para dar tempo de descansar um pouco. Amanhã iremos ao Centro Espírita Ismael.

– Então vá chamar o seu irmão.

– Vá preparando o carro que eu vou chamá-lo.

Foi à procura de Marcos:

– Mano, estamos prontos, vamos?

– Vou pegar meus documentos. Vá descendo que já estou indo.

Na estrada, Marcos estava calado e pensativo. Dava pena de ver o seu estado.

Na cidade, Clara foi logo se desincumbindo de seus afazeres. Marcos deitou-se no sofá e dormiu um sono agitado, onde gritava:

– Não! Não! Não!

– Assustada, Clara acordou o irmão chamando-o:

– Marcos, acorde, o que está acontecendo?

– Hã?

– O que foi?

– Não sei, um homem apertou meu pescoço, parecia que queria me matar. Dizia: Você não vai conseguir. Eu não conseguia perguntar o que ele queria comigo. Só tentei gritar para ele parar de me sufocar.

– É alguma perturbação. É comum acontecer, querendo nos atrapalhar para não irmos ao centro – arriscou Júlio.

– Sabe que você tem razão, Júlio.

– Então vamos aguardar o momento de ir ao centro – falou Clarinha, que prestava atenção na conversa.

– E o melhor que temos a fazer é uma boa prece antes de dormir – alertou Júlio.

– Ah, sim, pode deixar.

* * *

Na noite seguinte, Marcos foi ao centro acompanhado por Clara e Júlio, lá ouvindo a leitura do Evangelho, que lhe trouxe a paz que há muito não sentia. Emocionou-se quando ouviu do dirigente reconfortante explanação:

— Não percamos a fé em nosso Pai criador e em suas leis, com as quais somos sempre agraciados para o nosso roteiro de elevação e luz. Às vezes, nos julgamos desgraçados ao perdermos o que mais amamos em nossas vidas. Mas do que realmente necessitamos, se não burilar os nossos sentimentos, perdoarmos aqueles que nos ofendem, esforçando-nos diante de nossa caminhada rumo à nossa perfeição!

No lugar da revolta, aprendamos, meus amigos, que a verdadeira abnegação é que nos faz credores diante do Pai. Espíritos imperfeitos que somos, aproveitemos a liberdade de ação a cada um de nós concedida. A lei, gravada em todas as consciências, é a nossa melhor condutora nas ações que devemos praticar. A doutrina dos espíritos nos dá o consolo diante de nossas dores, considerando que todos nós somos espíritos imperfeitos e caminhando por inúmeras encarnações. Nossas provações de hoje não são ao acaso e tudo na lei de Deus se justifica. Libertemos a nossa ideia de sofrermos hoje por castigos de ações impensadas no pretérito. Deus em sua bondade infinita é que nos concede esta vida cheia de oportunidades de irmos nos ajustando diante da nossa consciência, enquanto estamos a caminho com nossos credores. Todos nós. A lei é para todos. E contra o amor, nenhum mal prevalece. Deixemos brilhar a nossa luz em favor dos que estão na escuridão.

— Nossa, Júlio, até parece que ele está falando comigo.

— É com todos nós, Marcos.

— Eu estou me sentindo bem melhor, mais leve e mais confiante.

Clara se animou ao ouvir o irmão.

— Que bom, mano. Eu fico contente!

Chegou a hora da prece, pedindo o dirigente que todos o acompanhassem em pensamento.

Finalizando, lembrou de pedir pelos que sofrem, pelos que não são compreendidos, pedindo também pelos irmãos presos aos vícios. Lembrou também de pedir pelos que naquele instante se encontravam sob o jugo de pessoas más, que não conheciam a Deus. "E pedimos para que todos os que estão presentes possam levar aos seus lares paz, tranquilidade e principalmente amor. Obrigado, senhor."

Júlio estava feliz. O semblante de Marcos já apresentava outra aparência. Foram para casa animados. Júlio despediu-se de Clara e do cunhado e seguiu para sua casa.

Marcos conversou um bom tempo com a irmã, sobre tudo que tinha acontecido. Já era tarde quando pegaram no sono. Dormiram um sono tranquilo. Pela manhã Marcos saiu, retornando para sua fazenda, e Clara foi para o hospital. Fazia poucos dias que ela estava trabalhando no hospital municipal, onde Júlio também trabalhava.

Marcos chegou em casa e dias se passaram, tocando sua vida dentro do esperado. Estava mais reconfortado, embora sentisse a saudade de Júlia. Todos os dias enquanto trabalhava seu pensamento se dirigia a ela. À noite voltava para casa e lia um pouco ou conversava com Beto e com seus pais, passando assim o tempo.

— Marcos, eu vou à cidade, quero comprar algumas roupas. Logo estarei de volta, mas eu não queria deixá-lo sozinho, você está muito triste.

— Pode ir, Beto, não se preocupe comigo. Aliás, acostume-se comigo desse jeito, pois daqui para frente vai ser assim.

— Meu Deus, amigo, por que não volta para São Paulo. Vê se arruma outra moça!

— Não, Beto, eu não quero mais ninguém e daria tudo para saber o que está acontecendo com a Júlia nesse momento.

— Amigo, ouça o que estou dizendo, é melhor para você, essa lembrança não vai lhe trazer nenhum benefício.

— Eu sei, mas não consigo esquecer.

Colocando as mãos sobre os ombros do filho, o pai de Marcos, aproximando dos dois, perguntou:

— Do que estão falando, posso saber?

– Nada, meu pai, bobagem.

– Aposto que estavam falando de coisas do coração. Desculpe, meu filho. Eu sinto muito por ver você assim. No fundo, me sinto culpado.

– Não, pai, não se culpe, não pense mais nisso. Vamos para lavoura e dar uma olhada no gado. E você, Beto, vá logo, senão fica tarde.

– Vamos, filho, a charrete já está pronta e o Juvenal nos espera.

Marcos olhava o verde do campo, as flores, os animais, os pássaros cantando felizes e seu pensamento estava naquele bosque, na bela Júlia. Seu pai falava, mas ele não estava ouvindo.

– Filho! Marcos!

– Desculpe, pai, eu estava distraído.

– Faz um tempão que estou falando e você não me ouviu.

– Desculpe. Vou ficar mais atento.

Beto seguiu viagem pensativo, encontrando-se com o padre assim que chegou na vila.

– Sua bênção, padre.

– Deus o abençoe, meu filho! Foi bom encontrá-lo. Você é o amigo do Marcos e está morando na fazenda, não é?

– Sim, sou eu mesmo.

– Eu preciso mandar uma encomenda para o senhor Marcos. Você poderia fazer o favor de levar essa carta para ele? É confidencial.

– Fique tranquilo que tomarei cuidado. Entregarei em mãos.

– Muito obrigado, meu filho, até logo.

Beto saiu pensativo: "Esta carta é da Júlia! O que será que ela escreve? E se piorar a situação dele? Mesmo assim terei de entregá-la. O padre pode perguntar depois para ele se eu entreguei e vai ficar ruim para mim. Vou entregá-la e seja o que Deus quiser."

À tarde, retornava da cidade. Ruth achou Beto preocupado.

– Por que está assim, meu jovem? Foi bem de viagem? O que o preocupa?

– Foi tudo bem, não tenho nada, senhora, estou só cansado.

– Espero que seja só isso mesmo.

Neste momento, Marcos e o senhor Genésio entraram conversando:

– Hoje me cansei, pai. O sol estava muito forte!. Vou tomar um banho e descansar um pouco.

Ouvindo a reclamação do filho, dona Ruth não se conteve:

– Mas, filho, você não está descansando direito. Não dorme bem. Eu já vi você andando à noite pelos corredores!

– A senhora, hein, dona Ruth, vê tudo. Nada passa despercebido diante dos seus olhos.

– Eu me preocupo com você, quero que volte a sorrir.

– Eu estou bem, mãe, sossegue seu coração, já volto. Vou me preparar para o jantar.

Subiu a escada apressado e deu de encontro com o Beto.

– Já chegou?

– Já, faz tempo, tenho uma encomenda para você.

– O quê?

– Isso.

– Uma carta? De quem?

Marcos pegou e olhou o remetente; seu corpo estremeceu.

– É da Júlia! Não é possível, não pode ser.

Entrou no quarto, abriu a carta:

"Sei que quando receber esta carta já estarei longe. Meu coração está morrendo. Nada tem mais sentido para mim. Meus pais me obrigaram a me casar com uma pessoa que eu odeio e não tenho como fugir. Meu coração dói de tristeza, de saudade e principalmente de amor.

Querido, preste atenção no que vou dizer, se um ano se passar sem que você tenha notícias de mim, venha à minha procura. Sei que vou sofrer muito nas mãos desse homem sem coração. A força para eu tentar aceitar esta situação vem daquele velhinho que me encoraja sempre em sonho, dizendo que o melhor que eu tenho a fazer é aceitar, que o acaso não existe e eu sinto que só assim é que conseguiremos nos libertar para um dia ficarmos juntos. Ele mesmo já me disse isso uma vez.

Vou morar muito longe daqui, mais de três horas de viagem, na Fazenda do Riacho. Procure-me, mas cuidado. Esse homem que chamam de meu marido tem capangas violentos, capazes de tudo.

Se puder, peço que faça algo por mim. Investigue sua vida. Ele se chama Rogério Sebastião de França. Sei que vai encontrar muita falcatrua! Por favor, assim que encontrar, sei que tem muita sujeira, por favor mande para o meu pai e me procure.

Obrigada, amor. Adeus, até algum dia.

Beijos de quem lhe ama mais que a própria vida.

Sua amada, Júlia."

Num choro silencioso, onde suas lágrimas se misturavam com as letras da carta, Marcos sentia no peito o aguilhão da dor!

"O que fazer para ajudar a mulher que eu amo? Por onde começar a investigar a vida deste canalha, se nem sei onde morava? Ah! mas eu vou descobrir! Darei um jeito." – Guardou a carta e se preparou para o jantar.

Desceu a escada e sua mãe, como sempre, percebendo algo perguntou:

– O que foi filho, aconteceu alguma coisa?

– Por que, mãe? A senhora não tem jeito.

– É que dá para perceber que chorou e não se chora por nada.

– Vamos jantar, depois nós conversamos.

Depois do jantar Marcos e Beto conversaram sobre vários assuntos. Marcos comentou sobre a carta e o que Júlia lhe pedira.

– Eu sei como fazer isso – Beto sugeriu! – Você vai passar uns tempos na cidade e eu fico com seu pai cuidando da fazenda.

– Vou pensar! Até que é uma boa ideia.

De volta aos estudos

Marcos pensava em como ajudar Júlia e resolveu voltar aos estudos, procurando o pai para conversar:

– Pai, estive pensando, agora o senhor está bem e o Beto nos ajuda muito. Eu queria continuar meus estudos.

– Mas filho, eu já estou acostumado com você comandando tudo. Não sei se consigo ficar só.

– Pai, o Beto ficará ajudando o senhor.

– Eu sei. Eu gosto muito dele, mas me orgulho de ter meu filho ao meu lado. Mas se for para o seu bem eu concordo.

– Obrigado, pai, o senhor não sabe como vai me ajudar.

– E quando pretende ir?

– Em janeiro, e como já está próximo, vamos deixar tudo em ordem.

– Então, meu jovem, vamos descansar e depois voltamos ao trabalho. Muitas coisas nos esperam. Quero aproveitar todo o tempo ao seu lado, já que vamos ficar separados. Embora sob o impacto da inesperada novidade, seu Genésio sentia o orgulho de ter um filho que valorizava os estudos! E terminar o curso que iniciara deixaria-o muito feliz.

Ruth estava radiante. – Que bom, meu Deus, ver os dois juntos e bem. Obrigada por haver nos ajudado.

O tempo passou sem novidades, chegando o dia de Marcos

seguir viagem. – Que bom, vou rever os amigos. Dona Chica, senhor Pedro, dona Joana, o professor Getúlio e sua esposa, isso é muito bom!

Tudo pronto. Mas seu Genésio estava triste.

– Pai, prometo que vai ficar tudo bem, não fique triste.

– Fique sossegado, meu filho, isso é coisa de pai.

– Então vou indo, logo estarei de volta, falta só meio ano.

– Você vai para o apartamento?

– É, acho que sim, lá eu resolvo.

– Se quiser ir para a pensão da dona Chica, pode ir.

– Vou pensar.

Marcos deu um abraço apertado em seu pai, sua mãe, no amigo Beto e partiu rumo à cidade.

Ao chegar, foi direto para a pensão, encontrando na porta um rapaz.

– Bom dia, pois não.

– A dona Chica está?

– Sim, ela está na cozinha. Quer que eu a chame?

– Não, deixe que eu vou fazer uma surpresa.

Entrou na ponta dos pés, abrindo com cuidado a porta. A senhora Chica estava de costas e ouvindo o barulho perguntou:

– Quem é? É você, Abílio? Quer comer de novo?

– Não, sou eu, dona Chica.

– Eu conheço esta voz. – Virou-se e disse: – Não acredito que é você, meu filho!

– Nossa! Que honra ser seu filho.

Abraçou o Marcos. – Você sabe que eu o considero assim.

– Obrigado.

– Conte-me o que aconteceu com você!

– Muitas coisas, minha amiga.

– Você nem imagina como fiquei preocupada com você!

– E eu sofri muito. – E contou toda a sua desdita para dona Chica, fazendo-a chorar quando terminou toda a história.

– Não sei como foi acontecer tudo isso com uma pessoa como você, que não faz mal para ninguém!

– Não foi fácil, mas sabe que hoje eu entendo que nada acontece ao acaso e se sabemos aproveitar, até o sofrimento tem utilidade!

– Pelo amor de Deus!

– Falando assim parece estranho. Mas eu sinto que mudei e continuo mudando. A gente amadurece e se torna pessoa melhor! Mas ainda falta muito, dona Chica. E é por isso que estou voltando. Vou retornar aos estudos e mudar a minha vida.

– Deus te ajude. Você precisa recuperar o tempo perdido.

– E vou, se Deus quiser, tenho mais seis meses para me formar. Vou depois cuidar da fazenda que ganhei do meu pai.

– É mesmo? E você vai ficar aqui?

– Gostaria, mas não posso. Vou para o apartamento que minha mãe alugou, o contrato continua vigente.

– Sei, então vai embora de novo? – falou fazendo cara de choro.

– Não, senhora. Eu virei sempre, pode esperar!

– Vou esperar mesmo. Quero só ver se vai cumprir sua promessa.

–Agora vou indo, tenho que fazer outras visitas. Até logo, minha amiga.

– Até logo, Marcos. Volte logo. Já estou com saudades!

Marcos saiu sorrindo. Dirigiu-se à casa do senhor Pedro. Nunca esqueceria do endereço daquela família tão bondosa. Eles tinham sido muito importantes para ele.

Chegando, desceu do carro, ficou alguns minutos parado em frente à casa, batendo palma em seguida. Diante de seus afazeres, dona Joana logo pensou: "Deve ser algum mascate vendendo suas bugigangas". Abrindo a porta, não acreditou no que viu.

– Marcos! É você mesmo? Procuramos você por todo lado e você sumiu. Dê-me um abraço, você está bem? Conte-me o que aconteceu para desaparecer dessa forma.

– Já passou.

– Não senhor, eu quero saber tudinho! Nós sofremos muito. Pedro ficou doente, procurou você por toda parte.

– E como está ele agora, dona Joana?

– Mais ou menos, meio estranho. Fala sozinho, às vezes tenho pena! Ele fala muito em você.

– Coitado, eu não queria fazê-lo sofrer.

– Entre, Marcos, ele está deitado.

– Com licença! – falou Marcos, entrando no quarto.

– Entre! Quem é?

– Sou eu, o seu amigo.

– Amigo? Marcos! É você!

– Eu mesmo.

– Meu jovem, que alegria! Que surpresa boa! Quanto tempo! Estava com tanta saudade!

– Eu também.

– Sente aqui ao meu lado, ou melhor, vamos para a sala, lá é mais confortável.

– Aqui está bom, senhor Pedro.

– Não, vamos para a sala, Joana vai nos servir um chá.

Acomodando-se na sala, senhor Pedro já foi perguntando:

– Mas e aí, como está? Quanto tempo, meu filho! Mas o que houve com você, por que sumiu assim?

– Aconteceram muitas coisas e eu não consegui voltar aqui para vê-los.

– Mas você está bem? Está feliz?

– Não, mas vou levando a vida como Deus quer, ou melhor, como deve ser o melhor por enquanto para mim!

– E o que pretende fazer?

– Eu vou terminar meus estudos. Só faltam seis meses.

– Então vai ficar conosco?

– Não, vou ficar no apartamento que minha mãe alugou. Já dei muito trabalho para vocês.

– Então não vai mais querer a nossa companhia?

– Não é isso. É que o apartamento está fechado e estamos pagando sem usar.

– Está bem, não vou ficar bravo com você, mas espero que se lembre de nós.

– Claro que sim, estarei sempre por perto! Virei vê-los sempre que possível. Agora preciso ir, tenho muitas coisas para resolver, mas eu volto.

– Que bom! Mas dê um abraço neste velho.

– Eu também quero um abraço – disse Joana. – Até logo, Marcos! Volte logo e Deus te proteja.

Em seguida, foi visitar o professor Getúlio e sua esposa, que também ficaram muito felizes em revê-lo e saber que estava bem.

Os dias passaram sem novidades. Marcos estudava muito para não ter dificuldades e para passar o tempo mais rápido.

Prisioneira

Na Fazenda do Riacho, Júlia estava muito doente, debilitada por não se alimentar direito. A tristeza também só piorava seu estado.

– A senhora quer passear um pouco? Vamos aproveitar o dia. Está lindo lá fora.

– Eu quero ir sim, ajude-me. Pegue minhas roupas.

Após se arrumar desceram a escada; Júlia se apoiava em Luzia.

– Estou um pouco tonta.

– Isso é normal, ficou muito tempo na cama. Só tenha cuidado para não cair.

– Vou sentar um pouco, meu coração está disparado.

– Vamos agora, Luzia, não quero perder tempo.

Mal chegaram ao jardim, um dos capangas de Rogério se aproxima alertando:

– A senhora não pode sair do seu aposento, são ordens do patrão.

– Você esqueceu que eu também sou sua patroa?

– Sei, senhora, mas eu só obedeço ordens do senhor Rogério e é melhor a senhora não insistir para eu não ter que levá-la de volta ao seu quarto!

– Credo, Severo. Ela só precisa tomar um pouco de sol e você pode ficar aí vigiando...

– Não se meta nos assuntos do patrão.

– Um dia isso vai acabar e você irá pagar caro.

– Cale a boca, você é apenas uma serva. Vamos subindo que eu já estou perdendo a paciência.

– Deixe, Luzia, vamos subir.

Júlia já passava por tanto sofrimento, que para ela tanto fazia. Deitou-se e nem quis pensar, tinha medo de enlouquecer.

Vivia no seu mundo de tristeza e sofrimento; já tinha perdido a noção do tempo.

* * *

– BOM DIA, senhora. Como está?

– Muito fraca, Luzia. Sempre neste quarto, sem sair para tomar sol, isso aqui é uma prisão, até meus pais sumiram.

Ouviu um barulho no corredor. Era Rogério que estava saindo, mas voltou para pegar alguns papéis. Abrindo a porta cumprimentou:

– Bom dia, querida, deixei você dormindo, não sabia que tinha acordado.

– Eu queria falar com você.

– Depois, agora estou com pressa.

– Eu só queria saber dos meus pais, faz tempo que não sei deles.

– Vou para a cidade, prometo procurá-los. Quando voltar trarei notícias.

Júlia estava triste, apesar de tudo. Ela sentia saudades, principalmente da mãe e da liberdade que tinha em sua antiga casa.

Rogério chegou à cidade e quando estava atravessando a rua encontrou com Roque.

– Senhor Rogério, como está a senhora Júlia?

– Quem lhe deu a liberdade de querer saber de minha esposa?

– Desculpe, senhor, é que o patrão vai querer saber.

– Diga a ele que a senhora Júlia está bem, está viajando.

– Sim, senhor.

Rogério fez o que tinha para fazer e foi embora. Ao chegar, Júlia estava ansiosa para saber se seus pais viriam vê-la.

– Soube dos meus pais?

– Sim, querida, eles estão viajando e vão demorar para voltar.

"Estranho, meus pais não gostam de viajar!" – ficou pensativa.

– Que foi? Só estou falando o que o Roque me falou.

– Deve ter acontecido alguma coisa.

– Não se preocupe, eles estão bem.

A mesma coisa aconteceu na Fazenda Danúbio:

– Senhor, eu encontrei o senhor Rogério e ele falou que a senhora Júlia está viajando e está muito bem.

– Minha filha viajando sozinha? Alguma coisa está errada e eu vou saber hoje mesmo. Arrume o carro que vamos vê-la.

E assim foram rumo à Fazenda do Riacho.

* * *

– LUZIA, TRAGA-ME um chá, eu estou enjoada.

– Vou buscar, senhora. Quer alguma coisa para comer?

– Não, Luzia, só o chá.

Rogério perguntou:

– O que você está sentindo? Tem alguma coisa errada?

– Não, estou bem, só vou tomar um chá porque estou enjoada.

– Eu vou resolver uns negócios e volto para o jantar.

Naquele estado em que estava, para Júlia o tempo não passava, o dia parecia não ter fim. Recostou na cama e adormeceu, algumas horas depois chega o senhor Ernesto e o Roque.

– Sim senhor, o que deseja?

– Eu sou o pai da Júlia e vim vê-la.

– Desculpe, senhor, mas a senhora Júlia está na cidade.

– E vai demorar?

– Acho que sim, deve voltar só à tarde.

– Mas eu vou entrar. Preciso tomar água e descansar um pouco.

– Como queira, senhor.

Tudo estava estranho, os empregados calados com olhares de preocupação.

– Você sabe para onde minha filha foi?

– Sei não senhor. Acho que foi na casa de parentes do patrão.

– Então Rogério vai demorar! Vou-me embora.Quero chegar cedo em casa. Diga para o seu patrão que a semana que vem eu volto para ver a minha filha e espero que ela esteja aqui ou irei onde ela estiver. Até mais.

Ernesto saiu nervoso, não acreditando naquela história. Cismado, pensava em que fazer para encontrar sua filha. Júlia acordou inquieta. Em seu pensamento a notícia muito estranha de seus pais estarem viajando. "Eu preciso descobrir o que está acontecendo, mas como, se não posso sair deste quarto?"

Reclamar para quê, se não haveria solução? Alguns dias se passaram. Júlia já chegara ao quinto mês de gestação.

– Eu vou descer, quero andar um pouco, e tem que ser antes de o Rogério chegar para o almoço.Ele ficara sabendo da visita do sogro na fazenda, o que o fez dobrar a vigilância.

Vestindo-se, e chamando por Luzia, Júlia desceu devagar as escadas, dando de encontro com Severo, que a vigiava o tempo todo, com olhar de carrasco.

– A senhora não pode sair, eu já falei que o patrão não quer.

– Estou pouco ligando para o seu patrão, só volto para o quarto se me levar à força.

– Pois eu vou ter que fazer isso.

– Então faça!

Severo levantou a mão para segurá-la, Júlia empurrou o homem com tanta força que desequilibrando-se escorregou e caiu. Aproveitando-se, Júlia saiu apressada com Luzia, indo até o jardim e à cocheira. Andou pouco. Seu estado de fraqueza não lhe permitia grandes esforços. Voltou logo em seguida, encontrando irritadiço o capanga do marido.

– A madame não devia ter feito o que fez. Eu vou ter que falar com o patrão.

– Fale, vá correndo falar, eu não me importo mais com nada, qualquer coisa é melhor que ficar na prisão em que estou.

Subiu para o seu quarto. Além do peso do corpo pela gravidez, estava fraca, quase não se alimentava e se cansou tanto que após um banho ela adormeceu.

Quando acordou o marido já havia chegado. Estava uma fera e acabava de entrar no quarto aos gritos:

– Quem você pensa que é para desacatar as minhas ordens?

Júlia, ainda deitada, diante dos gritos de Rogério, fez grande esforço para sentar-se na cama e enfrentá-lo.

– Você não é meu dono, você não me comprou. Pelo contrário, meu pai que comprou você com esta fazenda, que era o que você queria!

– Cale esta boca, sua maldita, ou...

– Ou o quê? Vai me bater? É só o que está faltando. Bata! Prefiro mesmo morrer a ficar do seu lado.

Rogério deu-lhe um tapa com tanta força que ela caiu da cama, sentia muita dor e não conseguia levantar.

– Levante, não adianta fingir que não vai me convencer.

Gemendo, Júlia chorava com a mão na barriga.

– Vamos, sua imprestável, levante sua patroa – ordenava Rogério nervoso à Luzia.

Assustada, Luzia correu até a Júlia para levantá-la.

– Apoie-se em meu braço.

– Não! Não! Está doendo muito, não aguento levantar.

"Será que é verdade que esta inútil está sentindo dor?" – Rogério pensava.

– Vamos, me dê as mãos, levante!

– Ai, ai... não, dói muito.

Seus olhos estavam inchados e vermelhos, em seu rosto estavam as marcas dos dedos de Rogério.

"E agora? – pensou – Como chamar o médico?"

– Escuta aqui, você vai falar para o médico que caiu da escada e não se atreva a dizer o que aconteceu.

Júlia não respondeu, só chorava de dor.

– Vamos, pare com esta choradeira.

Rogério foi chamar o médico que sempre a atendia, doutor Fernando, porém ele havia viajado para ver o pai que estava doente.

"E mais essa agora."

Subiu para ver Júlia. Ela estava muito mal, agora também com sangramento.

– Arrume-a rápido. Vou levá-la para a cidade.

A SAGA DE JÚLIA

– Isto aqui está uma loucura, estou tão cansada que não aguento mais trabalhar.
– Calma, colega – falou doutor Guilherme. – Todos sabemos que você é muito esforçada.
– Tenho que ser, eu tenho que abrir meu consultório e preciso terminar minha residência.
– É isso mesmo, tem que gostar do que faz para dar certo e ganhar a confiança dos seus pacientes.
– Eu não sei o que eu tenho hoje, estou agoniada, parece um pressentimento.
– Você também acredita nessa coisa de pressentimento?
– Sim, doutor, já me aconteceu diversas vezes. Por isso que não gosto quando fico assim. Nunca sei o que vem pela frente!
– Isso são coisas que não se explica.
Neste momento toca o interfone.
– Doutora Clara, por favor, compareça à emergência urgente.
– Com licença, doutor, eu vou atender mais um paciente.
– O que aconteceu, Cida?
– Acaba de entrar uma senhora, acho que é aborto.
– Vamos ver.
E entrando na sala de emergência:
– Pois não, no que posso ajudá-la?

– Eu estou com muita dor.

Clara ficou sem voz. Aquele sonho que ela tivera! – Meu Deus, como pode isso acontecer?

– O que foi que aconteceu com você?

– Doutora, minha esposa caiu da escada e se machucou.

– Mas isso não parece queda, senhor.

– A senhora está duvidando da minha palavra? Eu não admito!

– O senhor quer aguardar lá na sala de espera, por favor? Quando terminar de examiná-la eu o chamarei.

– Não, ficarei ao lado de minha esposa.

– Então, por favor, deixe-me trabalhar. Sua esposa pode perder o bebê. O senhor precisa preencher os papéis para a internação.

– É grave o estado dela?

Rogério estava preocupado. "E se essa mulher descobrir o que aconteceu? Ela poderá complicar a minha vida. E se o pai de Júlia ficar sabendo? Tenho que dar um jeito."

Fez tudo que precisava. Júlia já estava sendo medicada. Clara reconheceu Júlia e, na primeira oportunidade, perguntou:

– Você é a Júlia. Lembra-se de mim?

– Tenho a impressão que já a vi.

– Eu sou irmã do Marcos.

Júlia grudou no braço de Clara e disse:

– Por favor, me ajude, eu estou sofrendo muito, só você pode fazer alguma coisa para me ajudar. Ele está me maltratando. Aju-de-me – e caiu em prantos. – Ele não pode saber que eu falei com você, senão me mata.

– Calma, Júlia, você não pode ficar assim.

Bateram na porta.

– Entre.

Era o Rogério.

– O que aconteceu?

Ele estava com medo que Júlia falasse alguma coisa. Sua consciência pesava. Clara não deixou transparecer que sabia.

– Ela está com medo de perder a criança.

– Por favor, doutora, salve meu filho e a minha esposa, eu não saberei viver sem elas.

Clara tinha vontade de expulsá-lo daquela sala, diante de tanto cinismo.

— Vou fazer tudo que puder e Deus permitir. Vai depender de como ela reagirá. Agora ela precisa descansar.

— Eu vou ficar com ela.

— Não, não pode, ela vai para a UTI, com acesso apenas para os enfermeiros. O senhor deverá voltar amanhã. Passe bem.

Rogério ficou assustado com a atitude da doutora e pensou: "Estranho, parece que ela sabe de alguma coisa, preciso ficar com os olhos abertos." Foi para casa muito preocupado.

Júlia estava com o rosto preto e um olho inchado. Dava medo de olhar.

— Doutor Guilherme, eu gostaria que o senhor desse uma olhada numa paciente e me desse seu parecer. Ela deu entrada no pronto-socorro, mas já transferi para a UTI.

Entraram na UTI e logo que viu a paciente, doutor Guilherme ficou surpreso. Júlia mal podia falar. Todo o seu rosto doía e ela permanecia sonolenta.

— Coitada dessa moça!

— O senhor a conhece?

— É uma história longa, lá fora eu conto.

— E então, como a conheceu?

— Aqui no hospital. Ela é filha do senhor Ernesto e ficou internada uns meses atrás; essa moça tem uma história triste.

— Ela foi namorada do meu irmão.

— Seu irmão é o Marcos? Não acredito! Como este mundo é pequeno.

— Pois é, Marcos sofreu muito por ela e sofre até hoje. Eu gostaria muito de fazer alguma coisa por ela.

— Eu tentei, mas não consegui. E tem mais, esta moça foi espancada. Aqueles hematomas só podem ter sido agressão física. Quero apurar isso direitinho. Está na hora de fazer algo por ela.

— Eu também quero ajudá-la, doutor, conte comigo.

Júlia não melhorava, o corpo doía muito. Em seu desespero

só via uma saída: – ou é agora ou nunca. Meus pais precisam saber de minha situação! Como não pensei nisso antes? O doutor Guilherme! Vou pedir para ele avisar meu pai. Tem também a doutora Clara!

Esperou amanhecer o dia. Clara chegou para a visita médica.

– Doutora, eu preciso lhe falar algo muito importante, eu estou desesperada, e se não for ajudada agora, não serei nunca mais.

– Por que você fala isso, Júlia?

– Porque se eu voltar para aquela casa, eu não sairei mais. Ele vai me prender de novo.

– Ele quem?

– O Rogério, ele é muito mau, é um animal. Estou há seis meses presa num quarto.

– Mas isso é um absurdo! O que eu posso fazer para ajudá-la?

– Avise meu pai. Mande alguém levar uma carta, mas tem que ser logo, antes que o Rogério me tire daqui.

– Mas você vai demorar para sair.

– Você não sabe do que ele é capaz.

Rogério estava nervoso, andava de um lado para o outro sem sossego. Júlia era para ele um meio de ganhar dinheiro, um trunfo que não podia perder, principalmente agora que iria ter um filho.

Precisava agir depressa. Pensou num meio de tirá-la do hospital, mas tinha medo de Júlia não aguentar. "Vou tentar, mas tenho que ter um motivo! Só se eu... É isso!"

Saiu apressado, chegando ao hospital querendo muito ver a esposa.

– O senhor não pode entrar, não está na hora da visita.

– Não quero saber se está na hora ou não.

– Sinto muito, mas sem a autorização do doutor Guilherme não posso deixá-lo entrar.

– Ele não está aqui?

– Está numa cirurgia e não podemos interromper.

– Dê um jeito ou entro à força.

– Está bem, senhor, acalme-se, vou ver o que consigo.

Ao ver a demora do retorno, Rogério, saiu pelo corredor apressado, perguntando à enfermeira que passava por ele:

– Onde fica a UTI?

– É naquela porta, senhor, mas não pode entrar.

Sem responder, ele empurrou a porta e deu de encontro com a doutora Clara, que estava indignada com a situação da Júlia. Além das agressões físicas que havia sofrido, corria risco de vida, assim como o bebê.

– O senhor não está autorizado a entrar fora do horário de visita. Quem deixou o senhor entrar?

– Não deixaram, mas mesmo assim eu entrei.

– Seja breve que estou examinando os pacientes.

– A senhora não vai me dizer quanto tempo eu posso ficar. Eu é que sei quanto quero ficar.

– Quem o senhor pensa que é para vir aqui dar ordens? Vou chamar os seguranças. E tem mais, o senhor vai pagar pela agressão que fez à sua esposa.

– Quem falou isso? Foi ela? Só pode ser, pois ela vai se ver comigo!

– Não, não foi ela, eu sei, eu já atendi outras pessoas que também foram vítimas de pessoas como o senhor, que mais parecem animais.

Rogério gritava, batia na parede. Assustada, Júlia não tinha dúvidas: "Meu Deus, ele descobriu. O que vou fazer? Ele vai se vingar!"

– Eu que vou tomar providências. A senhora não pode me tratar deste jeito. Vendo o nível de agressividade de Rogério, Clara achou por bem contemporizar:

– Desculpe, senhor, eu me descontrolei.

Percebendo a atitude da médica, Rogério percebeu que havia exagerado. Agora não havia remédio. O jeito era fingir que aceitava as desculpas e desculpar-se.

Saiu sem dizer mais nada. Clara deixou a UTI apressada e foi para a sala do doutor Guilherme e contou-lhe o que havia ocorrido.

– Você não devia ter sido tão enérgica! E o que pretende fazer agora?

– Eu vou avisar os pais. Só não avisarei o Marcos para não complicar ainda mais.

– Mas se apresse, então. Esse marido pode fazer alguma coisa, removê-la do hospital. Tudo é possível!

– Eu tenho medo só de pensar no que ele é capaz.

Pegou uma caneta, um papel e depois de escrever uma carta, chamou o atendente de confiança e que já estava findando o seu horário de trabalho.

– Você pode me fazer um favor?

– Lógico, doutora, é só pedir.

– Eu preciso que você vá a uma fazenda que fica não muito longe daqui levar uma encomenda.

– Está bem, me diga o nome da fazenda e da pessoa a quem devo entregar a encomenda.

– É a Fazenda Danúbio e a pessoa é o senhor Ernesto.

– Fica tranquila, doutora, a senhora sabe quanto eu lhe devo. É para mim uma enorme satisfação fazer o que me pede.

– Por favor, vá o mais depressa possível, é uma emergência. Aqui está o endereço e o dinheiro para alugar um carro.

Cerca de duas horas depois, Rogério retornou ao hospital em companhia de dois homens estranhos. Procurou por Clara e avisou:

– Eu vim buscar minha esposa.

– Ela não está de alta.

– Eu sei.

– Então como quer que ela saia daqui?

– Mas ela vai sair e agora.

– O senhor não pode fazer isso. Estou tentando segurar a criança. Sem o tratamento poderá perdê-la e o senhor será responsabilizado.

– Isso é problema meu e não da senhora.

– Como médica, eu não autorizo a saída dela.

– Saia da minha frente, ou perco a paciência.

– Escute aqui, o senhor está num hospital e não na sua casa. Cida, chame o doutor Guilherme.

A moça saiu correndo:

A enfermeira logo voltou acompanhada do amigo médico.

– O que está acontecendo aqui?

– Este senhor quer tirar a esposa daqui à força.

– Experimente fazer isso e eu chamarei a polícia.

– Eu não tenho medo de ninguém e vou levá-la agora.

Falando assim, foi abrindo portas e entrando rapidamente na sala da UTI do hospital.

– Se arruma que vamos embora – disse rispidamente à Júlia.

Pálida e apavorada, Júlia levantou-se e mal conseguia enxergar o que vestir. Foi bruscamente puxada pelo braço pelo marido.

– Eu não vou aguentar Rogério, estou com muita dor.

– Dane-se, não estou preocupado com sua dor.

A polícia, que já havia sido acionada, demorava a chegar, deixando que Rogério entrasse no carro e saísse como louco, mesmo com pessoas em torno do carro, que tentavam impedir a sua saída.

Clara estava muito nervosa. Acabara de assistir a uma cena rara. Chorava muito. Doutor Guilherme estava horrorizado com o que vira. Quando a polícia chegou já era tarde demais, só puderam contar o que havia acontecido.

– Nós vamos atrás dele, doutor.

– Como, se não sabemos onde mora? E o pior é que a moça pode morrer. Que situação! E não pudemos fazer nada. O rapaz é violento. Ficamos 'com as mãos amarradas'.

Neste momento, o senhor Ernesto chegou ao hospital:

– Com licença, moça, o doutor Guilherme está? Sou o Ernesto, ele mandou me chamar.

"Meu Deus, agora é que eu quero ver" – pensou a moça antes de responder:

– Pode ir até lá, é aquela porta no final do corredor.

– Obrigado, senhorita.

Batendo à porta:

– Pode entrar, senhor, estávamos à sua espera.

– Bom dia, doutor.

– Bom dia, esta é a doutora Clara.

– Como está, doutora?

– Bem.

– Me parece nervosa.

– Seu Ernesto, nós atendemos sua filha aqui no hospital. Sente-se que nós vamos lhe contar.

O homem estava apavorado.

– Eu e a doutora Clara resolvemos avisá-lo sobre a sua situação.

– E eu agradeço muito, mas como ela está?

– É sobre isso que estava falando. Júlia quase perdeu o bebê.

– Bebê? Que bebê?

– O que ela está esperando.

– Eu não sabia. Meu Deus, vou ser avô!

– Como disse, ela deu entrada ontem aqui e estava muito machucada e quase abortando.

– E agora ela está bem? Quero vê-la.

– Não sei, senhor!

– Como não sabe?

– Ela não está mais aqui, o marido a levou à força.

– Como?

– Entrou aqui com dois capangas e sumiu com ela. Chamamos a polícia, mas não deu tempo. Também não sabemos onde ele mora.

– Mas eu sei, é na Fazenda do Riacho.

– Então deve ir até lá com a polícia.

– Por que doutor, precisa de polícia? Meu genro é uma pessoa de bem, não precisa, eu vou sozinho.

– Senhor, sua filha está muito machucada. Inclusive com ferimentos de agressão e foi ele quem a agrediu.

– O senhor tem certeza disso?

– Infelizmente, senhor. Os hematomas não eram de um tombo!

– Meu Deus, então ela tinha razão, quando me dizia que eu estava entregando-a nas mãos de um carrasco. Eu mato esse homem, se ele tocar na minha Júlia novamente.

– Então vá logo, antes que seja tarde.

– Então eu vou com a polícia.

– Podem precisar de médico. Iremos com a ambulância. Vou providenciar.

Alguns minutos depois, saíram à procura dos dois.

* * *

ROGÉRIO PARECIA UM louco, conduzindo o carro em alta velocidade. Júlia chorava. Não conseguia se mexer, com a dor que era intensa. Rogério levou-a direto para a casa que havia preparado para escondê-la, caso necessário. Colocou-a na cama, fechou todas as portas e janelas e sentou-se ao seu lado.

– Aqui, querida, você vai ficar bem, ninguém vai perturbá-la.

"Ele está louco, fora de si, não tem sentimento" – pensou Júlia. "Meu Deus, se ficar aqui eu vou morrer, Ajuda-me, senhor!"

– Querida, em que está pensando? Não gostou da surpresa?

Júlia não respondeu, permanecendo com suas reflexões: "Agora só me resta rezar."

* * *

ENQUANTO ISSO, ACOMPANHADOS pela polícia, Ernesto, o médico e Roque chegaram à fazenda do riacho, encontrando Severo, o capanga de Rogério, os aguardando na porta da casa principal.

– Pois não, senhor.

– Preciso falar com Rogério.

– Ele não está, saiu com a senhora Júlia.

– Mas eles já voltaram para cá.

– Não, aqui não chegaram.

– E agora, doutor, onde vou procurar esse homem?

– Vamos aguardar.

E assim fizeram. Ernesto, com o coração aos pulos, andava de um lado para outro sem sossego, vendo as horas passarem. Não aguentando a espera e imaginando o perigo que sua filha corria, agarrou Severo, gritando:

— Diga-me onde encontrarei seu patrão.

— Não sei senhor, eu não sei!

Os policiais que os acompanhavam interviram, e um deles aconselhou:

— Senhor Ernesto, nós entendemos o que está sentindo, entretanto, nada podemos fazer, porque só temos, por enquanto, a palavra do médico que atendeu no hospital. Desculpe-nos, doutor, mas nós precisamos ver a moça e fazer um exame de corpo delito, antes de tomarmos qualquer providência contra o senhor Rogério.

— É tudo mentira, esse traste está conivente com o patrão! Ele sabe e se não me disser eu vou tomar as minhas providências — ameaçava senhor Ernesto, referindo-se ao capataz.

Severo estava assustado. Afinal, o patrão o deixara em uma fria, só conseguiu balbuciar:

— Ele falou que ia levar a senhora Júlia para casa da irmã.

— E onde é?

— Ele não me falou, senhor.

— Canalha! Quando eu encontrá-lo ele vai se ver comigo.

* * *

JÚLIA CANSADA E totalmente debilitada adormeceu. Rogério aproveitou para ir à fazenda dar ordens aos empregados.

O senhor Ernesto já tinha ido embora, quando ele chegou em silêncio, procurando notícias com Severo.

— O senhor me assustou. O seu sogro estava aqui muito nervoso e estava junto com o doutor e com a polícia. Ele disse que o senhor vai pagar caro e que amanhã ele volta com a polícia.

— Vou ter que sumir por uns tempos, você toma conta de tudo. Cuide dos empregados e da fazenda, eu vou ficar com o Juvenço, com Luzia e mais uma cozinheira. Falarei com eles para se prepararem.

— Sim, senhor.

Mandou Luzia ir chamar Maria e outra moça, que serviam a casa junto com a cozinheira.

– Estou com pressa, vamos. Arrume suas coisas e mande-as também arrumarem as malas que vocês vão comigo cuidar da dona Júlia.

– Onde, senhor?

– Não faça perguntas, só obedeça e pronto.

– Sim, senhor, desculpe.

Elas se aprontaram rapidamente e foram levadas para onde Júlia se encontrava como prisioneira do marido. Luzia ficou assustada com a aparência da casa: "Credo, isso aqui parece casa mal-assombrada" – pensava indignada.

Era um lugar horroroso para onde anos atrás os senhores levavam suas escravas para servirem seus instintos libidinosos, onde ficavam presas e sem comunicação.

Penalizadas, entraram no quarto onde Rogério acomodara Júlia, acordando-a com o barulho da movimentação. Assustada, Júlia perguntou:

– Quem está aí?

– Sou eu, dona Júlia, a Luzia.

– Luzia, que bom que você veio. Eu estava desesperada, aqui, sozinha, neste lugar horrível.

Luzia assustou-se quando viu o rosto da Júlia.

– O que foi isso, senhora?

– Não deixe ele ouvir, foi daquele dia que ele me bateu.

– Meu Deus, então foi forte.

– Foi. Quebrou minha costela, nem posso levantar, mal consigo me mexer.

– Coitada da senhora.

Imediatamente, Luzia providenciou banho e uma alimentação apropriada para contornar a situação em que se encontrava a patroa.

* * *

VÁRIAS SEMANAS SE passaram. O pai de Júlia foi várias vezes à sua procura na fazenda e a notícia era sempre a mesma, a polícia estava procurando por Rogério, mas não conseguia encontrar.

Adélia não estava bem, a situação da filha a deixara angustiada. Sentia-se culpada por não haver enfrentado o marido, não permitindo que ela se casasse com aquele sem-caráter. Marta entrou no quarto pensando em como poderia ajudar a patroa. Foi quando se lembrou da carta que Júlia lhe pedira para entregar aos pais. Correu para buscá-la em sua casa, retornando em seguida para perto de dona Adélia.

– A senhora está muito abatida, assim poderá ficar doente.

– Eu estou muito mal, Marta, não sei o que fazer para encontrar minha filha.

– O que aconteceu com ela?

Dona Adélia contou, deixando Marta penalizada.

– Desculpe senhora, mas eu tenho esta carta comigo desde o casamento da senhora Júlia e eu esqueci de lhe entregar. Me perdoe!

– E o que é esta carta?

– A senhora Júlia me entregou no dia do casamento e pediu para entregar para senhora depois de alguns dias.

Adélia leu a carta que a filha lhe enviara e emocionada deu vazão às lágrimas.

– Meu Deus, quanto sofrimento! Preciso encontrá-la para reparar o meu erro.

Ernesto acabava de chegar dos seus afazeres na fazenda, algo que ele sempre amara fazer. Mas agora mal conseguia se concentrar para fazer. Ao encontrar a esposa chorando, ficou alarmado.

– O que aconteceu que você está chorando assim?

– Leia esta carta e entenderá por quê!

Ernesto leu avidamente, quase que engolindo literalmente o sofrimento contido nas palavras que Júlia escrevera. Adélia viu, pela primeira vez, seu marido chorar como uma criança.

Deixando a carta em cima da cama, saiu sem almoçar, levando Roque com ele.

Chegando à cidade foi procurar o delegado:

– Senhor, estou ficando louco. Preciso encontrar minha filha.

– Vamos ver se conseguimos encontrá-la. Só não sabemos como. Não temos nenhuma pista. Vamos novamente à fazenda. Faremos os empregados falarem.

Já estavam cansados quando chegaram na Fazenda do Riacho e novamente encontraram Severo, que prontamente respondeu:

– Eles ainda não voltaram, continuam viajando.

– Não minta para mim que eu não sou bobo.

– Senhor, faz tempo que ele não vem aqui.

O delegado avisou em tom ameaçador:

– É melhor para você ir dizendo para onde eles foram.

– Eu não sei, senhor. Eles saíram há várias semanas e não voltaram, sei que a dona Júlia foi para o hospital e não voltaram mais para cá.

– Não é possível, onde aquele louco se meteu? Eu vou procurar por toda parte, pela fazenda.

Ameaçou, Ernesto, irritado.

– Não adianta, o senhor não conhece essas terras.

– Mas você vai conosco.

– Eu não posso, eu tenho que cuidar dos empregados e da fazenda, senhor.

– Acho melhor esperarmos.

– Vamos embora, senhor Ernesto. Ficar aqui não vai ajudar em nada – aconselhou o delegado.

– Mas estou desesperado. Como encontrarei minha filha? Ela não está bem, precisa de ajuda.

A FUGA

Júlia estava com dor e não sabia o que fazer. Rogério falava muito e ela estava agitada.

– Eu quero ir embora para casa, estou com medo e sinto muitas dores.

– Coma, querida, você vai ficar bem, eu estou com você.

– Mas eu preciso ver meus pais e aqui eles não vêm. Por que, Rogério?

– Eu quero você só para mim e sei que você precisa de mim.

– Chega, eu não aguento mais, chega!

– Dorme, querida, descanse, eu vou descansar também.

"Meu Deus, ele ficou louco! Eu preciso fugir deste inferno."

Deitou e não conseguia conciliar o sono. Ouvindo o barulho das corujas, dos lobos. Sentia um medo terrível, ante a noite que não terminava. Pela manhã, Júlia estava com os olhos inchados, e abatida por não dormir direito.

– Que cara é essa, Júlia? Parece uma morta viva.

– Me deixe em paz. Eu quero morrer antes desta criança nascer.

– Nunca mais diga isso! – agarrou-a pelos braços, apertando-os com força.

– Você está me machucando, solte meu braço, seu louco. Eu te odeio, solte-me. – Escapando das mãos do Rogério, saiu correndo.

– Vá, vá, pode sair, não irá muito longe.

Sem pensar, Júlia saiu tão apressada que não viu mais nada à sua frente e caminhou por muito tempo. Cansada, sentou-se debaixo de uma árvore e ali permaneceu. Rogério deitou e dormiu. Sabia que Juvenço estaria cuidando para que ela não saísse dos arredores.

Júlia levantou e continuou a caminhada em direção à fazenda. Porém, numa estrada que levava a outra fazenda vizinha, Júlia desfaleceu, sendo mais tarde vista por um dos empregados que por lá passava. Gastão não teve dúvidas, pegou-a nos braços e a levou para dentro do casarão.

– Com licença, senhor.

– Entre, Gastão, o que aconteceu?

– Encontrei essa senhora caída e a trouxe para cá.

– Fez bem!

O senhor Constantino, dono da Fazenda do Morro Grande, levou-a para um leito e reanimou-a.

– Onde estou?

– A senhora estava caída em frente ao portão e nem sei quem a senhora é.

– Eu sou Júlia, esposa do Rogério da Fazenda do Riacho.

– Então vamos levar a senhora para sua casa.

– Não! Eu quero ir para Fazenda Danúbio, do senhor Ernesto.

– Não posso fazer isto, seu marido vai ficar preocupado.

– Não se preocupe, ele nem vai notar minha falta.

– Então mandarei um empregado chamar seu pai.

– Por favor, faça isso. Ajude-me! Eu não quero mais voltar para o meu marido, ele está me maltratando e me prendendo, estou com medo.

– Calma, senhora, precisa descansar. Farei o que puder pela senhora.

Tudo foi providenciado para chamar o pai da Júlia; ela deu o endereço e enviou Gastão até a Fazenda Danúbio.

Enquanto isso, Rogério acordou procurando por Júlia. Como não a viu no quarto, saiu apressado ao encontro do Juvenço que também não a encontrou, saindo os dois à sua procura:

– Onde você estava, seu inútil?

– Dei uma saidinha, o senhor sabe...

– Sei, enquanto isso sua patroa fugiu.

– Desculpe, senhor, não imaginei que ela sairia de casa sozinha.

– Depois conversaremos sobre isso. Agora vamos, depressa. Vamos à fazenda ver se ela voltou para lá.

Saíram rápido a cavalo e não a encontraram na fazenda.

– Aqui ela não chegou, senhor.

– Tem certeza, Severo?

– Tenho.

– Ela pode ter entrado escondida.

– Impossível, senhor, eu não saí desta porta.

E chamando a camareira, perguntou:

– Onde está sua patroa?

– Não sei, senhor, a última vez que a vi foi no dia em que foi para o hospital.

– Vocês são todos imprestáveis.

– Eu hein! Como posso saber onde está a patroa se não sei onde está.

– O que você está resmungando?

– Nada, senhor, não foi nada.

– Vamos, Juvenço.

Rogério saiu pela estrada temendo que Júlia encontrasse seu pai. "Isso não pode acontecer."

– Vou procurar em todas as fazendas vizinhas.

E chegando à frente do portão do senhor Constantino, foi logo atendido:

– Pois não, senhor.

– Quero falar com seu patrão.

– Sim, aguarde, já vou chamá-lo.

– Com licença, patrão, tem um homem no portão querendo lhe falar.

– Pelo amor de Deus, não deixe ele entrar, é ele, tenho certeza, eu estou apavorada.

– Calma, senhora, ele não vai entrar sem a minha permissão.

– Vai sim, ele é muito mau.

– Fique tranquila, vou falar com ele, aliás, pode nem ser ele.

– É sim, eu sei.

– Vá para o quarto e espere; seu pai também vai chegar e no seu estado não vai ser bom ficar nervosa.

– Obrigada, senhor.

Constantino foi atender Rogério, que estava esperando.

– Boa tarde, tudo bem, senhor?

– Tudo bem, em que posso ajudá-lo?

– Estou procurando minha esposa.

– Sua esposa é? E na minha casa?

– Ah, desculpe, eu queria saber se viu uma mulher grávida, ela deve ter se perdido.

– Não senhor, Rogério, ela fugiu de casa e o senhor deve saber o motivo.

– Quem o senhor pensa que é para falar comigo deste jeito?

– Eu me chamo Constantino e sou comendador, eu estou com a senhora Júlia e vou saber dela se vai acompanhá-lo.

– Mas ela tem que ir, eu sou seu marido.

– É isso que vamos ver, com licença, volto logo.

– Vou esperar.

– Senhora, é o seu marido mesmo e não está calmo, ele me parece nervoso.

– Ele é muito mau, eu não quero ir com ele.

– Senhora, eu não posso segurá-la aqui, a não ser que seu pai chegue, então vamos falar com ele.

– Eu tenho medo dele me levar à força.

– Isso ele não fará, eu não vou permitir.

– Então eu vou.

Ao chegar à sala, Rogério falou mansamente:

– Graças a Deus você apareceu. Eu estava apavorado, com medo que tivesse acontecido alguma coisa com você, querida. Meu anjo, eu estava com saudade. – Assim falando, foi se aproximando dela e, beijando-a no rosto, continuou: – Eu não posso perdê-la. E como está o nosso filho?

– Tudo bem, mas eu não quero ir com você.

– Por que não, meu amor?

– Porque eu vou esperar meu pai e eu não vou mais para aquela casa horrorosa.

– Que casa? Do que você está falando?

– Você sabe, daquela casa mal-assombrada.

– Calma, querida, você está tendo aquelas as crises que tinha antes. É senhor, é preciso ter paciência, de vez em quando ela não fala coisa com coisa. Mas o médico disse que isto é da gravidez.

– Do que você está falando? Eu não tenho crise nenhuma.

– Como não? Você esqueceu que teve uma forte há algumas semanas que até se machucou?

– Você é louco, você me bateu e agora quer parecer um santo, eu não vou com você.

– Desculpe, senhor, mas tenho que levá-la ao médico, o senhor me entende, essas coisas não podem continuar sem tratamento.

– Sei sim, o senhor é quem sabe.

Júlia agarrou no braço do comendador.

– Não deixe ele me levar, o senhor prometeu. Ele está mentindo, eu nunca tive nada, ele me obriga a fazer as coisas me prendendo numa casa no meio do mato. Ajude-me, por favor, não deixe ele me levar.

Júlia caiu em prantos.

– Que coisa feia, querida, querendo fazer os outros acreditarem que eu te maltrato. Fique calma e vamos, me dê suas mãos, vamos.

Júlia não acreditava naquele cinismo.

– Como pode ser tão fingido? Eu vou, mas não vou ficar lá, vou acabar com minha vida e do meu filho também. Você nunca mais vai pôr as mãos em nós e o senhor vai ficar com a consciência pesada. Quando meu pai chegar, diga adeus por mim. Até mais e obrigada pelo que não fez por mim.

– Até logo, senhora, me desculpe mas ele é seu marido.

– Passe bem, o senhor terá notícias minhas.

Rogério colocou Júlia no carro que tinha trazido da sua fazenda e foi para casa onde Júlia estava. Logo que se afastaram do senhor Constantino, ele agarrou a esposa pelo braço, gritando:

– Você vai me pagar caro!

– Mate-me, mate-me, eu prefiro.

E assim saíram em disparada. Chegando em casa, Rogério trancou Júlia no quarto e saiu deixando-a desesperada, cheia de dores, sem saber o que fazer.

O comendador estava confuso: "Não sei em quem acreditar! Os dois pareciam certos! Se ela fizer alguma coisa e acabar com a vida não vai ficar bem para mim. E se ele tem razão, e ela tem crises? Pode prejudicar a criança. E o pai dela que não chega?" Com este pensamento ouviu o barulho de carro, do senhor Ernesto, que estava chegando.

– Boa tarde, senhor, é o comendador?

– Sim, sente-se, vamos conversar.

– E minha filha senhor, está bem?

– Desculpe, senhor, mas ela se foi com o marido.

– Não! Mas como? Ela não tinha fugido? De novo não! Como ela aceitou ir com ele? Não! Não pode ser!

– O que o senhor está falando?

– Já faz tempo que estou procurando minha filha e não encontro, parece um castigo. Há várias semanas ela foi internada na cidade e o doutor Guilherme me chamou. Ela estava toda machucada por ter sido maltratada pelo marido. Quando cheguei, ele já a tinha levado à força e não conseguimos encontrá-los. Fui à fazenda várias vezes, mas nenhum dos empregados sabiam dizer onde eles estavam, diziam que estavam viajando. Não sei mais onde procurá-los. Não aguento mais, toda vez que penso que a encontrei, eu a perco de novo, deve ser mesmo um castigo.

– Meu Deus, então é verdade!

– Verdade o quê, senhor?

– Ela falou que ele a maltratava, mas ele me pareceu tão bom.

– A mim também ele enganou. Ele é um tremendo caçador de dotes, isso sim, e eu entreguei minha filha em seus braços!

– Então temos que nos apressar, antes que seja tarde. E estava desacorçoada, dizendo que queria se matar!

– Ai! Ai...

– O que foi, senhor?

– Não estou bem, sinto uma dor forte no peito – disse Ernesto, tentando levantar a mão.

– Mandarei fazer um chá para o senhor. Hoje estou sem minha esposa, ela foi fazer uma viagem, é tão ruim ficar sem a esposa, mas ela logo estará voltando.

Chamou a moça ajudante da cozinheira e pediu que lhes servisse um chá, após o qual, o senhor Ernesto já estava bem melhor.

– Agora está bem?

– Sim, sinto que estou melhorando.

– Então vamos procurar sua filha.

– Vamos, mas não quero dar trabalho para o senhor.

– Trabalho nenhum, eu quero que tudo fique bem.

Saíram apressados em direção à Fazenda do Riacho, encontrando novamente Severo, que os recebeu.

– Chame seu patrão.

– Ele não voltou. Eu já falei. Faz três dias que ele veio pegar roupas, levou a dama de companhia da senhora Júlia e disse que estava indo para a cidade.

Os dois se entreolharam. Então a história que a Júlia havia contato era verdade!

– Você sabe onde fica uma casa estranha?

– Não senhor, eu não sei, sou novo aqui e não conheço bem a fazenda.

– Então vamos procurar.

– Vou avisando que são terras extensas e já é tarde. Cuidado, senhores, para não se perderem.

Severo esperou os dois saírem para ir avisar o patrão mas não tinha jeito, a estrada era uma só e se ele fosse iriam vê-lo.

Na casa onde estava Júlia, no quarto, trancada, Luzia lhe leva um chá que Rogério tinha mandado servir.

– A senhora está bem? Fiquei preocupada. Está tão abatida.

– Estou bem, quero ficar só.

Luzia saiu e foi cuidar dos afazeres domésticos. Júlia estava pensativa e com medo do que o marido era capaz. Abriu a mala falando consigo mesma: "Acabou, Júlia, chega de sofrer, agora ele vai ter que me levar para o hospital!" E sem pensar, pegou o frasco de calmante e tomou alguns comprimidos. Passados alguns instantes, sentiu tudo rodar. Deitou-se na cama e não viu mais nada.

Vendo-a deitada ao entrar no quarto, Rogério irritou-se:

– Dormindo de novo? Só dorme essa mulher, chega de dormir. – chamou-a chacoalhando-a com força.

– Acorda! Chega de dormir, levanta, mulher. Precisamos conversar. – Olhou para mesa do lado da cama e viu o vidro de remédio.

– O que é isso? Que remédio é esse?

Ela não respondia.

– Não acredito. Essa agora... O que vou fazer para acordá-la?

Tentou mais uma vez, ela estava imóvel. Correu para sala, mandou chamar o médico, que logo chegou.

Rogério explicou ao médico o que estava acontecendo e subiram a escada apressados. Ao vê-la, o médico ficou assustado com seu estado.

– Providencie um carro. Vamos levá-la ao hospital. Precisamos fazer algo urgente para salvá-los, principalmente a criança.

– O que tem a criança, doutor?

– A criança está correndo perigo de morrer. Dona Júlia teve queda de pressão e parada cardíaca, apresse-se, senão poderá ser tarde.

Passou apressado na sala e falou:

– Luzia, ajude sua patroa. Vamos levá-la ao hospital.

A moça saiu correndo para vestir Júlia e não acreditou.

– Coitada da dona Júlia! Também, levando esta vida, até eu já tinha morrido.

– Do que você está falando?

– Ah, doutor, ela fica trancada neste quarto, nem na porta ela pode ir. Fora o que o patrão faz com ela.

O médico ia perguntar o que ele fazia, mas Luzia perguntou:

– Como o senhor chegou aqui neste lugar horrível?

– O senhor Rogério mandou me buscar. Mas por que estão aqui isoladas?

Ela ia responder, mas ouviu o barulho da porta e se calou.

– Vamos, doutor, o carro está pronto.

– Para onde vai levá-la? Ao hospital municipal?

– Lá não, doutor, tem que ser em outro.

– Mas os outros são longe e não temos tempo.

Rogério aceitou, porém muito contrariado. Pensava mesmo era na criança e na segurança do seu futuro.

Ao entrarem no pronto-socorro foi uma correria muito grande, todas as providências foram tomadas. Júlia voltava a si lentamente:

– Como está, dona Júlia?

– Estou melhor, meio sonolenta e sinto muita dor no peito.

– Chamarei o médico.

Logo foi constatado que Júlia estava entrando em trabalho de parto. No começo da noite a criança nascia, antes mesmo do sétimo mês de gestação.

Rogério estava desesperado. Devia tufos de dinheiro com o jogo e a criança seria sua salvação. Com ela, pretendia tirar dinheiro do sogro. Demonstrando preocupação com o estado do bebê, Rogério fazia com que todos pensassem tratar-se de amor pelo filho. Mas o que o movia era um verdadeiro sentimento de ódio. Se pudesse, estrangularia ali mesmo a esposa. Mas fingindo, encenava:

– Como está, querida?

Júlia não respondeu.

– Falei com você!

– Não precisa me chamar de querida, não tem ninguém aqui para ouvir a sua falsidade e eu não sou sua querida. Já pensou, Rogério? Bem que eu podia ter morrido. Sofri muito para voltar.

Já tinham se passado quase dez horas, mas ainda sob o efeito do remédio, nem sentira a hora do parto.

Rogério perguntou:

– E a criança?

– Não sei, só me falaram que nasceu fora do tempo.

– Nem para isso você presta.

Júlia começou a gritar:

– Saia daqui! Não me perturbe, saia!

Nesta hora entra no quarto a enfermeira Gilda, que já sabia o que estava acontecendo.

– O senhor quer fazer o favor de sair do quarto, a paciente precisa de repouso.

– Eu tenho direito de ficar com ela, ela é minha esposa.

– Até poderia, mas não fazendo ela ficar nervosa. Ela ainda está fraca e corre perigo de vida.

– Não exagere, ela está bem.

– Não está não senhor. Eu sei o que estou falando, a pressão está muito baixa e os batimentos cardíacos também estão fracos.

– Eu vou sair, estarei na sala de espera. Qualquer coisa me avise.

– Sim, senhor.

Rogério foi ver a criança e ficou sabendo que estava muito fraca e tinha pouco tempo de vida.

"Se o menino morrer eu mato essa mulher" – pensava.

Júlia dormiu um sono agitado. Fazia tempo que não via o velhinho que tanto lhe auxiliava. Lá estava ele em sonho lhe dizendo:

– Filha, nossa verdadeira liberdade às vezes pede a nossa renúncia. A vida é o nosso maior patrimônio e nosso corpo físico uma bênção em nosso caminho. É preciso ter coragem para passar pelos desafios da vida. É preciso compreender que de uma forma ou de outra nós estamos sempre escrevendo a nossa história. Cada dia é uma página a ser escrita, mas é também tempo de nos ajustarmos com a lei divina, que muitas vezes burlamos por ignorância ou teimosia. Atentar contra a vida, contra a saúde física, é também uma forma de acioná-la.

– Como, senhor? Eu só queria sair daquela casa e morrer junto com ele. Mas meu filho está vivo.

– Precisa ser forte, filha.

Saiu deixando Júlia chorando.

– Volte, volte! Por favor, volte.

– Dona Júlia, acorde! O que está acontecendo?

– Não! Ele não pode me abandonar agora, eu não vou suportar.

– O que foi, senhora?

– Ele, o velhinho que sempre vejo nos meus sonhos, disse que vai embora porque o que eu fiz foi muito errado.

– O que será que significa esse sonho?

– Eu não sei, não entendo direito estas coisas, mas eu acho que tentar contra a vida um erro difícil de ser perdoado por Deus.

– Acho que é isso. Por que a senhora não pergunta para a doutora Clara? Amanhã ela vai estar de plantão, e pelo que eu sei, ela entende dessas coisas do espírito.

– Eu vou perguntar, obrigada.

Júlia ficou pensativa e preocupada. Lembrou-se do filho e perguntou para enfermeira.

– Eu não sei, dona Júlia, eu vou vê-lo depois volto para lhe falar.

Antes que ela saísse, entrou no quarto outra enfermeira encarregada de dar a triste notícia:

O pulmão do bebê, por ser prematuro, estava muito fraco.

– Não! Eu matei, eu matei! – Júlia entrou em pânico.

A enfermeira Gilda que ainda estava no quarto foi correndo chamar o médico, que logo a medicou, fazendo a adormecer. Em seguida foram avisar o Rogério, que estava na sala de espera.

– Senhor!

– Pois não.

– Acompanhe-me, por favor, o diretor do hospital quer falar com o senhor.

Chegaram à sala do doutor Guilherme, que logo tomou a palavra:

– Senhor, pedi para chamá-lo para avisar que seu filho acaba de falecer e sua esposa não está nada bem.

– Que morra! Não presta para nada!

– O que está dizendo? O senhor foi culpado pelo que aconteceu tirando-a daqui à força. O senhor sabe que pode ser processado por isso?

– Desculpe, doutor, estou nervoso.

– Eu entendo, mas não pode falar desse jeito, procure se acalmar.

– Está bem, vou providenciar tudo.

– Senhorita, acompanhe o senhor Rogério.

– Sim, doutor.

Saíram. Júlia continuava dormindo e assim passou a noite, acordando só pela manhã, quando a enfermeira a chamou:

– Senhora, vou trocar o plantão e voltarei só amanhã.

– Que pena, Gilda, gostei muito de você. Obrigada por ter paciência comigo.

– Não seja por isso. Disponha e procure se cuidar. A senhora precisa de força e eu sinto muito pelo que aconteceu.

– Do que você está falando?

– Do seu filho.

– Filho?! Eu tenho filho?

– Não, a senhora perdeu seu filho.

– Você está enganada.

– Por quê?

– Eu estou internada porque eu tomei os comprimidos, mas eu não tenho filho.

"Meu Deus, o que aconteceu com ela? Eu preciso avisar o doutor Guilherme".

– Devo ter me enganado, agora vou indo, até amanhã.

Saiu apressada e foi à sala do médico.

– Com licença, doutor.

– Pode entrar, o que aconteceu?

– A senhora Júlia está estranha, o senhor precisa ir vê-la. Imagina, ela não lembra que teve um filho!

– Meu Deus! Era isso que eu temia. Que ela esquecesse de tudo pelo que passou, escondendo-se da realidade, trancando-se num outro mundo. Espero que seja passageira esta crise e que ela volte à realidade. Vamos vê-la.

Ao entrarem, Júlia falava sozinha.

– Bom dia, Júlia.

– Bom dia, quem é o senhor?

– Eu sou o doutor Guilherme.

– Eu não o conheço.

– Conhece sim, Júlia, eu já cuidei de você várias vezes.

– Não me lembro. Você não pode me abandonar, eu preciso do senhor.

Ela misturava tudo o que falava.

– De quem você está falando?

– Do homem, ele foi embora, me deixou sozinha.

– Quem? Seu marido?

– Não, eu não sou casada.

– Escute, filha, você é casada e teve um filho, que infelizmente não sobreviveu, Júlia.

– Eu não, o senhor está me confundindo, eu nunca casei e não vou casar. Ele foi embora e eu fiquei sem ele.

– Meu Deus! – doutor Guilherme ficou preocupado. – É, dona Gilda, agora é só esperar, vou falar com Clara sobre o quadro.

– Não sei não, doutor, mas isso parece coisa de espíritos.

– Não acredito nisso. Acho que foram os remédios. Vamos dar um tempo. Pode ser que ela volte à realidade. Vou fazer as visitas aos pacientes e depois venho vê-la novamente. Passe o caso para os que vão entrar e peça para tomarem cuidado com o marido, que pode querer fazer alguma coisa.

Saiu pensativo: "O que vai ser desta mulher? Coitada, como sofre." Com este pensamento encontra Clara, que estava chegando.

– Estou precisando de você, minha amiga.

– Bom dia, doutor.

– Bom dia, Clara, desculpe, nem a cumprimentei e já fui falando.

– O que foi? Está preocupado com alguma coisa?

– Estou e muito, lembra-se da Júlia?

– Claro.

– Ela deu entrada ontem e perdeu o filho.

– Coitada, como sofre esta menina! Foi ele de novo?

– O pior você não sabe, ela tomou um tranquilizante muito potente e teve uma parada cardíaca. Tentou o suicídio.

– De novo? E por isso a criança não aguentou!

– Nasceu ontem prematura e fraca, mas não sobreviveu.

– E ela, doutor?

– Está mal.

– Também com tudo que aconteceu! E o marido?

– Por enquanto está calmo. Ela está fora de si. Não fala coisa com coisa. Diz que não é casada e não se lembra de nada.

– E agora, o que vamos fazer?

– Vamos esperar um pouco para ver se vai mudar o quadro.

– Estou preocupada, e se ela piorar? Vamos falar com ela?

– Não, espere eu ver os outros pacientes. Deixe ela dormir um pouco, depois veremos o que fazer.

– Se o senhor permitir, eu vou fazer alguma coisa por ela.

– Faça, filha, tudo é válido para trazê-la de volta.

– Então à noite eu vou para fazenda do meu pai e o Júlio vai comigo. Vamos fazer uma prece por ela.

Depois das visitas aos pacientes, doutor Guilherme retornou e chamou Clara para ver a Júlia. Clara ficou penalizada, pensando no que poderia fazer para ajudá-la. Assim que os dois saíram, Rogério foi quem entrou no quarto. Mas Júlia não o reconheceu.

– Quem é você? O que você quer de mim?

– Você é minha esposa, Júlia.

– Eu nunca fui casada, cadê meus pais?

– Eles estão viajando.

– Mentira, eles nunca viajam, eu quero minha mãe.

– Fique calma, logo você a verá.

– Me deixa dormir.

– Você só dorme.

– Me deixa. Enfermeira, leva este homem daqui que eu quero dormir.

–Na verdade, ele quer falar sobre seu filho, que...

– Que filho? Eu já falei que eu sou solteira e não tenho filho nenhum.

– Então o senhor, por favor, espere lá fora, depois o chamarei.

– Essa agora! Além de imprestável está louca. O que vou fazer agora com esta biruta?

A DOR COMO INSTRUMENTO

Ernesto nada sabia sobre a morte do neto e a internação de sua filha. Sentia a falta de notícias e carregava uma grande tristeza em seu coração! "O que será que aconteceu com minha filha? Vou tentar de novo na fazenda deles. Talvez tenham voltado." Mas como imaginava, chegando lá, tudo permanecia igual, ninguém sabia do patrão e a história era sempre a mesma.

"Isto está muito estranho, e o pior é que eu me sinto preso, sem saber o que fazer. Até parece que estou sendo castigado pelo que acabei fazendo à Júlia, impedindo-a de ficar com aquele rapaz. Será que não teria sido o melhor para todos nós?"

Ernesto agia como se estivesse hipnotizado. Porém, como que de volta à realidade, despertou estranhando o torpor por que passara: "Será que fiquei mole? Já não sei o que pensar! Preciso tomar providências. Já se passaram sete meses desde que a Júlia foi embora!"

Sem saber o que fazer, voltou para casa cabisbaixo.

– O que foi, Ernesto?

– Nossa filha sumiu com seu genro. Bem que ela falava que ele não prestava! E o pior que não pensamos nela! Agora nada podemos fazer.

*   *   *

CLARA E JÚLIO aproveitaram a folga no sábado para ir visitar os pais da moça. No caminho eles iam conversando:

– Querido, estou muito preocupada com Júlia. Ela está completamente fora da realidade.

– Como assim? O que aconteceu?

– Não conhece mais ninguém, não se lembra das coisas que aconteceram. Não se lembra do marido e nem que estava grávida. Coitado do Marquito, quando ficar sabendo...

– É mesmo, Clara, ele vai sofrer muito. E ela, como viverá com o marido, sendo para ela um estranho?

– Só Deus é quem sabe. Estou é com medo de falar com Marcos.

– Deixe que eu falo. Ele é forte e vai entender.

Logo chegaram à fazenda. Ouvindo barulho de carro, olhando pela janela, senhor Genésio falou:

– Ruth, Clara e Júlio estão chegando. Será que aconteceu alguma coisa?

E saindo em direção à filha, Ruth já foi perguntando:

– O que aconteceu, Clara?

– Nada, mãe, eu estava com saudades!

– Vamos entrar, filha, você precisa descansar, está abatida.

– É mesmo, mãe, hoje eu tive um dia cheio, preciso de um banho.

– Então vá. E você, Júlio, tudo bem?

– Tudo bem, graças a Deus, e os senhores, estão bem?

– Vamos indo, meu jovem. É como sempre, daqui para o trabalho e do trabalho para casa, e assim segue a vida.

– Mas lembre-se, o senhor não pode se cansar muito.

– Felizmente, o Beto está aqui na fazenda. Sua ajuda tem sido preciosa. Logo Marcos estará aqui comigo e tudo ficará mais fácil.

– E ele, não vem este fim de semana? Pensamos que ele estivesse aqui.

– Ele disse que chegaria hoje.

Ficaram conversando, enquanto Clara terminava o banho. Quando retornou à sala, o pai perguntou:

– Já de volta, filha?

– Acho até que demorei.

– Que nada, foi rapidinho. Só demorou uma hora – acrescentou Júlio em tom de brincadeira.

– É mesmo, Júlio, é verdade, mas valeu a pena, olha só como ela está bonita.

– Para com isso, mãe, eu fico encabulada.

– Você é mesmo muito bonita, Clara.

– Parem que já estou vermelha!

Todos riram da timidez da Clara e ela, mudando de assunto, já mais séria, falou:

– E o Marcos, não vem para cá este final de semana?

– Vem sim, deve estar chegando.

– Que bom! Apesar de estarmos na mesma cidade, quase não nos vemos, a vida lá é muito corrida.

– Sabe o que viemos fazer aqui? Viemos tentar fazer alguma coisa pela Júlia.

– E o que ela tem?

– Está mal no hospital. Parece que saiu da realidade, não se lembra de nada.

– Coitada, tão jovem!

– É, mãe, mas ela tentou o suicídio duas vezes.

– Meu Deus, como uma moça bonita, instruída e rica pôde fazer isso?

– Isso não é tudo, mãe! Júlia não era feliz. Seus pais obrigaram-na a se casar com quem ela não gostava e foi nisso que deu.

– Mas ela não podia fazer isso!

– Pensamos que poderíamos nos reunir para fazer uma prece e tentar de alguma forma fortalecê-la com as nossas vibrações e a ajuda dos amigos espirituais que tanto já fizeram por nós. Mas o Marcos não chegou e era importante que ele participasse conosco.

Mal terminaram a conversa e ouviram o barulho de Marcos abrindo a porta.

– Mana! Você também veio?

– Eu precisava vir. Eu e o Júlio temos algo importante para falar com você.

– E você, cunhado, tudo bem?

– Graças a Deus, tudo em paz.

– E o senhor pai, como vai?

– Estou bem, meu filho, com muita saudade.

– Mãe, sua bênção.

– Deus te abençoe, meu filho.

– E o Beto?

– Está ótimo, está no quarto lendo.

– Virou estudioso agora?

– Ele é muito eficiente, precisa ver como cuida da fazenda com seu pai. Parece que já conhecia muito da lida do campo.

– Falando de mim?

– Meu amigo! Que bom te ver!

– Esta casa fica triste sem você, Marcos.

– Eu também sinto muita falta, mas logo estarei de volta.

– Ainda bem, precisamos muito de você. Agora vou tomar um banho e retorno para o jantar.

– Eu também vou me preparar, cheguei cansado.

– Vá, filho, descanse; após o jantar conversaremos.

Os quatros ficaram conversando descontraídos, enquanto Marcos e Beto se aprontavam para o jantar. Ao retornarem, Marcos se dirigiu à irmã:

– E então, mana, o que a trouxe aqui? Não me diga que só veio a passeio, pois não acredito em conto de fadas.

Riram-se todos. Clara não sabia como falar para o irmão o que estava acontecendo com Júlia. Resolveu deixar para após o jantar.

– Estava com saudade e tenho umas coisas para fazer por aqui

– Posso saber o que é?

– Pode, mas mais tarde.

– Está bom, vou esperar, sou paciente.

Rindo, Clara brincou:

– Como ele é curioso.

– Eu!?

– É, você, seu bobo.

Pensativo, Marcos falou:

– Como é bom estarmos aqui, todos reunidos como antes, e agora melhor ainda que a família aumentou.

– Obrigado por nos considerar da família.

– E não são? Você é meu cunhado, meio-irmão, e o Beto é um irmão que eu ganhei.

– Obrigado, amigo – agradeceu Beto sensibilizado pela consideração.

– Vocês merecem.

– Nós também entendemos assim, meu filho. É uma graça de Deus receber Júlio e Beto em nossa família – manifestou senhor Genésio, deixando os rapazes ainda mais felizes.

– Quanto ao Júlio, eu já sabia que havia ganhado um filho nos primeiros dias que acordei daquele pesadelo.

– É mesmo? E eu escondendo do senhor.

– Foi fácil descobrir, dava para ver nos olhos dos dois.

Clara e Júlio ficaram sem graça, não responderam nada. O jantar terminou. Já estavam na sala quando Clara tomou a palavra, abordando o assunto com seriedade:

– Mano, temos uma coisa triste para lhe falar.

– Fale logo que estou ficando nervoso.

– É sobre a Júlia.

– O que tem a Júlia?

– Calma, eu vou contar se você deixar, ela está internada.

– Onde?

– No hospital que nós trabalhamos.

– O que ela tem? Fale, Clara!

– Você está muito nervoso, se não se acalmar eu não vou falar mais nada.

– Fala, mana, eu prometo ficar calmo.

– Primeiro me promete não fazer nenhuma bobagem.

– Prometo.

– Então me ouça. Ela estava grávida e alguns dias atrás deu entrada no pronto-socorro. Estava muito mal, pois além de debilitada ela fora espancada pelo marido. Então autorizei a sua internação. Desesperada, pediu-me ajuda, para que avisasse seu pai. Mas o marido desconfiou e a levou à força, mesmo sem a autorização do corpo médico do hospital.

— Mas que absurdo! Esse homem é um animal, quem ele pensa que é?

— Calma, deixe-me continuar. Ela me contou que o marido a mantinha presa no quarto e, não suportando tanto sofrimento, tentou pôr fim à própria vida, o que acabou prejudicando a criança, que nasceu prematura, vindo a falecer logo após o parto.

— E agora, ela está fora de perigo?

— Está, mas está fora da realidade, não fala coisa com coisa.

— Meu Deus, o que eu posso fazer para ajudá-la?

— Nada querido, acho que o melhor que temos a fazer é ajudar com nossas preces. Ela não reconhece ninguém, por isso não deve procurá-la.

— Eu não posso ficar de braços cruzados. Preciso fazer alguma coisa!

— Você não vai fazer nada, você prometeu.

Marcos estava pálido e sem conseguir concatenar as ideias direito.

— Calma, mano, nós viemos justamente para fazermos uma prece, pedir ajuda aos amigos espirituais que a fortaleçam.

— Eu já nem sei o que pensar. Tenho vontade de ir procurar aquele canalha e acabar com ele.

— Vamos, acalme-se, você sabe que isso não vai resolver nada. Muito pelo contrário, só vai piorar a situação. Tenho certeza de que com fé e ligados ao bem nós vamos conseguir ajuda...

— Espero, Clara, espero, senão não sei do que serei capaz.

— Marcos, pense bem, ela já está casada e os pais dela não o aceitam. Estarão sempre contra qualquer aproximação.

— Eu sei, Júlio, e é isso que me segura. Não fosse isso, eu já teria acabado com ele e a Júlia já estaria comigo.

— Na situação em que ela está, só Deus pode fazer alguma coisa.

— Marcos, Deus pode tudo, mas nós também podemos ajudar com nossas preces. Não acha?

Não demorara muito e a reunião teve início. Convidado para a reunião, senhor Paulo atendeu ao pedido para fazer a prece de abertura. A leitura de *O evangelho* realizada por Júlio encheu o ambiente de vibrações benéficas.

"A dor é uma bênção que Deus envia a seus eleitos; não vos aflijais, pois, quando sofrerdes; antes, bendizei de Deus onipotente que, pela dor, neste mundo, vos marcou para a glória no céu.

Sede pacientes. A paciência também é uma caridade e deveis praticar a lei de caridade ensinada pelo Cristo, enviado de Deus. A caridade que consiste na esmola dada aos pobres é a mais fácil de todas. Outra há, porém, muito mais penosa e, conseguintemente, muito mais meritória: a de perdoarmos aos que Deus colocou em nosso caminho para serem instrumentos do nosso sofrer e para nos porem à prova a paciência.

A vida é difícil, bem o sei. Compõe-se de mil nadas, que são outras tantas picadas de alfinetes, mas que acabam por ferir. Se, porém, atentarmos nos deveres que nos são impostos, nas consolações e compensações que, por outro lado, recebemos, havemos de reconhecer que são as bênçãos muito mais numerosas do que as dores. O fardo parece menos pesado, quando se olha para o alto, do que quando se curva para a terra a fronte.

Coragem, amigos! Tendes no Cristo o vosso modelo. Mais sofreu ele do que qualquer de vós e nada tinha de que se penitenciar, ao passo que vós tendes de expiar o vosso passado e de vos fortalecer para o futuro. Sede, pois, pacientes, sede cristãos. Essa palavra resume tudo."

Todos sentiam como se luzes fossem derramadas sobre o recinto, entendendo a grande lição transmitida na leitura da noite. Porém usando o senhor Paulo como aparelho mediúnico, um grande consolo calou fundo no coração dos presentes:

— Sei que estão muito preocupados com o sofrimento de nossa irmã. Recorramos à misericórdia do Pai, a fim de fortalecê-la para que não desista ou se aprofunde no mar da impaciência e das ações impensadas. A prece dos irmãos a ajudará a se fortalecer.

– Com licença, irmão – falou Marcos.

– Pode falar, filho.

– Ela estava sofrendo muito e não aguentou.

– Tranquilize-se, filho. Nada acontece sem que esteja submetido às leis divinas e à bondade do Pai criador. Um passado em comum une vocês dois. E tudo a seu tempo será normalizado. Você, filho, precisa se fortalecer em sua fé. Um dia saberá toda a verdade. Ajude-a em oração.

– Obrigado, irmão, por sua ajuda – falou Júlio.

– Conte comigo sempre. Obrigado e até breve.

– Agradecemos a Deus e ao amigo que nos consola e nos fortalece esclarecendo os fatos e esperamos que a nossa amiga tenha assistência para retornar o mais depressa possível à sua consciência. Pedimos licença para encerrarmos a nossa reunião de hoje.

Foram para a sala de música e conversaram sobre a reunião. Júlio estava preocupado com a situação do amigo e futuro cunhado.

– Marcos, você precisa esquecer o que está acontecendo.

– Não posso. É difícil me libertar vendo-a sofrer assim.

– Você tem que lutar, conhecer novos amigos e quem sabe outra moça que possa lhe interessar.

– Impossível, Júlio, deixe como está.

– Desculpe-me, só queria ajudá-lo.

A noite passou rapidamente e na manhã seguinte Marcos saiu a cavalgar pelo bosque. Sentou-se em uma pedra e deu vazão aos seus sentimentos. Chorou ao lembrar dos momentos que ali passou ao lado de Júlia. Aproveitou o contato com a natureza para pediu a Deus que ajudasse sua amada e que desse paz ao seu coração. Nem percebeu que o tempo passara de forma tão rápida. Já era hora do almoço. Marcos voltou para casa com os olhos vermelhos.

Ao entrar dona Ruth percebeu pelos olhos do filho que ele não estava bem e havia chorado.

– Este sofrimento seu, filho, me dói o coração!

– Não se preocupe, mãe, estou bem!

– Logo mais servirei o almoço. Fiz um prato que você gosta, Marcos!

Ele nem respondeu.

– Coitado, nem ligou para o que eu disse. Antes ele fazia uma festa. Meu Deus, ajude-o.

Logo após o almoço, senhor Genésio foi conversar com Marcos. No fundo, sentia-se culpado pelo que havia feito antes. Marcos estava deitado, triste e preocupado.

– Filho!

– Entra pai.

– Tudo bem?

– Mais ou menos.

– Eu não estou aguentando essa tristeza nos seus olhos.

– Pai, não se preocupe comigo.

– Mas, filho, eu o impedi de ser feliz.

– Esqueça. Não se fala mais nisso. Talvez um dia eu possa encontrar a minha paz.

– Espero, só assim me sentirei bem.

O dia passou tão rapidamente que a noite chegou surpreendendo a todos. À mesa do jantar, Júlio quebrou o silêncio:

– Clara, precisamos retornar. Amanhã à tarde vamos trabalhar.

– É mesmo. É tão bom estar aqui que perco a noção do tempo!

– Temos que sair bem cedo, é melhor do que viajarmos à noite.

– Vou com vocês – decidiu-se Marcos.

– Mas já, filho? Nós quase não conversamos.

– Voltaremos logo, pai – consolou Clara.

– A propósito, filha, quando vão se casar? Já marcaram a data?

– Não, pai. Nesses dias viremos aqui e marcaremos todos juntos.

– Vou esperar ansioso.

– Obrigada pai, é muito bom vê-lo assim, tranquilo e compreensível.

– É, minha filha, já fiz muitas coisas de que hoje me arrependo.

– Agora se nos dão licença, vamos dormir mais cedo para acordar antes do sol nascer. Seis horas estaremos saindo.

Os três, já preparados para a viagem de volta à cidade, acordaram cedo e se despediram do senhor Genésio, da dona Ruth e do amigo Beto.

Já próximos da cidade, Clara sugeriu:

– Vamos levar você para casa, Marcos.

– Não precisa, mana, é só me deixar na cidade, depois eu vou para casa.

– Não senhor, vou deixá-lo em casa, quero cuidar de você.

– Ah, é? Então por que não vem morar comigo? Eu estou tão só! – falou Marcos com cara de piedade.

– Coitado, que pena, sozinho! Vou pensar, apesar de estar acostumada na casa em que estou, ter companhia sempre é bom.

– Vou aguardar sua resposta.

– Está bem, vamos que eu tenho que trabalhar à tarde.

De volta para casa Júlio falou:

– Querida, estive pensando, não seria má ideia se você ficasse com Marcos até o final dos estudos dele. Assim teremos mais tempo para preparar a nossa casa e a clínica.

– Eu vou pensar, Júlio. Acho que vai ser bom. Assim Marcos não fica só.

À tarde já estavam trabalhando.

Clara foi logo ao quarto de Júlia, encontrando-a mais calma, embora seu quadro não apresentasse melhoras. Apesar de lembrar do marido, agora, em vez de dizer que nunca esteve grávida, segurava nos braços um lençol dizendo que era o seu filho.

– Viu, doutora, como ele é lindo?

– Sim, é muito bonito.

– Ele não vai chegar perto do meu filho, ele é muito mau, ele me bateu, me jogou longe.

Clara pensou: "Ela está se lembrando do que aconteceu, mas está tão perdida que dá pena. Como eu gostaria de poder fazer alguma coisa."

Júlia é libertada

Doutor Guilherme aproveitou a folga para ir à procura do pai de Júlia. Ernesto já não era mais o mesmo homem. Estava envelhecido, ganhara rugas pela preocupação com a filha.

Estava tão absorto em seus pensamentos que não percebeu que alguém havia entrado.

– Com licença, senhor.
– Sim, Roque.
– Patrão, aí fora está um homem que deseja falar com o senhor.
– Mande-o entrar.

Logo percebeu que era o médico que cuidara algumas vezes da filha.

– Com licença, senhor.
– Pois não, doutor, que bom revê-lo, é o doutor Guilherme, não é?
– Isso mesmo.
– No que posso servi-lo?
– Estou aqui por um motivo muito sério.
– Então fale, doutor, por favor.
– É sobre sua filha.
– Júlia? Ela apareceu?
– Sim, senhor.
– Onde ela está? – o senhor Ernesto quase não tinha forças

nem para falar, tamanha a sua emoção. – Ela está no hospital de novo, doutor? O que ela tem agora?

– Sua filha perdeu a criança.

– Como, doutor? Meu neto...

– É, ele nasceu prematuro. Eu não deveria estar aqui falando dessas coisas, mas estou preocupado com a situação dela.

– Fale, doutor, o que aconteceu?

– Fique tranquilo, vou contar, mas antes me desculpe por estar aqui.

– Eu é que peço desculpas. Acredite, não tenho paz, sinto-me culpado por tudo o que aconteceu! Mas por favor, fale logo, estou ansioso.

O médico contou tudo ao senhor Ernesto e o viu chorar.

– Eu não posso aceitar que aquele canalha tenha feito isto com a Júlia outra vez.

– Ele só a levou para aquele hospital porque outro médico atendeu ao chamado de urgência. O caso dela era delicado. Ela tentou tirar a vida tomando fortes medicamentos.

– De novo não!

– É senhor. E precisa de cuidados para não tentar outra vez, que poderá ser fatal.

– Eu preciso reparar o meu erro. Quero ver minha Júlia, doutor.

– Então vá logo, antes que seja tarde. Ele pode querer tirá-la do hospital e levá-la para longe.

O senhor Ernesto deu um pulo e se agitou:

– Nunca! Ele nunca mais vai chegar perto dela.

– O senhor se esqueceu que eles são casados?

– Não me importo! Ela virá comigo para minha casa.

– É, senhor, mas não pode esquecer que ela está fora de si.

– Preciso fazer alguma coisa por ela. Levarei-a onde for preciso, até trazê-la de volta, e aquele sem-caráter vai me pagar caro. Tenha certeza. Hoje mesmo eu vou procurar a justiça e vou fazer o que for preciso para que ele pague por este crime.

O médico no íntimo estava feliz, mas também preocupado pelo que Rogério poderia fazer, se descobrisse que foi ele quem procurou o senhor Ernesto. Mas estava com a consciência tranquila.

– Doutor, não quero pedir que vá embora mas precisamos nos apressar.

– Não se preocupe, eu estou de folga hoje, o senhor procure a doutora Clara que ela vai atendê-lo e, por favor, não comente com ninguém que eu estive aqui. Combinado?

– Fique tranquilo, ninguém saberá.

– Só mais uma coisa, senhor, sua filha...

– O que, doutor?

– Desculpe, acho que não tenho esse direito.

– Pode falar.

– Eu acho que ela só conseguirá a felicidade se ficar ao lado da pessoa que ama, o senhor sabe, não preciso falar. Desculpe mais uma vez.

– Não precisa se desculpar, o senhor tem razão. Eu já fiz a minha filha sofrer demais. Pode deixar que farei o melhor por ela.

Ernesto preferiu não contar nada para a esposa. Saiu acompanhado por Roque, logo chegando ao hospital, dirigindo-se à recepção.

– Por favor, preciso ver minha filha.

– Como ela se chama?

– Júlia.

– Senhor, o estado da sua filha é muito delicado, precisa tomar cuidado para não deixá-la mais abalada e piorar a situação.

– Não se preocupe, no momento, o que mais importa para mim é a recuperação de minha filha. Farei qualquer coisa por ela.

– Então pode subir.

Chegou próximo ao quarto e escutou alguém conversando. Bateu à porta e entrou. Lá estava Júlia embalando em seus braços um rolo de lençol como se fosse uma criança.

Ernesto, ao ver aquela cena, sentiu as lágrimas rolarem pelo seu rosto. Aproximou-se falando com cuidado:

– Como vai, filha?

– Bem, senhor, olha meu filho.

– Bonito.

– O senhor está chorando?

– Não, filha – enxugando os olhos. – Não é nada.

Ernesto não sabia o que fazer. Com muita tristeza pensava: "Como pôde isso acontecer? Uma moça como a Júlia, ficar assim, o que poderei fazer por ela?"

Neste momento Clara entrou no quarto:

– Com licença, boa tarde.

– Como vai doutora?

– Bem.

– Muito prazer, eu sou Ernesto, pai da Júlia.

– Eu já o conheço, da outra vez fui eu quem mandou chamá-lo.

– É verdade, eu estou tão pasmo que não me lembrei de imediato.

– Até que enfim o senhor chegou, talvez possa fazer algo por ela.

– Doutora, eu quero levar minha filha para casa, preciso cuidar dela.

– Vou examiná-la, conforme for, permitirei que vá para casa. Sinceramente, acredito que será melhor para Júlia permanecer ao lado de quem a ama. Ela já sofreu demais. Espero que o senhor tenha conhecimento sobre esse fato.

– Sei que fui culpado das desgraças que afligiram minha filha. Preciso levá-la embora, antes que o marido chegue.

– Esse é um problema. Quando ele chegar poderá fazer alguma coisa contra o hospital e, inclusive, contra mim.

– Vamos fazer o seguinte, quando ele chegar, diga para ele ir procurar minha filha em minha casa que eu vou estar esperando.

– Então vou providenciar a alta. O senhor aguarde, por favor. Chamou Gilda, a enfermeira, e pediu que preparasse a moça, voltando em seguida com os papéis da alta. O senhor Ernesto providenciou tudo e finalmente em pouco tempo retornava para a fazenda junto com sua filha Júlia.

Algumas horas depois Rogério entra no hospital, preparado para levar a mulher para o cativeiro. Encontrando outra enfermeira, Maria, pergunta:

– Boa tarde. Quero saber como está minha esposa.

– Qual o nome dela?

– Júlia.

– Não sei, senhor.

– Como não sabe? Você não está cuidando dela?

Meio sem jeito ela respondeu:

– É que o pai dela já a levou embora.

– Não pode ser!

– Foi sim, senhor.

– Miserável, chegou primeiro, mas isso não vai ficar assim, vocês vão me pagar caro.

Maria foi falar com Clara.

– Doutora, o senhor Rogério está aí e muito bravo, dizendo que vamos pagar caro. Ele está muito nervoso e pode ser agressivo.

– Não se preocupe, eu tenho muitas armas.

Saiu apressada, e ao vê-lo cumprimentou:

– Bom dia, senhor.

– Ainda vem falar bom dia? Eu quero a minha esposa aqui e agora.

– Para que, senhor? Para levar novamente para aquela casa que lhe serve de cativeiro?

– O quê?! Do que a senhora está falando?

– Do que o senhor estava fazendo com a Júlia. Eu sei de tudo e a polícia também. Se fizer alguma coisa, a polícia vai saber e saberá onde encontrá-lo.

Rogério saiu resmungando:

– Vocês vão me pagar, eu juro.

Saiu apressado e muito nervoso pensando no que faria para continuar tendo dinheiro para pagar as suas dívidas com os jogos.

Já na fazenda, andava de um lado para o outro em busca de uma solução: "Eu preciso viajar, fugir daqui, o pai dela pode querer cobrar de mim pelo que aquela 'infeliz' está passando."

Deu ordens aos empregados e foi para a cidade, onde se entregou decisivamente à vida de jogos de casa em casa, ganhando algumas vezes, mas perdendo sempre mais.

A prisão de Rogério

Na Fazenda do Pomar, Marcos já ficara sabendo sobre os últimos acontecimentos na vida de Júlia e providenciou os papéis, pedindo uma averiguação no passado de Rogério e descobrindo toda a falsidade, a vida na jogatina, os interesses que o moviam pelo dinheiro. Apesar de tudo, continuava triste. Sabia que Ernesto jamais aceitaria que se aproximasse de sua filha.

* * *

Ernesto, assim que chegou em casa providenciou para que a filha tivesse de tudo e foi para a cidade. Procurou também o cartório para tentar reverter a documentação que assinara passando a fazenda para o nome do Rogério.

Para isso, alegou os atentados contra a vida da filha e os maus tratos que ela sofrera, dizendo tratar-se de um inescrupuloso caçador de dotes. Entregou uma carta assinada pelos médicos com o registro sobre o estado de Júlia quando dera entrada no hospital nas duas vezes em que esteve internada. Algumas documentações que comprovassem a veracidade da denúncia foram pedidas, mas senhor Ernesto não sabia como consegui-las.

Voltou para casa preocupado, porém satisfeito com o primeiro passo que dera. Precisava apenas de encontrar provas que comprovassem que tudo o que dissera era verdade.

Com este pensamento, senhor Ernesto foi surpreendido por Roque acompanhado por um mensageiro, que lhe entregara um grande envelope.

"O que será isto?"

Abriu e lá estavam todos os papéis de que precisava e que pareciam ter caído do céu. Marcos enviara ao pai de Júlia, seguindo o pedido que ela havia feito em carta, com tudo o que o detetive que contratara descobrira sobre o passado de Rogério, o quanto devia, suas mentiras, seus golpes e suas dívidas em jogo.

"Meu Deus, que bom. Que anjo foi esse que veio me ajudar! Amanhã mesmo vou ao cartório e já resolvo tudo. Agora vou cuidar da minha Júlia. Faremos tudo para que ela se recupere logo e acorde para a realidade."

Dava pena ver a situação de Júlia. Com todo cuidado da mãe e de Marta, já se sentia mais forte, mas continuava alheia, segurando nos braços sempre algo que se passasse por uma criança.

Ernesto, como se programara, no dia seguinte bem cedo foi ao cartório, apresentando os documentos solicitados e conseguindo que aceitassem refazer os papéis referentes à compra da fazenda.

Muito tempo se passou e a moça permanecia na mesma.

* * *

ROGÉRIO SAIU DA fazenda revoltado. Dirigindo-se até a cidade, entrou numa casa de jogos, onde permaneceu até o dia amanhecer. Assim o fez por vários dias, perdendo muito dinheiro com a jogatina.

Na última noite, Rogério perdeu a fazenda para um dos fazendeiros da redondeza viciados em jogos. No dia seguinte o ganhador, chamado Fernando, foi à sua procura buscar a escritura da fazenda, indo depois ao cartório averiguar a documentação, constatando que a fazenda estava no nome do senhor Ernesto.

Acompanhado por seus capangas Fernando retornou à fazenda, onde prenderam Rogério arrastando-o para a prisão. E lá ficou por muito tempo. Enquanto isso a fazenda estava nas mãos dos empregados.

* * *

NUMA TARDE, ERNESTO sentiu-se mal quando visitava a plantação. Levado ao hospital onde Clara trabalhava, foi atendido por ela. Como ela era muito atenciosa com os pacientes, perguntou como estava Júlia.

– Ela está na mesma, doutora, sempre com um pano nos braços, andando de um lado para o outro.

– Algo de muito triste deve ter acontecido com ela no passado que a fez ficar assim. Não deve ser só pelo marido ou pela perda do bebê!

– Por que diz isso?

– Porque a psicologia explica que quando uma pessoa quer esquecer alguma coisa, um passado triste, ela acaba se desligando da vida. É a fuga da realidade, que pode voltar ao acontecer algo que mude a situação.

– É mesmo, doutora?

– Com certeza.

– Acho que sei o que aconteceu com minha filha.

– Posso saber?

– Claro. Ela gostava de um rapaz de quem eu não gosto da família. Não admiti que eles ficassem juntos. Ela sofreu muito e eu a empurrei para esse mau-caráter para que ela esquecesse do outro.

– E o que aconteceu com o rapaz de que ela gostava?

– Não sei, não o vi mais. Aliás, não o conheço. Só sei que ele é filho de outro fazendeiro com o qual não tenho contato há muito tempo. Acredite, doutora, eu faria qualquer coisa para ter a minha Júlia de volta.

– Posso fazer uma pergunta? Por que o senhor e a outra família não se dão bem?

– Essa é uma história muito longa, nós brigamos por causa de umas terras. Eu tenho até vergonha de contar. Eu e o Genésio nos dávamos muito bem. Ao lado da fazenda dele morava outro fazendeiro de nome Justino. Eu queria comprar as terras dele. Fiz de tudo, porque eu queria aumentar as minhas para criação de gado e o Genésio preparou uma emboscada para o Justino. Ele ia pôr fogo no casarão para as terras ficarem sem valor e ele comprá-las pagando menos. Só que eu fiquei sabendo e cheguei antes, fui eu com meus homens que fizemos o trabalho. Eu... Eu tenho medo de falar e... bem... Isso acabar me prejudicando.

– Fique sossegado que eu não falarei com ninguém.

– Vou confiar na senhorita. Faz muito tempo que não toco nesse assunto, mas vai me fazer bem desabafar com alguém: Eu não sabia que o Genésio tinha preparado tudo para tirar o Justino e a família da casa na hora do acidente, como cheguei antes, aconteceu o pior.

– Meu Deus! – exclamou a Clara com lágrimas nos olhos e pensou: "Coitado do meu pai, carrega até hoje a culpa de ter matado aquela família."

– A doutora está chorando?

– Desculpe, eu sou muito emotiva.

– Continuando... Eu queria ficar com as terras, mas Genésio chegou primeiro e eu não podia falar nada, que eu havia incendiado a fazenda. Ele pensou que foi um dos homens dele e mandou o rapaz embora, sem culpa. Tive que ficar calado e perdi a compra, entendeu agora?

– Entendi, só que os filhos não têm nada a ver com a briga dos pais.

– Hoje eu já entendo, mas antes não.

– Quer dizer que se eles se encontrassem de novo o senhor aceitaria?

– Talvez, para ver a minha filha curada.

– Obrigada, senhor, por confiar em mim. Mas agora eu peço licença, pois tenho pacientes me esperando. Ah! O senhor me permitiria cuidar de sua filha?

– Obrigado por me ouvir, realmente estou me sentindo bem melhor. Parece que tirei um peso dos meus ombros. Quanto a cuidar de minha filha, vou ficar eternamente agradecido se puder. Não confiaria a minha filha a mais ninguém, que não à senhora, doutora e também ao doutor Guilherme.

– Que bom! Vou preparar-me para logo visitá-los. Agora descanse, o senhor está necessitado. Até logo, senhor.

– Passe bem, doutora.

Clara saiu chorando.

– Meu Deus, quanto sofrimento. Meu pai pagou caro e agora eu fico sabendo de tudo o que aconteceu...

Saiu pelo corredor pensativa, encontrando-se com o doutor Guilherme.

– Bom dia, doutora.

– O senhor me assustou.

– Realmente, você estava tão longe que nem percebeu a minha presença.

– O senhor não sabe o que aconteceu.

– Conte-me que ficarei sabendo.

– Nem sei se devo, eu prometi...

– Conte-me como seu médico e guardarei segredo.

– Está bem. Vamos à minha sala que eu falarei.

– Estou ficando preocupado.

– É um segredo que envolve minha família.

– Você que sabe, se não quiser, não precisa contar.

– Não! Eu conto! Vai me fazer bem e eu confio no senhor.

– Obrigado pela confiança.

Já dentro da sala, ela acomodou-se e falou:

– Sente-se doutor, por favor.

Clara narrou toda a história sem omitir nada.

– Meu Deus, estou pasmo.

– Imagine eu que passei por tantas coisas como estou me sentindo! Agora não sei o que fazer. Eu preciso contar isto para o Marcos, mas logo agora ele foi passar o fim de semana na fazenda.

– Vá lá amanhã.

– É muito longe e a viagem é cansativa.

– Então vá hoje à tarde.

– Mas eu estou de plantão.

– Deixa comigo, eu cuido disso para você.

– Então eu vou me preparar. Ele precisa saber.

Clara saiu do consultório apressada para falar com Júlio, encontrando-o no corredor.

– Oi, querida, já estava indo me despedir de você.

– Também estou saindo.

– Como? Você não estava de plantão?

– O doutor Guilherme me deu folga. Eu tenho que ir para a fazenda, mas antes, preciso falar com você.

– Eu vou acompanhá-la até a fazenda.

– Que ótimo, assim eu conto no caminho.

– Então vamos.

Clara explicou tudo ao noivo, que ficou pensativo. Ela acrescentou:

– Você viu como nossos amigos espirituais nos ajudaram?

– É mesmo, Clara, com tudo isso, quem sabe Marcos tem uma chance de um dia ficar com a Júlia. E ele, como está?

– Triste.

– E você, está gostando de morar com ele?

– Estou, é muito bom ter companhia.

– Eu também gostei muito. Me preocupava com você, sozinha.

– Eu acho difícil o Marcos melhorar daquela tristeza.

– Para Deus nada é impossível.

– Também acho, mas você precisava ver como a Júlia estava na hora de ir embora, com aquele pacote na mão. Antes dizia que não tinha filho, depois, agarrou aquele lençol como se fosse uma criança, que ninguém conseguiu tirar. Dá pena, já pensou quando do ele ficar sabendo o que o pai dela me contou?

– Claro, eu tenho algo para fazer e queria mesmo que fosse logo.

– E posso saber o que é? Você está com cara de quem está aprontando alguma coisa. Segredo, não vale!

– Depois você vai ficar sabendo – respondeu sério e em seguida brincou: – Você ficou triste?!

Caíram na risada.

– Sua bobinha, estou brincando. Quando você vai tirar suas férias?

– O mês que vem eu tiro quinze dias, por quê?

– Vou pedir as minhas, pois eu já tenho duas vencidas. Logo vence a terceira e pensei em tirarmos férias no mesmo período. Assim ficaremos juntos as férias inteiras.

– Eu juro que não vou achar ruim.

– Então vamos comer alguma coisa, antes de ir para a fazenda. Estou com fome.

– Que tal na minha casa, Júlio?

– Eu acho ótimo.

– Então vamos comprar algumas coisas.

Saíram felizes. Logo após se alimentarem, rumaram ansiosos para a fazenda.

* * *

Percebendo a chegada da irmã, Marcos estranhou. Ela não havia falado nada que viria para a fazenda. Correu em sua direção:

– O que aconteceu, mana?

– Nada, vim matar a saudade.

– Mas você não estava de plantão?

– Peguei folga.

– Estranho! Alguma coisa está errada.

– Bobo, não se preocupe, eu gosto de vir para cá.

– É, mas aí tem coisa.

Clara cumprimentou aos pais e o Beto, assim também fazendo Júlio. Ficaram conversando e o tempo passou rápido, indo todos se deitar. Na manhã seguinte, sábado, Júlio foi dar uma volta na fazenda com Beto, enquanto Clara procurava pelo irmão.

– Marcos, eu preciso falar com você.

– Eu sabia! Diga logo o que foi, deve ser coisa séria, você nem esperou eu voltar.

– Aconteceu uma coisa incrível.

– Fala logo.

– Calma, eu vou contar. Sente aqui na rede e me ouça.

Marcos ficou olhando para a irmã, ouvindo tudo boquiaberto. Surpreso, ao final comentou:

– Como essas coisas podem acontecer? Nosso pai sofrendo esse tempo todo a culpa do que não fez. E o Justino não sabe? Por quê?

– Eu acho que ele não tem entendimento, como foi o papai que comprou a casa, ele achou que foi ele.

– E será que o pai da Júlia vai mesmo me aceitar?

– Foi o que ele disse, que faria tudo para a filha voltar a ser como antes.

Depois da conversa com a Clara, Marcos deitou-se na rede e adormeceu. Em sonho, via Júlia ao longe sentada num banco de jardim com uma criança nos braços. Ele conversava com ela, mas ela não respondia, como se ele fosse um estranho.

– Sou eu, querida, Marcos.

Mesmo assim ela não se manifestava. Ao levantar-se para sair, Marcos deu de encontro com um homem idoso, que lhe disse:

– Não desista, rapaz. Confie e não se esqueça de pedir forças. Espelhe-se em Jesus.

– Mas, senhor, ela não se lembra de mim, nem de ninguém.

Marcos acordou sem entender o sonho. Marcos retornou para a sala, pensativo.

– O que foi, mano?

– Eu sonhei com a Júlia, ela estava sentada no banco do jardim com uma criança no colo, mas não me reconheceu.

– Não se preocupe – falou Júlio tentando consolar o amigo. – Isto é passageiro.

– Será?

– Com certeza, espere e verá.

– Marcos, você volta conosco amanhã?

– Volto sim. E aí, descansaram?

– Sim, repus as energias e Clara também, está até mais bonita.

– Seu bobo, já começou, é?

– Mas é verdade.

Marcos interrompeu a brincadeira:

— Clara, o pai da Júlia sabia que você era minha irmã?

— Não, claro que não, senão, não teria falado nada.

— Eu sabia, era bom demais.

— Mas isso não importa. Ele já está mudando e quem sabe ele resolve aceitar você.

— Eu me sinto preso, sem nada poder fazer pela minha amada. E ela, Clara, como será que está?

— Ele disse que não mudou nada, mas pelo menos está com os pais e longe daquele homem desprezível.

— Então eles estão separados?

— Acho que sim, mas não sei o que aconteceu com ele.

— Graças a Deus, fico mais tranquilo.

— Tenha esperança e paciência que você vai vencer.

— É só o que eu tenho, mana.

— Então vamos almoçar que já está na mesa – falou dona Ruth, que entrando na sala ouviu o final da conversa.

— Vamos, minha mãe, aposto que preparou aquele banquete.

— E não é para fazer isto? Afinal, não é sempre que estão comigo! Meus filhos reunidos é motivo para festa, apesar de estar faltando o Toni, mas eu tenho dois outros que ganhei.

— Obrigado, senhora, eu e o Beto agradecemos a consideração.

— Você sabe que todos nós temos muita gratidão por você e além de tudo vai ser meu genro.

— Mãe! O que é isso? Assim a senhora me deixa sem jeito.

— Você sabe, querida, que é verdade, e da minha parte seria logo.

— Vamos mudar de assunto e vamos ao almoço. Temos muitas coisas para fazer.

— É mesmo, preciso descansar – falou Júlio fazendo graça.

— Ha, ha, ha! – falou Clara – muito engraçadinho, você.

Todos caíram na gargalhada.

— Parem de rir de mim, tá vendo, mãe, eles estão rindo!

— Não, filha, eles só estão alegres.

— Desta vez vou deixar passar.

E assim passaram o dia. Já era noite quando desceram para o

jantar e depois se retiraram para a sala de música para conversarem. Foi quando senhor Genésio comentou:

– Clara, quero ir para a cidade com você para ver como está a clínica.

– Está ficando uma beleza, por isso que eu não quero pressa. Pai, eu tenho uma coisa para falar com o senhor, é confidencial.

Todos ficaram curiosos.

– Não posso falar com vocês sem a permissão do meu pai.

– Filha, estou ficando assustado.

– Eu sei, mas vai ser importante.

Clara foi com o pai à biblioteca e contou para ele tudo o que o pai da Júlia havia lhe falado. Extremamente emocionado, senhor Genésio chorou muito e reviveu toda a dor da culpa que carregara por aqueles anos todos.

– Eu sofri tanto, filha, achando que eu tinha tirado a vida daquela família e agora eu fico sabendo que não sou culpado! Vou me sentir mais leve, mas mesmo assim...

– Graças a Deus, pai, não sofrerá mais.

– É verdade, isto vai me deixar em paz, mas apesar de saber que não fui eu, ainda me sinto triste pelo que aconteceu; sei que não fui correto.

– Mas não fique sofrendo, o tempo ajuda a apagar.

– Eu sei, mas tem outras coisas que me preocupam. Mandei embora o Joaquim achando que ele havia ateado fogo. Ele era um homem honesto e bom, e não sei o que aconteceu com ele. O que eu fiz com o Marcos, também, isto está tirando o meu sono!

– Ele não esqueceu, não é?

– Não, filha, parece que ele nunca vai conseguir apagar o que eu fiz, ele está infeliz e me corta o coração. Eu queria ver vocês todos felizes! Sei que você está, mas ele não. Está abatido e envelhecido. Parece que a vida não lhe tem mais sentido.

– Eu vou contar mais uma coisa, o senhor Ernesto disse que para a Júlia melhorar ele até aceitaria a pessoa que ela ama.

– Mas ela não está casada, filha?

– Não, pai, desculpe, eu não tinha contado para o senhor.

– Contado o quê?

– Ela perdeu a criança porque apanhava do marido. Ele a trancava numa casa estranha.

Clara narrou tudo o que havia acontecido.

– Até parece que eu e o Ernesto estamos pagando pelo que fizemos.

– Pai, tudo que fazemos retorna para nós.

– Eu acho que é assim mesmo, filha. Não fale essas coisas para os outros, é melhor que eles não saibam.

– Fique tranquilo, não direi nada.

Voltaram à sala, todos estavam esperando que Clara dissesse alguma coisa.

– E então, mana, não podemos saber qual é o segredo?

– Não, é sobre a clínica que eu estou montando.

– Não acho que é só isso, vocês estão diferentes.

– Não, filho, é impressão sua, tranquilize-se, não é nada.

Na manhã seguinte, Clara, Júlio, Marcos e Beto foram cavalgar pela fazenda, admirando a beleza das plantações, dos pássaros e observando o quanto as terras estavam bem cuidadas.

– Mano, você é um ótimo administrador – elogia Clara.

– Foi para isso que estudei. Mas agora é o pai e o Beto que cuidam de tudo isso. Logo vou me formar em definitivo e estarei de volta.

– E eu vou sentir sua falta.

– Eu sei, mas é preciso que eu volte. O pai já está cansado, e olha que ele tem a ajuda do Beto, do Juvenal e do senhor Paulo, e são todos muito bons.

– Eu sei, mano, aqui tudo é muito belo e vocês bons demais.

Mais tarde, já reunidos na sala:

– Tudo pronto? Vamos, Clara?

– Vamos, Júlio, deixa eu dar um abraço bem forte em meu pai, beijos na minha mãe e um abraço no meu novo irmão, Beto.

– Obrigado pelo carinho, Clara, você é uma irmã muito especial, ainda bem que Marcos aceita dividi-la comigo.

– Mas só um pouquinho – brincou Marcos.

Todos se despediram e os três seguiram viagem.

Júlio foi com os dois irmãos até em casa. Marcos foi para o quarto para deixar o casal mais à vontade. Júlio comentou:

– Clara, eu admiro muito a sua família, são pessoas incríveis e fico feliz em fazer parte dela.

– Que bom, querido, tudo parece um sonho, eu que sou privilegiada por tê-lo ao meu lado. Obrigada.

Júlio sem responder abraçou a noiva e num longo beijo mostrou o quanto a amava.

Rogério enfrenta nova realidade

Júlia continuava andando com o pacote nos braços, embalando-o, e Marta não aguentava vê-la assim.

Os dias se passaram sem nenhuma melhora. Seu Ernesto foi à cidade e ficou sabendo do abandono em que se encontrava a Fazenda do Riacho. Apressou-se em tomar providências, substituindo os empregados por pessoas de sua confiança, mas ficando com Luzia e Maria.

Voltou para casa mais despreocupado, mas por dentro tinha uma revolta, tinha vontade de encontrar com Rogério e dizer muitas coisas a ele. Como não conseguiu, foi à prisão procurar pelo delegado para contar sobre tudo o que ele havia feito com sua filha e com a fazenda, o que pesou e muito contra o acusado.

* * *

Ao sair da delegacia, e chegando à Fazenda do Riacho, Rogério encontrou outras pessoas, que o impediram de entrar.

– O que é isso? Quem são vocês?

– Trabalhamos para o senhor Ernesto e ele agora é o dono de tudo.

– Não pode ser, o que será que ele fez?

Voltou para cidade para procurar saber. Realmente tudo estava no nome do sogro, o que o deixou furioso, fazendo com que fosse imediatamente falar com Fernando, o credor que ficaria com a fazenda, que já estava à sua procura. Rogério bem que tentou explicar sobre a fazenda que voltara ao nome do sogro, mas ainda mais irritado, o homem não quis conversa. Levou-o para prisão novamente. Só queria saber das terras que seriam dele.

Rogério não sabia o que fazer. Não tinha a quem recorrer. Depois do que fez com a Júlia, não poderia pedir socorro ao sogro. Quanto aos seus pais, nem sabia onde encontrá-los. Eles também nunca procuraram por Rogério!

Sem dinheiro, sem amigos, devendo para muita gente, Rogério perdeu a esperança de sair da prisão e se ver livre de seus credores. Seis meses depois, resolveu dar fim à situação que não mais suportava, deu guarida à ideia de acabar com a própria vida. Dias depois, o delegado enviaria uma correspondência ao senhor Ernesto, dando-lhe notícias sobre o acontecido.

Ernesto ficou surpreso com a notícia, que não deixava de ser muito triste. Ver uma pessoa acabar assim com a vida! Mas no fundo, viu que poderia respirar mais aliviado, sem ter o risco daquele homem ainda tentar alguma coisa contra sua filha!

Resolveu não contar nada para Júlia, já que a sua situação era muito delicada, não imaginando qual seria sua reação diante da notícia.

* * *

TODOS OS DIAS o senhor Ernesto permanecia ao lado da filha por horas. No fundo, sua consciência pesava: "Como eu queria voltar no tempo para fazer tudo diferente..."

Sua esposa chorava muito e o culpava pelo que aconteceu, diante do que ele se calava. Às vezes tentava argumentar:

– Eu sei, Adélia, eu sei que tudo podia ser diferente. Mas agora não adianta lamentar! É só esperar! Quem sabe um dia ela volta à realidade e ainda possa ser feliz!

* * *

ERA O ÚLTIMO dia de aula. Marcos levantou cedo e foi para a faculdade. Sentou-se pensativo: "Como seria bom se eu visse a Júlia! Mas como?" Por um instante teve a sensação de ver um homem à sua frente, esboçando um leve sorriso e desparecendo em seguida:

– Meu Deus, será que estou ficando louco agora?

Marcos já tinha completado seus estudos, faltando agora só a formatura no fim do mês. Voltou para casa, onde conversou com a irmã sobre a ansiedade de voltar à fazenda.

Esperou impaciente e tão logo se encerraram as festividades da formatura, Marcos voltou para a fazenda, assumindo a administração. Clara continuou no apartamento do irmão e assim mais alguns meses se passaram.

Certo dia, estando trabalhando com seu pai e empregados, Marcos sentiu vontade de ir até o bosque. Pensou em acabar o serviço e ir até lá. Passado pouco tempo, já nem mesmo conseguia se concentrar para acabar o que fazia. Não demorou a conversar com o pai:

– Pai, eu vou para casa, preciso descansar um pouco. O senhor fica com os outros?

– Claro. Mas você não está bem, filho?

– Estou sim, fique tranquilo.

Saiu apressado em direção ao bosque e lá chegando sentou-se no lugar de sempre. Deixou seu pensamento voar como um pássaro e as lágrimas rolarem pelo rosto. Ele estava longe.

O REENCONTRO

Na Fazenda Danúbio, Júlia embalava seu filho imaginário quando Marta entra no quarto e pergunta:
– Dona Júlia, por que não sai um pouco para dar uma volta?
– Eu?
– Sim, vamos de charrete.
– E meu filho?
– Deixa com sua mãe.
– Não! Não! Eu quero ficar com ele.
– Então vamos com ele.
– Se você me deixar levá-lo eu vou.
– Então levante, vamos.
– Aonde vamos, Marta?
– No bosque.
– Ah! Eu quero, vamos.
Sem saber por que, Júlia ficou feliz. No quarto, o bom velhinho de sempre, que procurava sempre ajudá-la lhe inspirava:
– Venha comigo, eu tenho algo para lhe mostrar.
– O quê?
– Você vai ver.
– Com quem a senhora está falando, dona Júlia?
– Com ele.
– Ele quem?

– O homem que sempre aparece para mim.

– Ah, sei.

Marta estava com medo; apesar de entender um pouco sobre a existência de espíritos, sentiu arrepio.

– Vamos, Marta, ele quer me mostrar uma coisa, rápido, ele está com pressa.

Marta pensou: "Ai meu Deus, ele vai junto? Por que estou assim tão arrepiada? Deixa para lá, vou com ela."

Saíram e Marta foi falar com dona Adélia:

– Senhora, vamos dar uma volta.

– Ora, vai ser bom para minha filha, quem sabe ela melhora! Já faz quase um ano que ela está assim.

– Fique tranquila que ficarei ao lado dela.

Foram para o bosque. Júlia estava longe em pensamento quando os cavalos passaram no lugar em que ela havia caído, embora nesse momento ela estremecesse como se tivesse visto alguma coisa.

– O que foi, senhora?

– Estranho, eu me vi caindo de um cavalo.

– Graças a Deus! Você está lembrando.

– Pare os cavalos. Segure meu filho, eu vou ver uma coisa.

– O quê?

– Um rosto.

– Que rosto? – perguntou Marta.

Júlia já estava fora da charrete.

– De um homem, mas não é aquele mau, é outro.

– Está bem, agora suba. Temos que continuar.

Ela estava com um olhar tranquilo, de felicidade.

– O que foi?

– Nada!

Seguiram em frente e já estavam perto do bosque, quando Júlia começou a cantar. Fazia tempo que ela não demonstrava estar tão feliz! Marta estranhou e ficou observando aquela voz tão serena.

Marcos que estava ali perto se assustou: "Meu Deus! Esta voz... Devo estar sonhando!"

Levantou-se e saiu correndo na direção, não contendo seu espanto:

– Júlia! É você?

Júlia assustou e se encolheu como uma criança medrosa.

– É ele! – exclamou. – Não deixe-o tomar meu filho.

– Não, dona Júlia, este é outro.

– Outro? E quem é?

– É o senhor Marcos.

– O que você disse?

– Eu disse que esse é o senhor Marcos.

Júlia ficou olhando desconfiada. Aquele nome não lhe era estranho, mas não o estava reconhecendo. Aproximando-se mais ele falou:

– Olhe para mim, você sabe quem eu sou? – Pegou no queixo dela e as lágrimas corriam pelo seu rosto. – Querida, sou eu, Marcos.

Deu a mão para ela, que desceu da charrete e encostou a cabeça em seu peito. Olhando para o rosto dele, falou:

– Você voltou, querido!

– Sim, voltei, estou aqui. – Marcos colocou a mão no rosto de Júlia, deu um beijo apaixonado e ela correspondeu desmaiando em seguida.

Marcos carregou-a nos braços até o riacho. Apoiou a cabeça da amada em seu colo e com as pontas dos dedos molhava o seu rosto com muito carinho, o que a fez abrir os olhos:

– É você, Marcos? Eu estou sonhando. – Júlia não conseguia manter-se acordada. Como numa vertigem, ela perdia e retomava os sentidos. Marta estava deslumbrada com a beleza do rapaz e principalmente com o carinho com que ele cuidava da moça. Pensou: "Que diferença! Dava medo só de ficar ao lado do outro! Meu Deus, é um milagre, parece que ela está voltando!"

Marcos com muita calma aguardava alguma reação da Júlia. Ela acordou meio confusa pelo choque que levou, por estar nos braços da pessoa amada.

– Acho melhor você levá-la para casa, ela está muito fraca – Marcos aconselhou.

– Mas vocês ficaram tanto tempo sem se ver e já vão se separar?

– Tenho medo de ela não aguentar. Traga-a amanhã e estarei aqui esperando por vocês.

– O senhor está certo, então voltaremos amanhã.

– Até logo, querida – beijou-a apaixonado. Ela estava feliz. Olhava para o rapaz sem dizer nada, mas com muito carinho.

– Até amanhã.

Júlia levantou com os olhos parados como se estivesse nas nuvens. Segurando suas mãos, Marcos colocou-a na charrete esperando que as duas partissem.

Pensando estar em um sonho, Marcos ficou ali, parado. Queria gritar, mas a voz não saía. Correu em direção ao riacho e pulou na água com roupa e tudo, saindo depois apressado em direção à fazenda. Dando rodopios de tanta felicidade, ao chegar na frente da casa viu a sua mãe, que se assustou com a sua atitude pouco comum, ficando até mesmo com medo: "Será que agora meu filho ficou louco?"

– O que foi, filho?

– Estou tão feliz, mãe, encontrei meu amor.

– Seu amor?

– É, a Júlia.

"Minha Virgem Santíssima, acho que ele realmente ficou louco!"

– Meu filho, você está bem? Você não vê a Júlia há muito tempo, você sonhou com ela?

– Não, mãe, eu a encontrei no bosque, de verdade.

– Que bom, filho! Mas como isso foi acontecer?

– Foi Deus, mãe. Tenho certeza que foi um presente! Deu-me uma vontade muito grande de ir até lá, justamente quando ela também estava, e tudo indica que depois de muito tempo! Parece que ela vai melhorar. Estou tão feliz, mãe, ela me reconheceu e amanhã vou vê-la de novo!

– É muito bom te ver sorrir. Deus ajude que você fique sempre assim.

– Mãe, não fale nada para o pai.

– Está certo.

* * *

Júlia chegou em casa sem o filho imaginário, um pouco quieta mas consciente.

– O que aconteceu?

– Nada, senhora.

– Como nada? Minha filha voltou diferente.

Marta estava com medo de contar.

– Fale, menina.

– Eu não sei se posso.

– Pode e deve, vamos, diga!

– Eu... eu tenho medo do patrão achar ruim.

– Não, Marta, meu marido mudou muito e se algo aconteceu que fez com que Júlia melhorasse, ele não vai achar ruim.

– Ela encontrou no bosque o rapaz de que ela gostava; a senhora precisava ver como ela ficou! Parece que começou a se lembrar das coisas, talvez agora ela volte a viver feliz.

– Deus a ouça, Marta, Deus a ouça.

– Dona Júlia já sofreu tanto! Acho que foi isso fez ela ficar assim. Mas tenho fé que agora ela vai melhorar!

Marta levou-a para o quarto. Júlia entrou cantando e rindo.

"Meu Deus, isto é um milagre – pensava Marta. – Também, com aquele homem lindo, quem não ficaria feliz?"

Mais tranquila, Júlia, deitou e dormiu, só acordando para o jantar.

– Acho que dormi muito.

– Dormiu sim, senhora, já está na hora do jantar.

– Eu vou tomar um banho e vou descer.

– Que bom, seu pai vai ficar feliz.

Ela não falou nada. Dona Adélia e seu Ernesto já estavam à mesa quando ela desceu.

– Minha filha! Você veio jantar conosco!

– Sim.

– Você está bem? O que aconteceu?

– Nada, estou bem, só me sinto fraca.

Olhando para o marido que estava espantado com a mudança da filha, dona Adélia explicou:

– É uma história longa, depois eu conto.

Continuaram o jantar felizes e foi num ímpeto que Júlia lembrou-se de Rogério e sem que ninguém esperasse, perguntou:

– Pai, eu estou bem, mas sei que vai durar pouco, quando o Rogério vem me buscar?

– Nunca, filha.

Júlia ficou surpresa.

– Como nunca? Eu não sou a mulher dele?

– Agora você não é mais.

– Por quê? O que aconteceu?

– Ele está morto.

– O senhor o matou?

– Eu não, filha, ele se matou.

– Meu Deus, até que ponto ele chegou!

Respirou fundo e disse:

– Perdoe-me meu Deus, mas estou feliz por não ter que voltar para o lado daquele homem.

– Agora você está livre para encontrar a pessoa que você ama.

Júlia criou coragem e falou:

– Eu já encontrei.

– Encontrou? Onde?

– No bosque.

– Ah, então foi isso que a fez se lembrar de tudo e acordar para a vida?

– É pai, foi ele quem me fez voltar a viver. Tem algumas coisas que eu ainda não lembro, mas já estou me sentindo melhor.

Depois de alguns minutos de silêncio, ela tornou:

– O senhor não vai falar nada?

– Não, Júlia, agora eu quero que seja feliz. Não quero vê-la chorar, só se for de alegria.

Júlia de repente se jogou em cima do pai, dando-lhe um abraço, coisa que nunca havia feito.

O senhor Ernesto se surpreendeu com a reação da filha, que

entre lágrimas falou – minha filha, como pude ser tão cruel?

– O senhor está chorando?

– Sim, filha. Mas é de alegria por vê-la bem. Conte-me, como aconteceu?

– Eu não sei direito, quem sabe é a Marta.

– Eu conto para você, Ernesto – falou a esposa, que narrou toda a história que Marta havia lhe contado.

Logo após o jantar todos reunidos, senhor Ernesto se manifesta:

– Eu preciso sair, tenho algo para fazer. Adélia, pede para o Roque preparar o carro.

Adélia estranhou a atitude do marido, mas não quis fazer perguntas.

* * *

Na Fazenda do Pomar, Marcos encontra todos reunidos e aproveita para contar o que havia acontecido.

– Eu fico feliz por você e faço bom gosto que tudo se resolva.

– Eu estou muito feliz pai, voltei a viver.

Nesta conversa, entra o Juvenal dizendo:

– Com licença, senhor, tem um homem lá fora querendo falar com o patrão.

– Mande entrar.

Em seguida retornou acompanhado:

– Com licença.

– Pois não.

O senhor Genésio viu ninguém mais que Ernesto à sua frente e não acreditou:

– Você?!

– Genésio, sou eu mesmo, vim reparar meu erro.

Marcos conhecia o pai da Júlia de vista e ficou assustado.

– Boa noite, meu jovem. Senhora, como está? Boa noite, rapaz – falou cumprimentando o Beto, todos responderam e ele continuou:

– Eu gostaria de falar com os senhores.

— Sente-se e vamos ao assunto.

— Eu fiquei sabendo algum tempo atrás que seu filho e a minha filha Júlia estavam se gostando e eu fui contra. Com isto fiz muita coisa que não devia, que prejudicaram a pessoas que eu amo e também a mim. Quero pedir desculpas e dizer que ficaria feliz se o jovem Marcos aceitasse minha filha em casamento, com a sua permissão, Genésio.

Marcos perguntou:

— Como senhor? Ela não é casada?

— Não, agora não é mais, o marido dela está morto há mais de sete meses.

Ele levantou e abraçou o senhor Ernesto, dizendo:

— Obrigado, senhor, eu amo sua filha mais do que a minha própria vida. Isso até parece um sonho.

Foi a vez do pai do Marcos falar:

— Eu também, Ernesto, fiz meu filho sofrer e hoje quero que saiba que darei a minha bênção e quero muito que eles se casem e me deem netos, logo.

— Obrigado, pai.

— Não me agradeça, filho, esta é a minha obrigação e preciso fazer muito mais para voltar a ter a minha consciência tranquila.

— A minha também, Genésio. Mas preciso falar uma coisa que me pesa muito.

— Se for do passado, não precisa, eu já sei.

— Como já sabe?

— Minha filha me contou.

— Sua filha? Como ela sabe?

— Você falou para ela num desabafo.

— Mas eu não conheço sua filha.

— Conhece sim, Ernesto, é a doutora Clara.

— Não acredito! Aquele anjo é sua filha?

— É ela mesma.

— Que bom, assim não terei que lembrar tudo de novo.

— Sabe, Ernesto, eu tomei uma decisão. Naquelas terras que comprei vou construir uma clínica para a minha filha cuidar dos pobres e criarei gados para o sustento dos que não têm como comprar leite e carne.

– Conte comigo e com a mão de obra dos meus empregados.

– Então, deem as mãos – falou Beto empolgado.

Os dois se abraçaram, dona Ruth e o Marcos choraram de alegria.

– Então vamos logo providenciar esse trabalho.

Marcos se empolgou:

– E eu serei o administrador dessa tarefa, que sinto também ser minha.

– Amanhã venha à minha casa. Quero fazer uma surpresa para a minha filha e mostrar algo a você.

– Está bem.

Despediram-se todos. Marcos não acreditava no que estava acontecendo. Sentou-se pensativo. Ao olhar do lado percebeu a presença do espírito que ele havia visto na faculdade. Teve a impressão de vê-lo ladeado por duas entidades que lhe olharam e depois saíram andando.

Antes de acompanhar os dois irmãos, a entidade iluminada, olhando para Marcos, deixou seu recado: Agora é o momento de ser feliz, aproveite bem esta oportunidade, até breve. E sorridente desapareceu.

O rapaz subiu para o quarto. Não sabia o que fazer. Andava, deitava, levantava e passou grande parte da noite impaciente.

Logo pela manhã levantou-se e se arrumou. Estava mais bonito que antes. Sua mãe já estava à sua espera com o café da manhã.

– Filho, estou contente por você, Deus o abençoe e que tudo dê certo.

– Vai dar, mãe, tenho certeza.

SÓ O AMOR VENCE O ÓDIO

Ernesto, logo que acordou, pediu para chamar por Marta:
– Marta, arrume a Júlia bem bonita que eu tenho uma surpresa para ela. Não conte para ninguém.
– Está bem, senhor, eu já vou prepará-la.
Entrou no quarto. Júlia dormia como um anjo.
– É hora de acordar, vamos levantar que eu tenho algo para a senhorita. Desculpe, mas eu não consigo lhe chamar de senhora.
– Nem precisa, Marta, chame-me só de Júlia.
– Assim também não. Vamos, eu quero que fique bem bonita que nós vamos passear.
– Já, cedo assim?
– É, cedo assim. Vamos à casa do sinhozinho Marcos, não vamos?
– Você é louca? E se os pais dele não aceitarem?
– Vão aceitar sim, fique sossegada que vai dar tudo certo.
Júlia tomou banho, vestiu um lindo vestido cor de rosa e prendeu seus lindos cabelos louros com uma presilha dourada. Estava deslumbrante. Descendo, sentou-se à mesa para o café junto com os pais.
– Filha, você está linda, por que tão bela?
– Vou dar umas voltas com a Marta.

– Peça para o Roque preparar o carro.

Queriam fazer uma surpresa para Júlia.

– Filha, antes venha até a biblioteca.

– Vamos. Você espere um pouco, Marta?

– Claro, fique à vontade.

Entraram na sala, conversaram muitas coisas dando tempo para a chegada de Marcos. Ernesto ouviu o barulho do carro e pensou "deve ser ele quem está chegando".

Marcos chegou à porta e dona Adélia ficou parada olhando a beleza do rapaz e, ao mesmo tempo, lembrando-se de que já havia visto aquele rosto em algum lugar.

– Bom dia, senhora.

– Bom dia, meu jovem, como vai?

– Bem, vim falar com o senhor Ernesto.

– Sente-se, vou chamá-lo.

Dona Adélia foi até a biblioteca, bateu e, entrando, falou:

– Ernesto, está aí um rapaz que deseja lhe falar.

– Estou indo. Vamos, filha.

Deu o braço à filha e caminharam juntos em direção à sala. Júlia olhou para frente e lá estava Marcos. O coração dela disparou com tanta força que precisou firmar-se melhor no braço do pai.

– O que foi, filha?

– Estou mole, meu coração está disparado.

– Fique calma. Fui eu que pedi para o rapaz vir falar comigo.

– Por que, pai?

– Logo saberá.

E aproximando-se de Marcos o cumprimentou:

– Como vai, meu rapaz?

– Bem, senhor – e dirigindo-se à Júlia: – Senhorita, como está? – perguntou beijando-lhe as mãos.

– Muito bem – ela estava trêmula. – E você?

– Estou bem.

"Meu Deus, devo estar sonhando, Marcos na minha casa?"

– Filha, a partir de hoje você tem minha autorização para noivar o Marcos.

– Pai!!! – gritando, caiu desmaiada.

Ernesto levantou a filha colocando-a sentada, que em instantes voltou a si. Encontrava-se muito frágil ainda por tudo o que passou, mas estava bem, apesar de tudo.

– Sente-se, rapaz, ela já está bem. Vamos deixá-los a sós. Sei que vocês têm muito o que conversar. Almoça conosco?

– Sim, obrigado. Vou dispensar o Juvenal.

Com sua amada nos braços, voava como um pássaro.

– Ju, estou muito feliz!

– Eu também, Marcos.

– Seu pai nos falou que seu marido morreu, é verdade?

– É sim, ele morreu na prisão. Ele só podia acabar deste jeito. Mau como era. Mas não quero falar nele. Sofro muito quando lembro tudo o que passei.

– Então vamos falar de nós dois!

– É melhor. Eu acho que estou sonhando, que a qualquer hora vou acordar.

Ficaram ali como dois pombinhos. As horas passaram que nem perceberam.

– Como é bom ver a nossa filha feliz!

– É mesmo, Adélia, agora estou em paz.

– Vamos descer, o almoço deve estar pronto.

– Depois do almoço vou sair, vou levar o Marcos para conhecer a Fazenda do Riacho.

E assim fizeram. Depois do almoço, foram para outra fazenda, que estava diferente. Senhor Ernesto tinha providenciado mudanças. Parecia um paraíso, com um lindo jardim na entrada! A casa estava um sonho, com lareira, sala de música, um amplo salão de festas e vários empregados.

Mandou derrubar a casa onde Júlia ficou presa e pediu para fazer outra muito bonita, toda com jardim em volta.

– Quero que se case com minha filha e venha morar aqui. Eu tinha esperanças de que um dia vocês se encontrassem, por isso eu preparei tudo.

– É muito linda. Preciso conversar com meu pai.

– Fale com ele, filho, eu espero a sua resposta. Vamos falar também com a minha filha.

– Como queira, senhor.

Chegaram em casa, tudo pronto para o jantar, e senhor Ernesto falou para Júlia:

– Filha, eu levei Marcos até a Fazenda do Riacho.

Júlia ficou paralisada e com cara de assustada.

– Eu gostei muito, é muito linda.

– Não, pai, aquele lugar me assusta.

– Filha, aquela casa não existe mais. Mandei derrubar. Na verdade eu nem sabia que aquela casa existia. Quem me falou foi Gabriel, o rapaz que eu contratei para tomar conta de tudo. Assim que eu soube, tomei providências e mandei construir no lugar uma linda casa.

– Como pai? Não era do Rogério?

– Não filha, eu peguei de volta, quando descobri que ele era um caça-dotes. Graças a Deus, uma pessoa me mandou todos os documentos de que eu precisava, provando que ele era um falsário.

Júlia lembrou-se do pedido que fizera ao Marcos e perguntou:

– Foi você?

Marcos riu.

– Foi, você me pediu e eu fiz.

– Você? Foi mesmo?

– Foi sim, senhor.

– Você é um anjo, meu rapaz, por isso, tudo lhe pertence.

– Que nada, senhor, eu só quis ajudar.

– Júlia, eu ofereci para o Marcos, para vocês morarem.

– Eu não queria mais ir para aqueles lados.

– Vamos ver o que o Marcos resolverá.

– Meu pai passou a fazenda para mim e eu não queria ficar longe dele – explica Marcos.

– Como você quiser. Eu aceito a sua decisão.

– Vou pensar, depois resolvemos.

Marcos estava radiante. "Será, meu Deus, que agora vou ser feliz? Eu tenho até medo de ser passageira esta felicidade."

– Vou para casa e pensar em sua proposta. Precisamos marcar um dia para Júlia ir à minha casa.

– Quando você quiser, iremos todos.

– Espero por esse momento, senhor. Até mais.

– Passe bem, meu jovem.

Marcos cumprimentou dona Adélia, Júlia e saiu flutuando de alegria. Tudo parecia um sonho! Chegou em sua casa já era noite. Seu pai já havia chegado.

– Filho, que bom vê-lo feliz. Há tempos que não o vejo sorrir.

– De hoje em diante eu vou ser sempre assim. Não me verá mais triste.

Isto trazia alegria ao coração do senhor Genésio e ao mesmo tempo tristeza, por pensar em perdê-lo. "Mas ele merece ser feliz, eu ficarei com minha consciência tranquila" – refletia.

Com os afazeres da fazenda, não dava tempo para pensar. Marcos só tinha em mente a figura da amada.

Júlia se recuperava a cada dia. Esqueceu do filho imaginário, estava muito feliz. Era outra, mais rejuvenescida, com outra aparência. A vida tinha lhe proporcionado grandes aprendizados. A dor, o sofrimento trouxeram-lhe a sua contribuição para a sua caminhada e crescimento espiritual. Esperava que continuasse como estava, tranquila e bem de saúde.

O senhor Ernesto caprichou na Fazenda do Riacho, que ficou uma beleza. Nem parecia aquela que a fez sofrer tanto, enquanto estava casada com Rogério.

Marcos resolve ir até a cidade para contar as boas novidades para sua irmã Clara e ao chegar foi a grande surpresa.

– Não o esperava tão cedo, mano!

– Eu precisava vir.

– Aconteceu alguma coisa com nossos pais?

– Não, querida, é que estou feliz e quero dividir com você o que estou sentindo.

– Conte-me, o que foi, Marcos?

– Vou contar – e contou para a irmã tudo que tinha acontecido.

Clara chorou de alegria. Júlio também tinha chegado e ouviu

tudo, ficando muito emocionado ao ver o cunhado feliz.

– Sabe, Marcos, no fundo eu sentia que isso iria acontecer. Só não imaginava quando! É muito bom vê-lo sorrir.

– Obrigado, meu amigo; eu queria ouvir um conselho seu! O pai da Júlia quer nos dar a Fazenda do Riacho. É uma bela fazenda, parece um paraíso, mas é a que ela viveu junto com o marido.

Júlio ficou calado, pensativo e depois falou:

– Aceite, Marcos. Vai ser melhor para vocês morarem em sua própria casa. Nunca é igual morar junto com os pais. Vai ser bom para vocês.

– Mas meu pai passou a nossa fazenda para o meu nome.

– Pense bem, Marcos, eles podem continuar cuidando dela. Um dia, se eles faltarem, você cuidará dela também. Até lá, dá para pensar bastante, mesmo se você precisar ficar na Fazenda do Riacho.

– Por que, Júlio?

– Não posso falar, logo ficará sabendo.

– Lá vem você com seus segredos para me deixar preocupado.

– Não precisa se preocupar.

– Vou confiar em você.

– Pode confiar, vai ser bom para vocês.

– Também acho, mano, fique ao lado de quem o ama, sem ninguém para dar palpites.

– Sabe do que eu tenho medo? Do Rogério, desencarnado, tentar nos prejudicar!

– Marcos, fazer o bem é o melhor escudo, a nossa melhor proteção. O Rogério deve ser lembrado como um irmão que vai aos poucos se recuperar e entender os enganos que cometeu – respondeu Júlio.

– Estou assustado com seu noivo, viu?

Clara abraçada com o Júlio falou:

– Não se preocupe, ele é inofensivo.

Caíram na risada.

A noite passou rápida. Pela manhã Marcos estava de volta em casa. Só então falou com seu pai sobre a proposta do sogro, que achou que o filho deveria aceitar o presente:

– Filho, eu sempre cuidei de tudo aqui e vou continuar cuidando, principalmente com a ajuda do Beto. Você não precisa se preocupar, vai filho, seja feliz.

– Então posso marcar o jantar com a família da Júlia?

– Pode, marque para o próximo sábado. Eu vou mandar avisar a Clara.

– Obrigado, pai.

– Não me agradeça filho, isto é o mínimo que eu posso fazer.

As duas famílias reunidas

Chegou o grande dia; tudo pronto para o jantar. Clara já estava presente, acompanhada por Júlio. A casa estava linda, cheia de flores!

Chegaram os convidados. Júlia parecia uma deusa. Seus olhos tinham o brilho das estrelas, seu sorriso era um encanto.

"Como eu não aceitei que o Marcos desposasse esta moça? Parece que o ódio e a vingança me deixaram cego, mas agora que passou, vejo o quanto é bela."

– Pai! O senhor está falando sozinho?

– Não, estava só pensando alto.

– Então vamos, o jantar está na mesa.

Todos reunidos conversavam sobre vários assuntos, quando Marcos iniciou a conversa com o sogro:

– Senhor Ernesto, a respeito de sua proposta, eu aceito. Após o casamento, moraremos na Fazenda do Riacho, se a Júlia concordar.

Júlia concordou:

– Com você, Marcos, eu vou para qualquer lugar, eu aceito.

– Então eu quero pedir permissão para o meu filho casar-se com a sua filha – falou senhor Genésio.

– Com prazer.

Marcaram a data para o final do mês, em novembro.

– Com licença – falou o Júlio. – Eu quero aproveitar para pedir ao senhor Genésio permissão para me casar com sua filha Clara.

– Hoje é o dia das surpresas, claro que permito, meu jovem. Por que não marcamos para o mesmo dia, se o Ernesto concordar.

– Para mim é um prazer, quero mesmo agradecer à doutora por tudo que fez por mim e por minha filha.

– Não me agradeça. Eu fiz o que pude. E não me chame de doutora, para o senhor é só Clara, fazemos parte da mesma família agora, não é verdade?

– É isso mesmo, então vamos comemorar, Clara.

– Agora precisamos combinar onde vamos fazer a festa – comentou Genésio.

– Posso falar? – perguntou senhor Ernesto.

– Claro, fale.

– Eu acho que deveria ser aqui, porque você, Genésio, vai casar dois filhos, eu até gostaria que fosse na minha casa, mas não seria justo.

– Obrigado, Ernesto, por sua compreensão.

– Eu estou fazendo o certo, tenho certeza. Mas tem uma coisa, eu quero dividir os gastos.

– Não se preocupe com isso.

– Faço questão.

– Está certo, depois falaremos sobre isso. Vamos deixar que os nossos filhos façam as listas dos convidados e nós preparamos a festa e tudo que for preciso.

Clara estava feliz e queria que a festa fosse inesquecível. Chamou Júlia para o seu quarto e fizeram a lista de todos os convidados. Os amigos, os grandes fazendeiros da região, o doutor Guilherme e a enfermeira e amiga, Gilda.

Pediriam para que seus pais fizessem a lista dos que faltavam e Júlio faria dos seus parentes e amigos.

Júlia tinha um brilho nos olhos que a deixava mais bela.

– Você está bem, Júlia?

– Muito, Clara, é uma felicidade tão grande que eu tenho

medo de que seja passageira.

— Não, Júlia, agora será para sempre. Meu irmão é muito bom e vocês serão muito felizes.

— Eu sei disto, Clara, eu o amo mais do que a minha própria vida.

— Que bom, eu também amo Júlio desde o primeiro momento em que eu o vi. Vamos descer e passar a lista para os nossos pais.

Adélia e Ruth conversavam animadamente. Ambas mostravam o quanto estavam felizes vendo a felicidade dos filhos. Com a aproximação da filha, Adélia refletiu:

— Como é bom tê-la ao nosso lado como antes, principalmente com esta alegria.

— Estou mesmo feliz, mãe. Agora se me derem licença, vou conversar com meu noivo.

Saíram de mãos dadas para o jardim e ali ficaram como se fossem dois pássaros quando voam livres pelo ar. Marcos em um beijo carinhoso, sussurrou no ouvido de sua amada:

— Agora estou vivendo de novo, você é meu encanto, minha luz.

— Você, meu amor, é tudo para mim, eu sem você nada sou. Marcos, como Deus é bom. Pudemos nos unir novamente. Amanhã vamos ao bosque, quero ficar com você o dia inteiro, quero agradecer a Deus e ao meu velhinho.

— Eu também, Ju.

— É mesmo, você também o conhece?

— Conheço, ele às vezes aparece nos meus sonhos.

— Preciso agradecer, pois ele me ajudou muito.

— Sabe, uma vez ele me entregou um livro e disse que logo eu iria saber o que estava escrito. Eu acho que chegou a hora.

— E o que será, Marcos?

— Não sei, mas acho que logo vou saber.

Deram um longo beijo e voltaram para a sala de música onde estavam os pais.

Clara e Júlio também deram uma volta. Quando retornaram, ouviram o senhor Genésio falando:

– Como já havíamos combinado, nas terras que eram do Justino vamos construir uma escola e um hospital para atender aos pobres e os trabalhadores das nossas fazendas. A Clara e o Júlio cuidam do hospital e Júlia e o Marcos da escola.

– E o Beto, pai? – perguntou Marcos.

– É mesmo. Beto, você é um grande amigo e sempre nos ajudou muito. Você pode ajudar no que mais gostar de fazer.

– Eu também tenho algo a dizer, há muito tempo estou querendo falar, mas agora acho que é o momento certo.

– Fale logo, meu amigo, você é sempre tão calado. Agora me deixou curioso.

– É um assunto muito sério.

– Agora você está nos assustando.

– É que... bem... – emocionado e fazendo uma pequena pausa, continuou. – Eu sou o filho do Justino. Lembra-se daquele rapaz que vendeu as terras para o senhor?

– Não pode ser! Mas você não estudava fora?

– Sim, eu terminei os estudos e fiquei tão desgostoso com tudo que aconteceu que perdi o gosto pela vida.

– Como eu não reconheci você?

– Naquele tempo eu usava barba, o senhor não conhecia meu rosto.

Beto respirou longamente como que a puxar melhor o ar. Estava em êxtase. Depois continuou:

– Eu fiquei noivo de uma moça que eu adorava. Pois um dia ela foi embora e me deixou sem dizer nada. Fiquei desgostoso. Comecei a beber e perdi tudo o que tinha. Saí pelas ruas, dormia nos bancos dos jardins e calçadas, até que um dia eu encontrei uma pessoa maravilhosa, que é o Marcos.

Meu nome é Augusto Roberto. Eu sempre me apresentei como Beto para que ninguém soubesse da minha verdadeira identidade. Afinal, eu tinha vergonha da minha história. Não me conformava por ter perdido tudo. Essa é a minha história. Ah! Eu sou formado em engenharia agronômica.

– Agora entendo por que você conhecia tanto da lida do campo. Quero pedir perdão pelo que fizemos com sua família, eu e o Ernesto pagamos caro por isto. Até os nossos filhos sofreram por nossa ambição.

— É verdade, meu jovem, tenho uma dívida muito grande com você.

— Esqueçam, senhores, eu já perdoei. O destino me conduziu aos seus caminhos através do Marcos. Nunca fiz questão de contar minha história a ele, mas agora achei que era o momento. Também não quero mais viver com segredos. Eu vi o esforço do Marcos e da família para ajudar meu pai. Agradeço por terem me dado um lar e trabalho. Senão, estaria até hoje nas ruas, mendigando. Hoje sou feliz e tenho por vocês um grande afeto; só quero que permitam que eu continue aqui, pois já os tenho como minha família.

— E nós o consideramos como um filho. Todos desta casa têm uma grande consideração por você, Beto, acredite.

— Eu acredito, senhor, obrigado. Farei tudo para merecer a amizade de vocês.

Terminaram os preparativos e foram para casa.

Júlia, eufórica, só pensava: "Como a vida muda de repente e as coisas acontecem, tenho o Marcos de novo..."

As horas passaram, foram dormir. Júlia mal deitou e viu ao lado da sua cama a figura do homem que ela sempre via. Ao concentrar-se viu que ele conversava com ela:

— Minha filha, sei que o casal está feliz, e quando podemos estender a nossa felicidade ao outro nos iluminamos também!

— Fico feliz, senhor. Minha alegria é tão grande que eu gostaria de espalhá-la para o mundo! – respondia mentalmente naquele transe.

— É por isso, filha, que tenho um pedido a fazer.

— Fala, senhor, eu farei o que for preciso! Tenho certeza de que o Marcos também não irá recusar.

— O pedido, filha, seria para abrir o coração e receber Rogério como seu filho.

— Como?! – Júlia ficou surpresa e assustada. – Rogério está morto, do que o senhor está falando?

– Mas não renascemos inúmeras vezes, sob a bondade infinita da lei que nos permite sempre um novo aprendizado em nova roupagem terrena? Bendita oportunidade de reconciliar-se depressa com o seu adversário, enquanto está no caminho com ele!

– E isso pode acontecer?

– Pode e deve, filha. Já ouviu dizer que o amor cobre uma multidão de pecados?

Acolhido no amor do casal como filho, será muito mais fácil o início do estabelecimento da paz entre todos.

– Sei, senhor, eu entendo, nós vamos aceitá-lo com amor. Ao lado do Marcos, enfrentarei qualquer coisa.

Adormeceu ansiosa para falar com o Marcos.

O dia passou que nem percebeu. Marta lhe fazia companhia e conversavam bastante. Estava feliz também por ver a Júlia bem.

– Vou sentir sua falta quando você for embora, senhorita Júlia.

– Não precisa se preocupar, desta vez eu a quero do meu lado.

– Mesmo?

– E você irá cuidar de mim do jeito que sempre cuidou, como faz aqui.

– E seu pai?

– Ele arruma outra para ficar com a mamãe.

– E onde a senhorita vai morar?

– Na Fazenda do Riacho.

– Na mesma do senhor Rogério? Não vai ficar lembrando dele?

– Não, meu pai mudou tudo e ao lado do Marcos tudo vai ser diferente.

– É isso mesmo, ficar ao lado de quem se ama deve ser a melhor coisa do mundo.

– Você não gosta do Roque, Marta?

– Ah, senhorita, eu nem sei, ele só pensa no trabalho, nem liga para mim, acho que me acostumei com ele e nem sei se o amo.

Júlia ficou com pena da moça. – "Coitada, deve ser ruim viver assim, sem esperança, eu sei disso porque passei o pior, mas agora esta situação vai mudar."

– Então você fala com ele, diz que vai morar comigo quando eu me casar.

– Não precisa, da outra vez que a senhorita disse que ia nos levar eu falei para ele que, mesmo que não me acompanhasse, eu iria, e ele me respondeu que não se importava, assim ele ficaria livre.

– Você não casou com ele?

– Não, nós só moramos juntos.

– Tem certeza de que não tem problema? Não quero criar confusão entre vocês!

– A senhorita vai me levar mesmo?

– Claro.

– Que bom, estou cansada de ser humilhada. Eu sofri muito quando a senhorita foi embora. Graças a Deus que voltou, esta casa não era a mesma sem a sua presença.

– Que bom que gosta de mim, eu fico feliz.

Logo após o almoço Marcos chegou e foram ao bosque, conforme combinado. Falavam sobre os preparativos:

– Ju, a fazenda está uma beleza, estamos preparando o jardim da frente da casa para receber o padre e o escrivão.

– Eu não acredito que tudo isto está acontecendo, parece que estou sonhando. Agora eu quero lhe contar uma coisa, Marcos.

– Eu também, Ju, tenho algo para lhe falar.

– Fale você primeiro, Marcos.

– Eu sonhei com aquele velho de novo, ele me mostrou o tal livro e permitiu que eu o lesse.

– O que estava escrito?

– Eu li e fiquei intrigado, dizia que eu e você teríamos que receber como filho o espírito do Rogério, que temos com ele um débito que precisamos resgatar.

– Não acredito! Eu também vi, só que foi acordada, ele falou a mesma coisa e eu disse que aceitaríamos, que ao seu lado eu faria qualquer coisa.

Marcos abraçou a noiva com um carinho muito grande e acariciando seu rosto falou:

– Você é a pessoa mais maravilhosa que eu já vi. Claro que vamos aceitar, seja feita a vontade de Deus. Agora sente-se que eu quero falar outra coisa para você, eu vou convidar o Beto para ser meu padrinho.

– Com quem Marcos?

– É mesmo, nem pensei nisso.

– E eu não sei quem convidar... já sei! Vou falar com o doutor Guilherme e sua esposa, por que você não fala com a Gilda, a enfermeira?

– Eu acho que a Clara vai chamá-la primeiro, vou ver com eles, quem sabe dará certo?

– Claro que vai dar certo, agora tudo dará certo para nós.

Ficaram muito tempo juntos. Já estava anoitecendo quando voltaram para a casa de Júlia e logo depois o Marcos foi para sua casa.

O GRANDE DIA

Com o corre-corre dos preparativos, as semanas passaram depressa e logo chegou o grande dia.

Clara já tinha preparado tudo. A clínica ficou pronta; fizeram uma festa de inauguração, tudo estava indo bem. Clara chamou o irmão para padrinho, Júlio chamou um amigo com a esposa e a Gilda ficou para madrinha do Marcos junto com o Beto.

Já estavam chegando os convidados, tudo estava muito bonito. Reunidas as fortunas dos dois fazendeiros, a festa fora muito bem preparada.

Beto perguntou:

– Marcos, tudo bem? Estou preocupado com a moça que você convidou para fazer par comigo.

– Fique calmo, Beto, ela é uma ótima pessoa e logo estará aí com o doutor Guilherme.

Diferente do casamento com o Rogério, Júlia mandou fazer o vestido na cidade. Era muito bonito, e trocou todo o enxoval. O vestido era champanhe para ficar diferente do da Clara que também teve muito bom gosto, fez um lindo vestido branco. Os noivos também estariam de branco.

Tudo pronto. Chegou a hora do casamento. Clara, por ser filha do senhor Genésio, casaria primeiro e em seguida entraria a Júlia com os sobrinhos de dama de honra.

Apesar de estarem na mesma casa, Beto ainda não tinha se

encontrado com Gilda, só na hora dos noivos descerem a escada, eles desceriam juntos, às seis horas da tarde, quando tocasse a música.

Clara e Júlio estavam um encanto. Júlio esperava com Marcos no altar, Júlio na frente e Marcos logo em seguida.

Clara entrou deslumbrante, acompanhada por seu pai, Genésio. O padre falou sobre não separar o que Deus juntou e explanou um pouco sobre a união de dois seres.

Terminando o casamento religioso os noivos foram para outra mesa que estava ao lado, para a cerimônia civil. Foi quando entrou Júlia de braço dado com seu pai, logo atrás sua mãe e os padrinhos. Doutor Guilherme, com sua esposa, estava feliz pela união daquele casal que lutou tanto por amor, e logo atrás Beto de mãos dadas com Gilda, que ao vê-lo ficou pálida, sem dizer uma palavra.

Dos olhos dos dois caíam lágrimas.

Beto não acreditava: "Como o destino pôde lhes reservar aquele momento? Diante dos seus olhos estava a pessoa que ele amava, aquela que tinha sumido da sua vida." Ele quis falar mas a voz não saía. Continuaram andando como se estivessem sendo levados por uma força. Todos olhavam a leveza com que o casal entrava.

Beto reuniu todas as suas forças e finalmente falou:

– Fica comigo amor, não me deixe.

– Eu voltei, querido, Deus assim o quis. Ele me conduziu ao seu encontro.

Só Deus com seu poder pode proporcionar tamanha felicidade a quem Nele confia.

Marcos não entendia o que estava acontecendo, o que estava deixando o amigo tão emocionado, mas o encanto pela noiva o fez esquecer o que estava à sua volta.

Só mais tarde ficaria sabendo. Segurou nas mãos da Júlia e a conduziu ao altar. Aquele momento era sublime, duas pessoas que se amavam desesperadamente estavam se unindo, não poderia haver felicidade maior.

Após o casamento, os músicos tocaram para a saída dos noivos. Os convidados foram orientados para aguardá-los para os cumprimentos no grande salão.

Júlio pediu aos mais próximos que aguardassem, pois precisava lhes falar. Ficaram no jardim: os noivos os pais e os padrinhos.

Júlio estava com seus olhos brilhando, seu rosto sereno sinalizou para que os noivos dessem as mãos e falou para todos ouvirem:

– Queridos companheiros, que a paz de Deus esteja presente em seus corações. Não poderia deixar de falar neste momento de grande alegria para todos e sublime para aqueles que se unem.

Para vocês, filhos, sabemos a importância desta união e Deus os está abençoando através dos mensageiros que estão presentes. Quero desejar muita força e paz, que este amor dure eternamente, que seja tão forte que nada possa destruí-lo.

O amor é o sentimento mais intenso e por ser tão forte dará força para que cumpram as suas tarefas e suas missões. Após a missão de unir-vos, voltarei sempre para lhes dar a minha mão quando for preciso. Hoje deixo aqui a tarefa que irão cumprir.

Muita paz."

Júlia e Marcos estavam em transe. Como num sonho, viram aquele velhinho em frente a eles com uma criança nos braços. Ambos sorriram e as lágrimas se misturaram com a felicidade. Levantaram os olhos para o alto e falaram em uma só voz:

– Obrigado Deus, pela dádiva da vida, obrigado pelo direito de resgatarmos os nossos débitos.

Todos emocionados se abraçaram. Agora as duas famílias estavam unidas e nada mais atrapalharia a felicidade de nenhum deles.

Cada um se dedicaria ao máximo para cumprir sua tarefa. Conforme combinado anteriormente, Genésio e Ernesto darão início às obras para a construção do hospital e da escola, que atenderão aos necessitados da região.

Clara e Júlio serão responsáveis pelo hospital, enquanto Marcos e Júlia tomarão conta da escola. Todos eles vão contar com a ajuda dos pais, dos amigos e é claro de um amigo especial, o Beto, que é um irmão sincero, verdadeiro e sempre disposto.

O destino uniu essas pessoas para que finalmente pudessem cumprir suas tarefas, e depois de tanto sofrimento e alegria vividos juntos, eles estarão ligados, apagando as marcas da vida, por toda a eternidade.

FIM

Esta edição foi impressa nas gráficas do Centro de Estudos Vida & Consciência Editora Ltda., de São Paulo, SP, sendo tiradas duas mil cópias, todas em formato fechado 140x210mm e com mancha de 104x175mm. Os papéis utilizados foram o ofsete Chambril Book (International Paper) 75g/m^2 para o miolo e o cartão Supremo Alta Alvura (Suzano) 250g/m^2 para a capa. O texto foi composto em Goudy Old Style 11,5/14 e o título em Trajan 24/30. Eliana Haddad e Izabel Vitusso realizaram a preparação do texto. André Stenico elaborou a programação visual da capa e o projeto gráfico do miolo.

JANEIRO DE 2015